Frank Werneke/Christine Behle/Andrea Kocsis (Hrsg.)
Überzeugt, authentisch, kämpferisch
ver.di und ihr Vorsitzender Frank Bsirske 2001 bis 2019

W0189444

Frank Bsirske

wird am 10. Februar 1952 in Helmstedt als Sohn des Arbeiters
Rudi Bsirske und der Krankenschwester Luise Bsirske geboren.
Er ist verheiratet und Mitglied der Partei Bündnis 90/Die Grünen.

1958-1971	Schulbesuch in Helmstedt und Wolfsburg Realschulabschluss 1967, Abitur 1971
1970-1973	Mitglied der Deutschen Postgewerkschaft (Ferienjob als Briefträger)
1971-1978	Studium der Politikwissenschaft am Otto-Suhr-Institut der Freien Universität Berlin, Hans-Böckler-Stipendiat, Diplomarbeit zum Thema »Reform des öffentlichen Dienstrechts«, Gutachter: Wolf-Dieter Narr und Peter Grottian
1973-1978	Mitglied der Gewerkschaft Erziehung und Wissenschaft – Jugendbildungsarbeit im Bezirk Berlin der Gewerkschaft Öffentliche Dienste, Transport und Verkehr (ÖTV)
1978-1987	Bildungssekretär im Bezirk Hannover der Sozialistischen Jugend Deutschlands – Die Falken
1978	Eintritt in die Gewerkschaft ÖTV
1984-1989	Ehrenamtliches Mitglied im Hauptvorstand der Gewerkschaft ÖTV
1987-1989	Fraktionsmitarbeiter der Grünen Alternativen Bürgerliste im Rat der Landeshauptstadt Hannover
1989-1990	Gewerkschaftssekretär der ÖTV-Kreisverwaltung Hannover
1990-1991	stellvertretender Geschäftsführer der ÖTV-Kreisverwaltung Hannover
1991-1997	stellvertretender Vorsitzender des ÖTV-Bezirks Niedersachsen
1997-2000	Stadtrat, Personal- und Organisationsdezernat der Landeshauptstadt Hannover
2000-2001	Vorsitzender der Gewerkschaft ÖTV
2001-2019	Vorsitzender der Vereinten Dienstleistungsgewerkschaft – ver.di

Frank Werneke / Christine Behle / Andrea Kocsis (Hrsg.)

Überzeugt, authentisch, kämpferisch

ver.di und ihr Vorsitzender
Frank Bsirske 2001 bis 2019

VSA: Verlag Hamburg

www.verdi.de

www.vsa-verlag.de

Fotonachweise
Aris: S. 251
Henning Bode/laif: S. 183
Sebastian Bolesch: S. 257
Stefan Boners: S. 9
Simona Caleo: S. 236
Peter Endig/picture-alliance/dpa: S. 207
Peer Grimm/picture-alliance/dpa: S. 39, 43
Rolf Haid/picture-alliance/dpa: S. 134
Hannibal/picture-alliance/dpa: S. 99
Kay Herschelmann: S. 11, 15, 20, 25, 62, 80, 117, 129, 167, 189, 203, 229, 231, 240, 246
Rainer Jenssen/picture-alliance/dpa: S. 131
Liesa Johannssen/photothek.net: S. 214
Christian Jungeblodt: S. 57, 120
Renate Kossmann: S. 105, 197
Steffen Kugler/picture-alliance/dpa: S. 233
Jochen Luebke/ddp images: S. 124
Britta Pedersen/picture-alliance/dpa: S. 91, 253
picture-alliance/dpa: S. 192
Stephanie Pilick/picture-alliance/dpa: S. 111
Danny Prusseit/ver.di: S. 187
Thomas Rosenthal.de: S. 47
Achim Scheidemann/picture-alliance/dpa: S. 161
Torsten Schulz: S. 137
Ulrike Schwab/Tricast: S. 51
Caroline Seidel/picture-alliance/dpa: S. 179
Jürgen Seidel: S. 19, 53, 67, 75, 145, 163, 173, 217
Bernd Settnik/picture-alliance/dpa: S. 32, 87
Marco Steegmann/ver.di: S. 221, 228
Peter Steffen/picture-alliance/dpa: S. 225
Karsten Thielker: S. 72, 94
ullstein bild-reuters: S. 30
UNI-Europa: S. 242
Ingo Wagner/picture-alliance/dpa: S. 77
Jens Wolf/picture-alliance/dpa: S. 101

Inhalt

Frank Bsirske – ein Glücksfall

Die Multibranchengewerkschaft – Chancen und Risiken

Tarifsystem gestalten – der öffentliche Dienst

Deutschland braucht den Mindestlohn

Die Würde des Menschen – Sozialstaat und Gerechtigkeit

Gute Arbeit – Gute Dienstleistungen

Mehr Europa, aber anders

Frank Bsirske – der Vorsitzende

Eine Bilanz

Vorwort

von Frank Werneke, Christine Behle und Andrea Kocsis

Mehr Skepsis als Zuversicht, kritische Fragen, aber auch hochgespannte Erwartungen waren in der Politik, der Wirtschaft, in Wissenschaft und natürlich auch in der veröffentlichten Meinung zu vernehmen, als sich vom 19. bis zum 21. März 2001 im Internationalen Congress Centrum Berlin 1.009 Delegierte trafen, um die Vereinte Dienstleistungsgewerkschaft ver.di zu gründen. Würde es gelingen, aus fünf von ihrer Geschichte, ihren Strukturen und Traditionen her durchaus unterschiedlichen Gewerkschaften eine schlagkräftige Organisation zu schaffen? Was würde aus dem DGB, dem Bund der Gewerkschaften, wenn neben der großen Industriegewerkschaft Metall eine weitere Großgewerkschaft entstünde? Wer war eigentlich der designierte Vorsitzende Frank Bsirske? Ein Grüner, eher im linken Spektrum beheimatet, zudem auch noch ehemaliger Personaldezernent, also in Arbeitgeberfunktion, und auch der Name war nicht leicht zu merken.

Aber das störte diese Kolleginnen und Kollegen nicht, die sich daran machten, einen in der deutschen Nachkriegsgeschichte beispiellosen gewerkschaftlichen Zusammenschluss zu beschließen unter dem Motto: Aufregend bunt – beruhigend stark.

Aufregend bunt – das war diese Versammlung schon. Auf eine mehr als 150-jährige Geschichte blickten die Delegierten der IG Medien aus den Druckereien und dem grafischen Gewerbe zurück. Noch in die Zeit vor dem Ersten Weltkrieg reichten die Wurzeln der Angestelltengewerkschaft DAG und der Gewerkschaften des öffentlichen Dienstes, ÖTV und DPG. Selbst die jüngste der Gründungsgewerkschaften von ver.di, die Gewerkschaft HBV, war zu diesem Zeitpunkt immerhin schon mehr als 50 Jahre alt. Selbstverständnis, Strukturen, eingeschliffene und eingeübte Handlungsmuster und Entscheidungswege, sogar Sprache und Fachbegriffe zeugten von einer langen eigenständigen Geschichte und hatten die Menschen geprägt, die sich nun in eine neue Gewerkschaft begeben wollten. Eine noch größere Herausforderung, als die Traditionslinien der Gründungsgewerkschaften zusammenzuführen, war die Zahl der vertretenen Berufe – mehr als tausend.

Dass nach jahrelangen Planungen, Gesprächen, Verhandlungen, Krisen und Verständigungen nicht nur untereinander, sondern auch mit den anderen DGB-Gewerkschaften der ver.di-Gründungsprozess Erfolg hatte, war alles andere als selbstverständlich. Es war eine historische Leistung. Die Deutsche Angestellten-Gewerkschaft kehrte in den Deutschen Gewerkschaftsbund zurück, den sie 1948 verlassen hatte, und die Gewerkschaften der öffentlichen und privaten Dienstleistungen und damit verbundener Industriebereiche bündelten ihre Kräfte und schufen eine neue Organisation: ver.di!

An der Gründung von ver.di waren viele beteiligt. Dass es gelungen ist, aus der Neugründung eine erfolgreiche Gewerkschaft zu schaffen, war jedoch in ganz besonderem Maße Verdienst des Menschen, der diese neue Gewerkschaft von ihrer Gründung bis September 2019 geführt hat: Frank Bsirske.

Der Findungs- und Selbstfindungsprozess von ver.di hat einige Jahre gedauert, ist aber mittlerweile auch schon Geschichte. Ein großer Teil der heutigen Mitglieder ist direkt in ver.di eingetreten, der Anteil der Erwerbstätigen an der Mitgliedschaft ist dabei stetig gestiegen, liegt aktuell bei mehr als 76 Prozent. Und mit 52 Prozent Mitgliederanteil ist ver.di heute die stärkste Frauenorganisation in Deutschland.

Satzung und Entscheidungsprozesse haben sich bewährt, und mit einer kurzen und knappen Grundsatzerklärung wurde 2011 eine jahrelange Programmdebatte erfolgreich auf den Punkt gebracht. In ihr werden das Selbstverständnis, die Werte und Leitlinien von ver.di klar beschrieben und damit ein gesellschafts- und gewerkschaftspolitisches Gerüst in der Vielfalt dieser weitverzweigten Organisation geschaffen.

In den vergangenen 18 Jahren musste ver.di auch Niederlagen verkraften, die Erfolge überwiegen jedoch eindeutig – etwa auf dem Feld der Tarifpolitik: Mit dem 2005 ausgehandelten TVöD und dem 2006 vereinbarten TV-L gelten neue Tarifwerke für die sechs Millionen Beschäftigten des öffentlichen Dienstes und verwandter Bereiche. In Teilen mussten sie buchstäblich erkämpft werden, und es dauerte bis 2016, bis schließlich auch die Entgeltordnung zum TVöD für den Bereich der Gemeinden abschließend vereinbart werden konnte. Rund 30.000 Tarifverträge hat ver.di seit der Gründung abgeschlossen, in hunderten Unternehmen und Einrichtungen konnten tarifliche Regelungen überhaupt erstmals durchgesetzt werden.

Zahllose Angriffe von Arbeitgebern auf die Tarife wurden abgewehrt, Lohn- und Sozialdumping durch Tarifflucht oder Ausgründungen konnte mithilfe von ver.di eingedämmt werden. Mit der bedingungsgebundenen Tarifpolitik und anderen Formen der Beteiligung sind Tarifkämpfe im Laufe der Jahre zugleich Mitgliederbewegungen geworden. Alle Angriffe auf das Streikrecht wurden zurückgewiesen und nach harten und grundsätzlichen verfassungsrechtlichen Auseinandersetzungen eine Tür für eine gewerkschaftliche Interessenvertretung für die Beschäftigten kirchlicher Arbeitgeber geöffnet. In all diesen Auseinandersetzungen zeigten ver.di Flagge und Frank Bsirske Gesicht, war er präsent, ermunterte und ermutigte, verhandelte und erzielte Ergebnisse, unterstützte und führte.

Die schwerste und ver.di insgesamt erfassende Auseinandersetzung war der Kampf gegen die Demontage des Sozialstaates und die Entsicherung der Arbeitswelt. Als die Agenda 2010 von der rot-grünen Bundesregierung im März 2003 als grundlegende Reform und Wende der Sozialstaatspolitik verkündet und von Union und FDP im Gesetzgebungsverfahren noch weiter verschärft wurde, erschütterte diese neoliberale Politik den Sozialstaat bis in seine Grundfesten. Eine starke exportorientierte Industrie und ein im internationalen Vergleich an der Spitze liegender Niedriglohnsektor sollten die deutsche Wirtschaft im Konkurrenzkampf um die besten Produkte und die niedrigsten Kosten wettbewerbsfähig machen. Das Experiment ging zulasten von Millionen Frauen und Männern, jungen und älteren Arbeitnehmerinnen und Arbeitnehmern, Rentnerinnen und Rentnern. Für einen echten Aufschwung auf dem Arbeitsmarkt sorgte die Umsetzung der Agenda 2010 nicht, wohl aber für eine starke Zunahme prekärer Arbeit.

Als 2008/2009 die Weltwirtschaftskrise von den interessierten Finanzmarkt-Akteuren zu einer Krise des Euro umgedeutet und vor allem südeuropäische EU-Mitgliedsstaaten ins Visier genommen wurden, wurde die deutsche Agenda-Politik zum abschreckenden »Modell« der harten Sparpolitik, die diesen Ländern aufgezwungen wurde. Beides hat wesentlich zum Aufstieg antieuropäischer, nationalistischer und rassistischer Parteien beigetragen.

Der Kampf gegen diese Politik war von Anfang an mit ver.di und Frank Bsirske verbunden. »Mehr Europa, aber anders« lautete die Konsequenz für Frank Bsirske, seit 2003 auch Präsident der UNI Europa. »Aufstehen für soziale Gerechtigkeit« war das Motto von Massendemonstrationen in deutschen und europäischen Städten, zu denen auch ver.di aufgerufen hatte. Niemals waren unsere Organisation und ihr Vorsitzender in der Politik so umstritten, wurden sie in der Öffentlichkeit so angefeindet und brachten sie dennoch so viele Menschen auf die Straße wie in diesen Jahren.

Der Kampf für Gute Arbeit und gegen die Entsicherung der Arbeitsbedingungen hat seitdem die Politik von ver.di bestimmt. Und dieser Kampf war bislang erfolgreich. So ist es gelungen, breite gesellschaftliche Mehrheiten für einen allgemeinen gesetzlichen Mindestlohn zu schaffen. Es war die erfolgreichste und bekannteste Kampagne der Gewerkschaften, seit sie ab 1956 für Arbeitszeitverkürzung mit dem Motto »Samstags gehört Vati mir« geworben hatten.

Und wie es die europäischen Gewerkschaften auf Initiative von ver.di, der österreichischen GPA-djp und der Schweizer Unia schon seit Langem fordern, plädieren in Europa immer mehr Mitgliedsstaaten, die Mehrheit des Europäischen Parlaments und die Spitze der bisherigen Europäischen Kommission für eine Strategie umfassender Investitionen, einen Marshall-Plan für Europa. Es gibt Alternativen zu einer Politik des Neoliberalismus, der Entsicherung der Arbeitsverhältnisse, der Demontage des Sozialstaats, der wachsenden Kluft in der Verteilung von Einkommen, Vermögen und Lebensbedingungen: Die Botschaft, die von Frank Bsirske seit vielen Jahren klar formuliert wird und die an Zustimmung gewinnt.

Immer stärker wächst auch die Einsicht, dass es Alternativen zum digitalen Kapitalismus, zur Plattformökonomie, zur flächendeckenden Überwachung, zu neuen Formen von Selbstausbeutung und Ausbeutung sowie zum Risiko eines millionenfachen Verlustes von Jobs in Industrie und Dienstleistungen geben muss. Die wissenschaftliche Forschung für Gute Arbeit und Gute Dienstleistungen arbeitet mit ver.di an diesen Alternativen, und ver.di trägt sie mit den Beschäftigten in die Arbeitswelt.

Die Gewerkschaft ver.di und an ihrer Spitze Frank Bsirske – das ist im Ganzen eine Erfolgsgeschichte, die 2001 und auch noch in den Jahren danach alles andere als selbstverständlich war. Er ist zu dem prägenden Gesicht von ver.di in der Öffentlichkeit und bei den Mitgliedern geworden. In guten wie auch in schwierigen Zeiten hat er die Organisation zusammengehalten und geprägt. Frank ist präsent gewesen bei den Menschen im Arbeitskampf, bei Demonstrationen und Kundgebungen, auf zahllosen Betriebs- und Personalversammlungen, auf großen Konferenzen ebenso wie bei Versammlungen einer Arbeitsloseninitiative. Er hat überzeugt und sich auch überzeugen lassen. Wer führen will, muss auch zuhören können – das gehört zu den Leitlinien seines Handelns.

Im September 2019 verabschiedete sich Frank Bsirske von seiner Aufgabe als ver.di-Vorsitzender auf dem 5. ver.di-Bundeskongress. Das ist ein guter Zeitpunkt, um innezuhalten und einen Blick zurück zu wagen: einen Blick auf die Geschichte von ver.di, einen Blick auf ihre vielfältigen gewerkschafts- und gesellschaftspolitischen Handlungsfelder und auf Frank Bsirske, sein Wirken, seine Leistungen, auf die Herausforderungen, denen er sich gestellt hat und wie er darauf reagiert hat, einen Blick auf sein Bild in der Öffentlichkeit, in der Politik, in der Wissenschaft und bei ver.di.

Berlin, im Oktober 2019

Frank Werneke/Christine Behle/Andrea Kocsis **13**

Einleitung

Der ver.di-Vorsitzende Frank Bsirske und die Vereinte Dienstleistungsgewerkschaft sind eine politische Kraft in unserem Land, deren Gestaltungsanspruch und Wirksamkeit auf unterschiedlichsten Feldern Spuren hinterlassen haben. Diesen Aspekt haben der neue ver.di-Vorsitzende Frank Werneke und seine beiden Stellvertreterinnen Christine Behle und Andrea Kocsis im Vorwort bereits angesprochen. Die Autorinnen und Autoren dieses Buches würdigen dieses Wirken im Kontext der wirtschaftlichen, gesellschaftlichen und politischen Entwicklungen der vergangenen 20 Jahre. Allerdings kann und will diese Veröffentlichung keine umfassende, alle wesentlichen Dimensionen und Aktionen darstellende Geschichte von ver.di sein. Dafür ist es noch zu früh. Aber es soll deutlich werden, vor welchen Herausforderungen ver.di und Frank Bsirske standen und mit welchen Akteuren sie diese bewältigten. Die Breite des Spektrums der handelnden Personen und die Vielfalt der Sichtweisen auf unsere Gewerkschaft und ihren Vorsitzenden hierfür zu versammeln, war unser Anliegen.

Wie ver.di wurde und warum Frank Bsirske ein Glücksfall war

Der Journalist Martin Kempe, langjähriger Chefredakteur der Mitgliederzeitung »ver.di publik«, schreibt aus der Perspektive eines Beobachters. Die Sicht unmittelbar Beteiligter an der Gründung vermitteln die ehemaligen Vorsitzenden Margret Mönig-Raane (HBV), Detlef Hensche (IG Medien) und Roland Issen (DAG). Für den 2005 viel zu früh verstorbenen DPG-Vorsitzenden Kurt van Haaren hat Franz Treml, bei ver.di-Gründung Mitglied des Vorstands der DPG, diese Aufgabe übernommen. Margret Mönig-Raane und Franz Treml schildern darüber hinaus ihre Erfahrungen aus ihrer Zeit als ver.di-Vorstandsmitglieder.

Die Herausforderungen der Multibranchengewerkschaft ver.di

Warum der Zusammenschluss zu ver.di erfolgreich umgesetzt werden konnte, wie die Mitglieder sich in den komplexen Strukturen zurechtgefunden, neue Formen von Beteiligungsorientierung und Machtentfaltung entwickelt haben, analysieren der Soziologe Klaus Dörre und die Industriesoziologin Ingrid Artus. Berthold Huber begleitete als Vorsitzender der IG Metall den Entwicklungsprozess wohlwollend und vorausschauend.

Heike Langenberg/Hartmut Simon/Wolfgang Uellenberg-van Dawen 15

Was ist gerecht im öffentlichen Dienst?

Fast über die gesamte Zeit an der Spitze von ver.di war Frank Bsirske mit der Reform des Tarifvertragssystems des öffentlichen Dienstes befasst. Der Sozialwissenschaftler Werner Schmidt hat dieses komplexe und für Außenstehende schwer verstehbare System erklärt. Er macht deutlich, welche Erfolge ver.di erzielen konnte und wo noch Handlungsbedarf besteht. Thomas Böhle als Vertreter der Kommunalen Arbeitgeber und Bundesinnenminister Horst Seehofer (CSU), der in Frank Bsirskes letzter Verhandlungsrunde für die Beschäftigten im öffentlichen Dienst der Kommunen und des Bundes erstmals auf der Gegenseite saß, kommentieren das Wirken ihres Tarifpartners. Bundesbankpräsident Jens Weidmann stellt die Bedeutung von Tarifverträgen heraus und beleuchtet die Verteilungswirkung und die Rolle der Geldpolitik.

Arbeit darf nicht arm machen – Deutschland braucht den Mindestlohn

Mit dieser Argumentation haben ver.di und Frank Bsirske Erfolg gehabt. Den Weg des Mindestlohns und seine Wirkungen auf die Tarifpolitik beschreiben Claudia Weinkopf, Forschungsdirektorin am Institut für Arbeit und Qualifizierung der Universität Duisburg-Essen und Mitglied der Mindestlohnkommission der Bundesregierung, sowie der Leiter des Tarifarchivs im Wirtschafts- und Sozialwissenschaftlichen Institut (WSI) der Hans-Böckler-Stiftung, Thorsten Schulten. Stellung nehmen Adolf Bauer, Präsident des Sozialverbandes Deutschland (SoVD), der führend die Mindestlohnkampagne von ver.di unterstützt hat, Bundesarbeitsminister Hubertus Heil (SPD) sowie NRW-Arbeitsminister Karl-Josef Laumann (CDU), der wie viele andere auch heute einen deutlich höheren Mindestlohn fordert.

Die Würde des Menschen – Politik für einen handlungsfähigen und gerecht finanzierten Sozialstaat

In diesem Kapitel geht es um gesellschaftliche Herausforderungen und Fehlentscheidungen der Politik, um die Folgen für den sozialen Zusammenhalt der Gesellschaft, den Sozialstaat und die Verteilung von Lebenschancen und Vermögen sowie um die Frage, was heute erforderlich ist, um dem Sozialstaatsgebot des Grundgesetzes endlich gerecht zu werden.

Hierzu finden sich zunächst Beiträge von der wissenschaftlichen Direktorin des Instituts für Arbeit und Qualifizierung der Universität Duisburg-Essen, Ute Klammer, vom ehemaligen NRW-Finanzminister Norbert

Walter-Borjans (SPD), von Peter Bofinger, ehemals Mitglied des Sachverständigenrates der Bundesregierung, und von Marcel Fratzscher, Präsident des Deutschen Instituts für Wirtschaftsforschung.

Welche Antworten die Vorsitzenden demokratischer Parteien darauf heute geben und wie sie die Rolle von ver.di und die ihres Vorsitzenden bewerten, wird deutlich in den Beiträgen des Bundesvorsitzenden der Grünen, Robert Habeck, und der grünen Sozialpolitikerin Beate Müller-Gemmeke, der CDU-Vorsitzenden Annegret Kramp-Karrenbauer, der bis Ende Mai 2019 amtierenden SPD-Partei- und -Fraktionsvorsitzenden Andrea Nahles sowie der beiden Vorsitzenden der Partei »Die Linke«, Katja Kipping und Bernd Riexinger.

Gute Arbeit – Gute Dienstleistungen

Welche Bedeutung die Forschung für Gute Arbeit und Gute Dienstleistungen in der Digitalisierung haben und wie Forschung und Gewerkschaft erfolgreich zusammenarbeiten, begründen die Arbeitsforscherin Kerstin Jürgens und der Wirtschaftsinformatiker Marco Leimeister. Die Arbeitswissenschaftler Bernd Bienzeisler und Walter Ganz zeichnen die Kooperation von ver.di mit dem Fraunhofer-Institut für Arbeitswirtschaft und Organisation IAO nach. Die IBM-Gesamtbetriebsratsvorsitzende Bettina Bludau schildert, was digitale Arbeit im betrieblichen Alltag bedeutet.

Mehr Europa – aber anders

»Mehr Europa – aber anders« war die Antwort von ver.di auf die Krise der europäischen Politik. Wie dieses Konzept heute politisch wirken kann, legt der Politikwissenschaftler und langjährige europapolitische Mitstreiter des ver.di-Vorsitzenden, Klaus Busch, dar. Das ehemalige ver.di-Bundesvorstandsmitglied Isolde Kunkel-Weber, bis Anfang Juni 2019 Präsidentin des Europäischen Gewerkschaftsverbands für den öffentlichen Dienst, der ehemalige Vorsitzende der Gewerkschaft der Privatangestellten in Österreich (GPA-djp) und amtierende Vorsitzende des Österreichischen Gewerkschaftsbundes (ÖGB), Wolfgang Katzian, und Andreas Rieger, Vorstand der schweizerischen Dienstleistungsgewerkschaft Unia, schildern, wie sich die Partnerschaft zu ver.di und ihrem Vorsitzenden entwickelt hat, welche gemeinsamen Kampagnen und Initiativen die drei Gewerkschaften in Europa auf den Weg gebracht haben.

Frank Bsirske – der Vorsitzende

Bilder von Frank Bsirske und seinem persönlichen Wirken zeichnen Monika Brandl, von 2007 bis 2019 Vorsitzende des ver.di-Gewerkschaftsrats und somit die Repräsentantin aller Ehrenamtlichen in ver.di, und der DGB-Vorsitzende Reiner Hoffmann für die deutsche Gewerkschaftsbewegung. Herbert Schmalstieg (SPD), ehemaliger Oberbürgermeister der Stadt Hannover, Freund und früherer Chef, und der grüne Politiker Jürgen Trittin, Arbeitskollege, Umweltminister, Wegbegleiter von Frank, würdigen ihn ebenso wie der Präsident der Europäischen Linken, Gregor Gysi. Diese eher persönlich formulierten Beiträge haben wir am Schluss einiger Kapitel vom Layout etwas abgesetzt.

Wie der umfassend präsente ver.di-Vorsitzende und seine Gewerkschaft öffentlich wahrgenommen wurden, bilanziert der Journalist Jörn Boewe.

Unser herzlicher Dank gilt allen Autorinnen und Autoren für ihre Beiträge und die gute Zusammenarbeit. Da jeder Beitrag für sich steht, waren inhaltliche Überschneidungen unvermeidbar.

Der Dank geht aber auch an die Kolleginnen und Kollegen in der ver.di-Bundesverwaltung, die zum Entstehen dieser Festschrift beigetragen haben, an die Kollegin Hildegard Fuhrmann für die sorgfältige Durchsicht des Manuskripts sowie an den Kollegen Gerd Siebecke vom VSA: Verlag für seine professionelle Unterstützung.

Das Redaktionsteam
Heike Langenberg, Hartmut Simon und Wolfgang Uellenberg-van Dawen

Frank Bsirske – ein Glücksfall

»ver.di wird ein Erfolg werden, wenn wir sie als Chancengewerkschaft begreifen; als Gewerkschaft, die eine Chance ist, die Chancen eröffnet und die Chancen für eine Gewerkschaftsarbeit bietet, wie es sie bisher nicht gab.«

Frank Bsirske 2001

Vorbild, Vertrauen und strategischer Weitblick

von Martin Kempe

Frank Bsirske freut sich als ÖTV-Vorsitzender über das deutliche Votum der Delegierten des ÖTV-Verschmelzungskongresses am 16. März 2001 für ver.di.

Ein gewaltiger Jubel brandete am Abend des 16. März 2001 in der Halle 17 der Messe Berlin auf. Die Delegierten der Gewerkschaft Öffentliche Dienste, Transport und Verkehr (ÖTV) hatten sich dort eingefunden, um über die wichtigste Organisationsreform der deutschen Gewerkschaftsbewegung nach dem Zweiten Weltkrieg zu entscheiden: Gemeinsam mit der Gewerkschaft Handel, Banken und Versicherungen (HBV), der Deutschen Postgewerkschaft (DPG), der Industriegewerkschaft Medien (IG Medien) und der bis dato nicht zum DGB gehörenden Deutschen Angestellten-Gewerkschaft (DAG) sollte die »Vereinte Dienstleistungsgewerkschaft« (ver.di) gegründet werden.

Die ÖTV als größte der beteiligten Organisationen stimmte als erste über ihre Selbstauflösung ab, um die Voraussetzung für den Zusammenschluss mit den anderen vier Organisationen zu schaffen. Das Quorum für diese von vielen Delegierten als schmerzhaft empfundene Entscheidung lag bei 80 Prozent der Delegiertenstimmen. Umso größer war die Erleichterung im Plenum, als das Ergebnis der Abstimmung bekannt gegeben wurde: 87,1 Prozent.

Die anderen vier Organisationen absolvierten danach die gleiche Prozedur, wobei die Widerstände im Vorfeld in der HBV und der IG Medien am größten gewesen waren. In beiden ihrem Selbstverständnis nach linken Gewerkschaften gab es einflussreiche Kritiker des Vereinigungsprojekts, die um ihre gewerkschaftspolitische Eigenständigkeit fürchteten. Während die HBV locker mit 84,4 Prozent die Hürde nahm, führte das Ergebnis der IG Medien bei vielen Beobachtern kurzfristig zu Irritationen: genau 80 Prozent, das niedrigste Ergebnis aller Gründungsgewerkschaften. Dennoch war es eine klare Entscheidung für die Vereinigung, weil bei der IG Medien das Quorum für die Selbstauflösung nicht bei 80, sondern bei 75 Prozent lag. Am Abend des 17. März 2001 hatte die DPG als letzte der fünf Gründungsgewerkschaften mit 91,4 Prozent die Hürde der Selbstauflösung übersprungen.

Das Projekt konnte beginnen und damit auch das eigenwillige Kürzel »ver.di« als willkommene Reminiszenz an den großen Komponisten der italienischen Freiheitsbewegung Mitte des 19. Jahrhunderts zum Markenzeichen avancieren.

Auf dem Weg zu ver.di

Der Diskussionsprozess in den fünf Gründungsgewerkschaften war in den Monaten und Jahren vor dem Kongress im März 2001 langwierig und schwierig gewesen: Wollen wir unsere bisherigen Organisationen mit all ihren Traditionen, mit unseren gewachsenen Strukturen und unserem besonderen gewerkschaftlichen und politischen Selbstverständnis aufgeben? Wollen wir all das, was unsere Identität ausmacht, in eine gemeinsame gewerkschaftliche Großorganisation einbringen? Und nicht zuletzt: Wollen wir unsere Beitragseinnahmen in den großen ver.di-Topf werfen?

Gegner der Vereinigung gab es in allen Gründungsorganisationen – trotz aller vorangegangenen Debatten, trotz der zuvor ausgehandelten Festlegungen und Zusicherungen über die zukünftige Struktur der Vereinten Dienstleistungsgewerkschaft, trotz eines beispiellosen innerorganisatorischen Werbefeldzugs der fünf Vorstände. Aber auf der anderen Seite war der von den Medien je nach politischer Orientierung hämisch oder sorgenvoll begleitete gewerkschaftliche Niedergang in den Jahren und Jahrzehnten zuvor nicht zu leugnen: das kontinuierliche Absinken der Mitgliederzahlen, die schwindende Organisations- und Durchsetzungsfähigkeit, der Verlust an kultureller Bindungsfähigkeit in dem dominanten sozialen Klima eines neoliberal unterfütterten Individualismus.

Jetzt war also die letzte Hürde genommen. Das lange diskutierte, akribisch vorbereitete Projekt konnte in Angriff genommen werden. Mütter und Väter von ver.di gab es viele. In den Vorstandsetagen waren dies die Vorsitzenden Kurt van Haaren (DPG), Margret Mönig-Raane (HBV), Detlef Hensche (IG Medien), bis 2000 Herbert Mai (ÖTV) und für die DAG ihr Vorsitzender Roland Issen.

Die DAG hatte einen besonders weiten Weg bis zur Vereinigung in ver.di und damit in den Verbund der DGB-Gewerkschaften zurückzulegen, repräsentierte sie doch als Organisation der Angestellten außerhalb des DGB nicht die Beschäftigten einer Branche, sondern mit den Angestellten eine Statusgruppe quer durch alle Branchen. Heikel waren auch die zwischen DAG und HBV in jahrzehntelanger Mitgliederkonkurrenz gewachsenen und gepflegten Ressentiments, die in den Jahren zuvor durch tarifpolitische Kooperation mühsam verringert werden konnten.

Ein besonderes Verdienst an dem Zusammenschluss der fünf Gewerkschaften hatte jedoch Frank Bsirske, der erst im Herbst 2000 Vorsitzender der größten Gründungsgewerkschaft ÖTV wurde. Sein Vorgänger Herbert Mai hatte auf dem Gewerkschaftstag in Leipzig überraschend die Brocken hingeworfen und erklärt, er werde sich nicht zur Wiederwahl stellen. Grund dafür war, dass nur 62 Prozent der Delegierten für einen für die ver.di-Gründung bedeutsamen Antrag gestimmt hatten, und nicht die dafür später notwendigen mindestens 80 Prozent.

Nach einer hektisch durchtelefonierten Nacht präsentierten die ÖTV-Spitzenfunktionäre dem Gewerkschaftstag am nächsten Morgen einen Kandidaten für die Wahl zum Vorsitzenden, der zwar einige Jahre als stellvertretender Bezirksvorsitzender der ÖTV-Niedersachsen gearbeitet hatte, aber jetzt nicht einmal ein Delegiertenmandat hatte – und der es als Mitglied der Grünen in der sozialdemokratisch dominierten deutschen Gewerkschaftsbewegung bis in die 1980er Jahre hinein nicht einmal zum ÖTV-Ortsvorsitzenden hätte bringen können.

Frank Bsirske, bei seiner Wahl Personal- und Organisationsdezernent der Stadt Hannover, hat als erster Nicht-Sozialdemokrat – aus der Not heraus – den Sprung an die Spitze einer DGB-Gewerkschaft geschafft. Und er schaffte, zwangsläufig spontan und unvorbereitet, woran sein zurückgetretener Vorgänger gescheitert war: Mit einem überzeugenden Auftritt, mit einer Zukunftsvision gewerkschaftlicher Arbeit im 21. Jahrhundert riss er die skeptischen unter den ÖTV-Delegierten mit und bekam das Mandat, die ÖTV als ihr Vorsitzender in den Vereinigungsprozess zur Vereinten Dienstleistungsgewerkschaft zu führen.

Als ver.di ein halbes Jahr später tatsächlich gegründet und er selbst zum ersten Vorsitzenden der neuen gewerkschaftlichen Großorganisation gewählt worden war, schaffte er es erneut, die Euphorie des Anfangs in Worte zu fassen: »Es werden die Gewerkschaften sein, die das Gesicht des 21. Jahrhunderts prägen werden«, rief er in seiner Grundsatzrede. Zwei Gründe nannte er für seine zweifellos gewagte Prognose.

Erstens hätten die fünf Gründungsorganisationen »alles andere als flächendeckend gearbeitet«. Es gebe jede Menge weißer Flecken in den Organisationsbereichen der fünf Einzelgewerkschaften, die nun, nach dem Zusammenschluss, geschlossen werden könnten. In den Design- und Werbeagenturen, Call Centern, bei den privaten Postunternehmen, den Kurierdiensten und Transportunternehmen, im privaten Rundfunk und im Pflegebereich, bei den Beschäftigten der Kirchen – in all diesen bislang kaum erschlossenen Bereichen gebe es »ein enormes Potenzial« für gewerkschaftliche Organisierung.

Zweitens hätten die Gründungsgewerkschaften auch in ihren Traditionsbereichen »deutliche Defizite bei den jungen Leuten«. Viele Jugendliche könnten ihr Lebensgefühl »im Erscheinungsbild der Gewerkschaften einfach nicht wiederfinden«. Wenn ver.di aber zu einer »frischen, unkonventionellen Gewerkschaft in der heutigen Lebenswelt« werde, wenn es also in der neuen Organisation einen Kulturwandel zu mehr Offenheit, Diskussions- und Konfliktfähigkeit gebe, bestehe kein Grund, »weshalb uns dieses Potenzial verschlossen bleiben sollte«.

Bsirske beschwor einen neuen Geist gewerkschaftlicher Arbeit, mit dem sich ver.di in der Öffentlichkeit präsentieren werde: Unterschiedlichkeit und Individualität seien für die neue Organisation »keine Schreckgespenster, die gewerkschaftliche Solidarität untergraben, sondern eine positive Herausforderung. ... Heute müssen wir in sehr vielen Fällen Solidarität aus Differenz und Vielfalt erst aufbauen.« Allein wegen der Branchenvielfalt ihres Organisationsbereichs müsse ver.di pluralistischer, diskursiver als jede ihrer Gründungsgewerkschaften sein. Außerdem stelle ver.di auch deshalb eine gewerkschaftliche Innovation dar, weil sie zur Hälfte aus Frauen bestehe. Auch aus diesem Grund werde es einen Aufbruch zu einer offeneren, rücksichtsvolleren, »weiblicheren« Organisationskultur geben.

»Lasst uns zusammen etwas Neues aufbauen, eine lebendige, vielfältige, streitlustige Dienstleistungsgewerkschaft für das 21. Jahrhundert. Unsere Dienstleistungsgewerkschaft: Wegen Umbau geöffnet!« Diese Schluss-Sentenz seiner Rede brachte den Saal zum Kochen. Der stehende Beifall nahm kein Ende. Das Hochgefühl der Delegierten und Beobachter war grenzenlos. ver.di werde dem jahrzehntelangen gewerkschaftlichen Niedergang ein Ende setzen und der neoliberalen Offensive mit damals 2,8 Millionen Mitgliedern eine gewerkschaftliche Gegenmacht entgegenstellen. Das schien im März 2001 ein realistischer, sich geradezu aufdrängender Traum zu sein – formuliert von Frank Bsirske, einem der breiten Öffentlichkeit bis dahin kaum bekannten, mitreißend charismatischen Mann an der Spitze der neuen gewerkschaftlichen Massenorganisation.

Obwohl sich die überschießenden Hoffnungen des Gründungsakts in den nachfolgenden Mühen der Ebene, in den Jahren der finanziellen und organisationspolitischen Konsolidierung nicht erfüllten, obwohl der Mitgliederschwund zwar verlangsamt, aber nicht gestoppt werden konnte, wurde ver.di zu einem bedeutenden Faktor in den sozialen Auseinandersetzungen der Bundesrepublik.

ver.di als »allgemeine Gewerkschaft«

ver.di ist eine vielfältige, eine bunte Gewerkschaft. Zu ihrem Organisationsbereich gehören nach eigenen Angaben 70 Branchen und über 1.000 Berufe. Mitglied in ver.di können alle werden, die – wie Frank Bsirske vorschlug – »von ihrer Hände Arbeit leben«, die also als Arbeiter, Angestellte oder Selbstständige im weitesten Sinne abhängig arbeiten. Eine solche Erweiterung des Begriffs von abhängiger Arbeit ging über die zuvor dominante Organisationspraxis der DGB-Gewerkschaften hinaus und wurde von den Gründungsgewerkschaften IG Medien und Deutsche Postgewerkschaft in ver.di eingebracht.

Der neu gewählte ver.di-Vorsitzende Frank Bsirske inmitten von Delegierten des ver.di-Gründungskongresses

ver.di wurde damit zur einzigen Gewerkschaft in Deutschland, die – was den weitgefächerten Dienstleistungssektor angeht – als eine »allgemeine Gewerkschaft« bezeichnet werden kann, die sich über die spezifischen Gruppeninteressen hinaus unmittelbarer als überwiegend branchenorientierte DGB-Gewerkschaften auf die allgemeinen Interessen der abhängig arbeitenden Bevölkerung bezieht.

Das Konzept einer »allgemeinen Gewerkschaft« mit unmittelbarer Mitgliedschaft der Menschen war schon beim gewerkschaftlichen Wiederaufbau nach dem Zweiten Weltkrieg von den aus den Konzentrationslagern, den Gefängnissen, der Gefangenschaft oder dem Exil zurückkehrenden Gewerkschaftern ausführlich diskutiert worden. Die Gründerinnen und Gründer von ver.di bezogen sich aber nicht auf diese Diskussion um die »allgemeine Gewerkschaft«, sondern der Antrieb für die Gründung von ver.di entstand aus der unmittelbaren Krisenentwicklung der beteiligten Organisationen.

Einige Gründungsgewerkschaften hatten schwierige Organisationsbereiche mit zersplitterten betrieblichen Strukturen und niedrigen Organisationsgraden wie die HBV und die DAG. Radikale technische Umwälzungen

Martin Kempe

in der Druckindustrie dezimierten traditionell hoch organisierte Bereiche bei der IG Medien. Durch Privatisierung ehemals staatlicher Unternehmen wurde die DPG unter Druck gesetzt. Die systematische »Verschlankung« der Verwaltungsstrukturen im öffentlichen Dienst setzte der ÖTV zu. Und der Bedeutungsverlust von Statusunterschieden zwischen Arbeitern und Angestellten stellte die Existenzgrundlage der DAG infrage.

All das geschah in einer Zeit kultureller und materieller Defensive der Gewerkschaften Ende des letzten Jahrhunderts, in der traditionelle gewerkschaftliche Solidaritätsstrukturen in den Betrieben und Verwaltungen vom vorherrschenden öffentlichen Diskurs in den Bereich vormoderner Folklore phantasiert wurden. Selbst die größeren Gewerkschaften wie die IG Metall und die ÖTV fanden in den Medien nur beiläufige Beachtung. Die kleineren waren in der öffentlichen Wahrnehmung kaum mehr vorhanden. Und jetzt entstand im März 2001, auch vor Augen zahlreich angereister Journalistinnen und Journalisten, mit ver.di ein gewerkschaftlicher Gigant mit rund 2,8 Millionen Mitgliedern.

Aber der Gigant stand nicht überall auf kräftigen Beinen. Denn der Zusammenschluss in einer gemeinsamen gewerkschaftlichen Organisation hat Organisationsgrad und Durchsetzungsfähigkeit in Bereichen mit geringer gewerkschaftlicher Verankerung keineswegs erhöht. Aber immerhin – man erhoffte sich erweiterte Möglichkeiten, personelle und materielle Ressourcen dort investieren zu können, wo vielversprechende Ansätze für Mobilisierung und Organisierung vermutet wurden. ver.di verstand sich von Beginn an auch als Anwältin allgemeiner Interessen der arbeitenden Bevölkerung, auch jener prekär beschäftigten Bereiche, die nicht hoch organisiert und tariflich gut abgesichert sind. Nicht umsonst wurde ver.di zusammen mit der Gewerkschaft Nahrung, Genuss, Gaststätten (NGG) die treibende gewerkschaftliche Kraft für die Einführung eines gesetzlichen Mindestlohns.

Die hoffnungsvolle Vorstellung aber, innerhalb von ver.di sei nun die Konkurrenz zwischen den einzelnen Bereichen um die materielle und personelle Ausstattung aufgehoben, erfüllte sich eher zögerlich. Denn einige Gründungsgewerkschaften waren mehr oder weniger unverändert in der Fachbereichsstruktur abgebildet und führten ihr ausgeprägtes Eigenleben innerhalb der neuen Organisation.

Die im Gründungsprozess als Kompromiss ausgehandelte Budgetierungsrichtlinie, durch welche die Beitragseinnahmen und Personalressourcen nach einem bestimmten Schema unter den Bereichen aufteilt wurden, regulierte die Konkurrenz um die knappen personellen und materiellen Ressourcen. Bereiche mit höherem durchschnittlichen Beitragsaufkommen waren auch in ver.di besser aufgestellt als die Niedriglohnbereiche mit entsprechend geringerem Beitragsaufkommen. So war der Kompromiss in den Verhandlungen vor der ver.di-Gründung, ohne den die »reicheren« Gründungsorganisationen ihren Funktionären und Mitgliedern den Schritt in ver.di hinein wohl kaum hätten schmackhaft machen können.

Die Budgetierungsrichtlinie eröffnete der Gesamtorganisation die Möglichkeit zur Bildung von strategischen Investitionsschwerpunkten, begrenzte sie aber auch gleichzeitig. Und es bedurfte eines großen Geschicks und einer klugen Lenkung an der Spitze der ver.di, um den Raum für organisationspolitische Akzente, für politische Kampagnen wie den Mindestlohn oder aufwendige Mobilisierungskampagnen wie bei Amazon durchzusetzen.

Ein Glücksfall an der Spitze

Die Heterogenität von ver.di machte eine starke Person an der Spitze zu einer unverzichtbaren Voraussetzung des Erfolgs der Organisation – eine Person, die strategisch denken und führen, die auf höchster politischer Ebene die übergreifenden sozialen Belange der Mitglieder wirkungsvoll vertreten konnte. Und gleichzeitig, keineswegs zweitrangig, musste der ver.di-Vorsitzende den Einzelinteressen der Fachbereiche ihren Raum geben, sie integrativ und anerkennend als Teil des Ganzen fördern und unterstützen.

Damit sind wir bei dem Mann, der innerhalb und außerhalb der Organisation seit nunmehr 18 Jahren für ver.di steht. Wir sind bei Frank Bsirske – oder kürzer: bei »Frank«. Jede und jeder in ver.di weiß, dass mit dieser gewerkschaftlich-kollegialen Anrede nur einer gemeint ist. Und deshalb soll am Schluss dieses Beitrags die Distanz des Chronisten für ein paar persönliche Erinnerungen beiseitegeschoben werden.

Als ich in den 1980er Jahren als Redakteur der links-oppositionellen »tageszeitung« einmal im Zusammenhang mit der Anti-Atom-Bewegung in Gorleben einen jüngeren grünen Gewerkschafter aus Niedersachsen suchte, wurde mir ein ÖTV-Sekretär aus Hannover genannt. Frank äußerte sich eher vorsichtig gegenüber dem Journalisten, den er – als taz-Abonnent der ersten Stunde – sehr wohl aus der Zeitung kannte. Schließlich war die ÖTV als Energiegewerkschaft seinerzeit keineswegs auf Anti-Atom-Kurs.

Nach zwei, drei Telefonaten haben wir uns wieder aus den Augen verloren. Erst Ende des Jahres 2000, Frank war inzwischen zum ÖTV-Vorsitzenden aufgestiegen, lernten wir uns persönlich kennen. Wir trafen uns in einem Hotelzimmer in Köln, und es ging, wie sich herausstellte, um die Leitung des Medienbereichs in ver.di. Ich trat meinen Job am 1. Februar 2001, sechs Wochen vor dem Gründungskongress, in der ÖTV-Zentrale in Stuttgart an.

Nach der Gründung musste zunächst eine neue Medienkonzeption und eine der Organisationsvielfalt gerecht werdende Mitgliederzeitung für die mehr als zwei Millionen ver.di-Mitglieder entwickelt werden. Es entstand »ver.di PUBLIK« mit ihrer Massenauflage und den zahlreichen branchenspezifischen Beilagen – zusammen mit dem ver.di-Internetauftritt ein zunächst durchaus umstrittenes publizistisches Projekt für die weitverzweigte neue Gewerkschaft. Frank unterstützte ein modernes, aufgeklärtes Konzept medialer Öffentlichkeitsarbeit. Er wusste, dass engagierte Information, lebendige Diskussion und der neugierige Blick über den Tellerrand der eigenen Organisation hinaus für die Leserinnen und Leser interessanter und überzeugender sind als korrekte Verlautbarung oder gar propagandistische Bedrängung.

In all den Jahren danach gab es und gibt es bis heute so etwas wie eine – natürlich organisationsloyale – innere Pressefreiheit für die Redaktionen der ver.di-Medien. Nicht ein einziges Mal hat der Vorsitzende per Anweisung in die journalistische Arbeit von »ver.di PUBLIK« oder des Internetbereichs eingegriffen. Ich kann mich auch nicht erinnern, dass er jemals vor Erscheinen die Zeitungsseiten sehen wollte. Ängstliche Kontrolle war sein Ding nicht.

Mit Frank Bsirske stand eine Person an der Spitze, die kommunikative Offenheit mit strategischer Weitsicht verbindet. Er hat uns die Freiheit des eigenen Engagements gelassen und dies, wenn nötig, auch innerhalb der Organisation verteidigt. Das gilt nicht nur für die Mitarbeiterinnen und Mitarbeiter seines unmittelbaren Ressorts. Es gilt für diese ganze riesige Vereinte Dienstleistungsgewerkschaft und vor allem für die sozialen Bewegungen an der gewerkschaftlichen Basis, die er in den ersten beiden Jahrzehnten des 21. Jahrhunderts mit schier unermüdlichem Engagement, durch Vorbild, Vertrauen und strategischem Weitblick gesteuert, ermutigt und unterstützt hat – ein Glücksfall für ver.di!

Neuland ver.di

von Franz Treml

Die politischen und ökonomischen Umwälzungen der 1980er und 90er Jahre – der Vormarsch des Neoliberalismus, das Ende der Systemkonkurrenz, die finanzkapitalistische Globalisierung und die beginnende digitale Konvergenz bislang getrennter Branchen – konnten die Gewerkschaftslandschaft nicht unberührt lassen. Für die Deutsche Postgewerkschaft (DPG) und ihre Mitglieder war vor allem die Zerschlagung und Privatisierung der traditionell einheitlichen und öffentlichen Deutschen Bundespost (DBP) mit Post, Fernmeldewesen und Postbank Auslöser für ihre Suche nach neuen gewerkschaftlichen Organisationsformen.

Über viele Jahre hatte die DPG einen Kampf gegen den Ausverkauf der öffentlichen Kommunikationsversorgung und für den Erhalt von Arbeitsplätzen und die Sicherung der Arbeitnehmerinteressen geführt, der 1994 in mehrwöchigen Streikmaßnahmen mit über 100.000 Teilnehmern gipfelte. Obwohl dadurch wichtige Errungenschaften für die Beschäftigten tarifvertraglich und gesetzlich gesichert werden konnten, schaffte es die DPG nicht, die von der liberalkonservativen Regierung Kohl konzipierte, von der SPD durch ihre Zustimmung zu den erforderlichen Grundgesetzänderungen ermöglichte »Postreform« zu verhindern.

War der Organisationsbereich der DPG als »Betriebsgewerkschaft« einer bundeseigenen Verwaltung bis dato klar definiert, so stellten wir alsbald nach der Umwandlung der Postunternehmen in Aktiengesellschaften fest, dass sich nun auch andere DGB-Gewerkschaften – die IG Metall, die ÖTV und die HBV – für unsere Organisationsbereiche zuständig sahen, weil Unternehmen, in denen sie die gewerkschaftliche Zuständigkeit hatten, entsprechende Dienstleistungen anboten. Später reklamierten dies auch die IG Chemie und die Gewerkschaft der Eisenbahner (GdED) für sich. Zudem machte uns die ÖTV in Person des damaligen stellvertretenden Vorsitzenden bei einem Gespräch über die Organisierung der Paketdienste klar, dass sie für den Frachtbereich zuständig sei und nach der Privatisierung der Post auch ihre Zuständigkeit für den Paket-/Frachtbereich der Deutschen Post für sich reklamiere. Von wohlwollenden Freunden ringsum umzingelt, mussten wir handeln und die Initiative ergreifen.

Eva Maria Stange (GEW), Kurt van Haaren (DPG), Roland Issen (DAG), Detlef Hensche (IG Medien), Herbert Mai (ÖTV) und Margret Mönig-Raane (HBV) stellen am 24. Februar 1998 den Plan für eine neue Dienstleistungsgewerkschaft vor.

Diese Erkenntnis löste intensive Diskussionen und viel Bewegung in der DPG aus. Wir führten mit nahezu allen Gewerkschaften Gespräche mit dem Ziel, »nicht Mitgliederklau, sondern Stärkung der Gewerkschaftsorganisation in der Telekommunikation« zu erreichen, wie es Kurt van Haaren, der damalige DPG-Vorsitzende, formulierte. Eine Mitte 1994 vereinbarte Kooperation mit der IG Metall wurde zwar mit einer Reihe konkreter Maßnahmen gut begonnen, jedoch nach einem wenig vertrauensbildenden Gewerkschaftstagbeschluss zur Zuständigkeit der IG Metall für den Telekommunikationssektor nicht weiterverfolgt.

Gedeihlicher entwickelten sich für die DPG die Kontakte mit der IG Medien, die wir schon aus der Zusammenarbeit bei der Bundesdruckerei kannten. Im Juli 1996 wurde ein Kooperationsvertrag unterzeichnet. Es ging nicht nur darum, Ressourcen zusammenzulegen und Synergieeffekte zu erzielen, sondern bei Wahrung der eigenen Identität, Kultur und Tradition die Interessen der Beschäftigten im neu entstandenen Multimediabereich gemeinsam zu vertreten. Das Abkommen wurde mit Leben erfüllt und ein gemeinsames Kooperationsbüro in Frankfurt eingerichtet.

Eine entscheidende Beschleunigung erfuhr die DPG-Diskussion im Herbst 1996, als mit externer Unterstützung die Idee einer Dienstleistungsgewerk-

Frank Bsirske – ein Glücksfall

schaft aus DPG, HBV und IG Medien entstand. Unter Beibehaltung der politischen Eigenständigkeit mit gemeinsamen verbindlichen Arbeitsstrukturen und einer neuen Kultur gleichberechtigter Partner sollte – so die entsprechenden Überlegungen – eine »Gewerkschaft für Distribution, Medien, Finanzdienstleistungen und Kommunikation« entstehen. Im weiteren Verlauf wurde der Verbund von den zuständigen Gremien der drei Gewerkschaften bestätigt. DPG, HBV und IG Medien wollten einen Weg gehen, bei dem gleichberechtigte Partner eine neue, von den Mitgliedern getragene und legitimierte Organisation schaffen sollten. Sie stellten ausdrücklich fest, dass »zur Stärkung der gewerkschaftlichen Interessenvertretung in einer sich verändernden Wirtschaft und Gesellschaft« auch andere strukturverwandte Gewerkschaften zur Mitarbeit eingeladen werden. Die drei Vorsitzenden führten entsprechende Gespräche mit der DAG, ÖTV, GEW, NGG und GdED.

Ziel war die Erörterung möglicher Perspektiven, besonders mit der ÖTV und der DAG, die nicht dem DGB angehörte und Organisationsüberschneidungen mit HBV und ÖTV hatte. Die Gewerkschaft Nahrung-Genuss-Gaststätten (NGG) und die GdED nahmen nur kurze Zeit an den Beratungen teil. Der Sechser-Kreis aus DAG, DPG, GEW, HBV, IG Medien und ÖTV beschloss in der Hamburger Erklärung am 4. Oktober 1997, sich gemeinsam auf den Weg einer Neustrukturierung zu begeben.

Ein Lenkungsausschuss, dem die Vorsitzenden und einzelne Vorstandsmitglieder der beteiligten Gewerkschaften angehörten, übernahm die weitere Koordinierungsarbeit. In der Folgezeit entstand eine »Politische Plattform zur Neustrukturierung der gewerkschaftlichen Interessenvertretung im Dienstleistungsbereich, in der dienstleistungsnahen Industrie, im Medien-, Kultur- und Bildungsbereich«, die am 5. Juni 1998 von den sechs Vorsitzenden – nach Zustimmung der jeweiligen Organe – unterschrieben wurde. Allerdings teilte die Gewerkschaft Erziehung und Wissenschaft (GEW) nach kontroversen internen Diskussionen im Juli 1998 mit, am weiteren Prozess nicht mehr teilzunehmen.

Zur inhaltlichen Ausrichtung der neuen Organisation legte der Lenkungsausschuss im Mai 1999 ein programmatisches Positionspapier »Auf dem Weg in eine neue Gewerkschaft« vor. Die damit beginnende inhaltliche Diskussion wurde jedoch durch die sich zuspitzenden organisationspolitischen Kontroversen überlagert. Aus Sicht der ÖTV sollten die im Februar 1999 vom Lenkungsausschuss vorgelegten »Eckpunkte des Zielmodells« nachverhandelt werden, weil eine zu weitgehende Autonomie der Fachbereiche die Hand-

Mit Frank Bsirske genießen Kurt van Haaren, Roland Issen, Margret Mönig-Raane und Detlef Hensche den Augenblick der ver.di-Gründung.

lungsfähigkeit der Gesamtorganisation gefährden würde. Die DPG und die anderen drei Gewerkschaften lehnten dies ab, da sie in diesem Fall das ausgewogene Verhältnis von Ebenen und Fachbereichen gefährdet sahen.

Auf dem Gewerkschaftstag der ÖTV im November 2000 geriet der Gründungsprozess dann erheblich ins Stocken: Weniger als zwei Drittel der Delegierten stimmten dem Vorhaben ver.di zu, für die notwendige Satzungsänderung waren jedoch 80 Prozent erforderlich. Herbert Mai, der sich nach Kräften für den Zusammenschluss eingesetzt hatte, trat nicht mehr zur Wiederwahl an. Er tat mir menschlich leid.

Am Tag nach Herbert Mais Rückzug schlug die Stunde von Frank Bsirske: Die ÖTV-Delegierten wählten den in den anderen Gewerkschaften nur wenigen bekannten Kollegen nach einer mitreißenden Vorstellung mit 94 Prozent Zustimmung zu ihrem neuen Vorsitzenden. Frank hatte in seiner Rede betont, dass er an der ver.di-Gründung auf jeden Fall festhalten wolle, aber auch bereit sei, das Gewicht der ÖTV in die Waagschale zu werfen. Seine Wahl löste für uns und für alle, die das Projekt Dienstleistungsgewerkschaft mit ungebrochener Überzeugung vertraten, eine gute Dynamik aus. Frank Bsirske hatte sich eindeutig für den gemeinsamen Weg ausgesprochen und die Delegierten – wie auch uns Beobachter – mit dieser Ankündigung und seinen klar konturierten gewerkschaftspolitischen Zielen beeindruckt. Da es unter den Beteiligten stets unstrittig war, dass der größten Organisation das erste Zugriffsrecht auf den Vorsitz der neuen Gewerkschaft gebührte, avancierte Frank mit seiner überzeugenden Wahl zugleich zum designierten ver.di-Vorsitzenden. Diese Personalentscheidung sollte sich als Glücksfall erweisen.

Eben erst gewählt, hielt Frank beim außerordentlichen DPG-Kongress im November 2000 ein engagiertes Plädoyer, »auf der Grundlage des bisher Ausgehandelten zwischen den beteiligten Organisationen« den Weg zu ver.di weiter zu beschreiten und die große historische Chance zu ergreifen, private und öffentliche Dienstleistungen zusammenzufassen und Konkurrenz abzubauen. Mit diesem klaren Bekenntnis, seinen Zielen und seinen politischen Positionen hat er bei den DPG-Delegierten große Zustimmung ausgelöst. Nach all der entstandenen Unzufriedenheit stiftete seine Ankündigung, im März 2001 ver.di zu gründen, neue Hoffnung und Zuversicht. 98,4 Prozent der Delegierten des außerordentlichen DPG-Kongresses stimmten dafür, den Gründungsprozess weiter voranzubringen. Die neue Organisation entwickelte nun tatsächlich die Strahlkraft, die Kurt van Haaren immer wieder beschworen und vorausgesagt hatte.

Die historische Chance wurde genutzt und in aufwendiger Kleinarbeit ins Werk gesetzt. Aus den Erfahrungen der Gründungsorganisationen und aus ihrer bisherigen Arbeit wurden die von allen als nützlich erachteten Elemente in die Satzung, die Fachbereichsstatuten und eine Vielzahl von Richtlinien aufgenommen. Das für die DPG besonders bedeutsame Ehrenamtsprinzip wurde als wesentliches Element festgeschrieben, der Betrieb als wichtigstes Terrain der Gewerkschaftsarbeit festgelegt und – ebenfalls auf Drängen der DPG – zum Teil auch eine vierte Ebene unterhalb der Bezirke verankert. Die Fachbereiche und Personengruppen waren an der Erarbeitung und Beschreibung ihrer Aufgaben und Arbeitsstrukturen ebenso wie die berufsfachlichen Gruppen beteiligt. Diese gemeinsame Arbeit trug zum gegenseitigen Kennen- und Verstehenlernen bei, wofür es bei den doch unterschiedlichen Kulturen wie auch bei der praktizierten Arbeitserledigung nicht selten Bedarf gab. Nach Abschluss all dieser Vorarbeiten konnte ver.di nun kommen.

Vom 16. bis 18. März 2001 beschlossen die zeitgleich tagenden Kongresse der DAG, DPG, HBV, IG Medien und ÖTV die Selbstauflösung ihrer Gewerkschaften und deren Verschmelzung zur Vereinten Dienstleistungsgewerk-schaft, die unmittelbar danach gegründet wurde. Die DAG gehörte damit zum DGB – ein historisch bedeutender Schnitt. Dafür ist besonders Roland Issen zu danken. Die größte Wertschätzung und den größten Vertrauens-beweis erhielt Frank Bsirske bei seiner Wahl am 20. März 2001 zum ersten ver.di-Vorsitzenden. Von den rund 1.000 Delegierten sprachen ihm 95,5 Pro-zent ihr Vertrauen aus und gaben ihm damit den Auftrag, die neue Gewerk-schaft zu einer starken und schlagkräftigen Organisation zu machen – und mit klarer politischer Ausrichtung für die Interessen der Mitglieder und ge-gen deren Bedrohung durch negative gesamtgesellschaftliche Entwicklun-gen zu kämpfen.

Frank Bsirske hat in den fast 19 Jahren an der Spitze der über zwei Mil-lionen zählenden Mitglieder von ver.di dieses Vertrauen durch sein Wirken nach innen und nach außen immer wieder neu bestätigt und gerechtfertigt. So galt es etwa, im »Neuland ver.di« unzählige organisationspolitische Fra-gen zu klären, Findungsprozesse der Beteiligten auf allen Ebenen zu beglei-ten und aus unterschiedlichen Traditionen resultierende Selbstverständnisse zusammenzuführen. Die neue Gewerkschaft brauchte dazu Orientierung und Führung. Mit großem Einsatz, geduldigem Langmut und ausgepräg-tem Führungsgeschick hat sich Frank Bsirske der Fragen zur inneren Aus-gestaltung von ver.di angenommen, der neu zu ordnenden Aufgabenvertei-lung, der Personalverteilung, der Vereinheitlichung der Personalkonditionen, der Budgetierung und vieler wichtiger weiterer Einzelfragen in den Brecht-schen »Mühen der Ebenen«.

Bei alledem stand die aktuelle Gewerkschaftsarbeit in den Fachbereichen und im politischen Raum aber stets im Vordergrund. Themen und Heraus-forderungen gab es zuhauf. Die Privatisierung öffentlicher Dienstleistungen ging weiter, prekäre Beschäftigung und Niedriglöhne – politisch gewollt – verbreiteten sich, die Tarifflucht der Unternehmen nahm zu, Leiharbeit und sachgrundlose Befristungen wurden zur Normalität, Lohndumping war zu-nehmend gang und gäbe.

Bislang als gewerkschaftsfreundlich eingestufte politische Akteure brach-ten dies in Regierungsverantwortung mit der Agenda 2010 gar auf den Weg, die Konservativen und die Neoliberalen freuten sich gemeinsam mit den Wirtschaftsverbänden. Die Europäische Union forcierte die Liberalisierung der Märkte und die Freizügigkeit der Arbeitnehmer. Die sozial gestaltende Begleitung der Arbeits- und Entlohnungsbedingungen blieb dagegen weitgehend aus, mit oft sehr negativen Folgen, da mit diesem ungeregelten Wettbewerb auch bei uns die Arbeitseinkommen sanken.

Aber es gab Gegenkräfte dazu. Nicht zuletzt dank Frank Bsirske wurde die Stimme von ver.di gegen Sozialabbau und Prekarisierung immer deutlicher vernehmbar. Er war es, der als erster Gewerkschafter den von vielen – auch von manchen in den Reihen anderer DGB-Organisationen – nicht gewollten Mindestlohn mit großem Nachdruck in die gesellschaftliche Debatte brachte. Sein Name steht für die lange und am Ende erfolgreiche Mindestlohnkampagne ebenso wie für die hartnäckige gewerkschaftliche Kritik an der Verbreitung von »Armut per Gesetz« durch Hartz IV.

Das hat ihm nicht nur Freunde eingebracht: Selbst in Spitzengesprächen der Gewerkschaften mit der Bundesregierung zeigte der damalige Kanzler der rot-grünen Koalition deutlich seinen Missmut, weil Frank Bsirske nachdrücklich vor Folgen der Agenda 2010 warnte. Nettoentlastungen der Unternehmen und reicher Haushalte waren die Folge auf der einen Seite, auf der anderen Seite Belastungen bei Rentner*innen, Kranken und besonders bei prekär Beschäftigten und Arbeitslosen. Die Langzeitfolgen der Agenda-Politik sehen wir bis heute. 20 Jahre später wird nun endlich versucht, sie zumindest teilweise zu korrigieren.

Große Kampagnen wie die für »Gute Arbeit« tragen den durch Frank entscheidend mitgeprägten Stempel von ver.di. Bei den gesellschaftlichen Themen wie Armut und Reichtum, Gesundheitsreform, Rente für ein auskömmliches Leben im Alter, im Kampf gegen Rechtsextremismus und für die Verteidigung des Sozialstaates hat sich ver.di deutlich vernehmbar eingemischt. Ihr Vorsitzender war in der öffentlichen Wahrnehmung recht oft die Stimme der Gewerkschaften, beim Kampf gegen das Freihandelsabkommen TTIP und bei der Europäischen Bürgerinitiative »Wasser ist ein Menschenrecht« selbst im Ausland.

Zugleich hat ver.di ihre Durchsetzungsfähigkeit auf Unternehmens- und Betriebsebene in zahlreichen Auseinandersetzungen bis hin zu großen Arbeitskämpfen vielfach unter Beweis gestellt. Tagtäglich berichten die Medien über die Aktivitäten der Multibranchengewerkschaft auf vielen tarifpolitischen Schauplätzen. Frank Bsirskes Überzeugung, dass wir gemeinsam weit stärker werden, hat sich erfüllt. Die Arbeitgeber »respektieren« ver.di, manche fürchten uns, und die Politik hat erkannt, dass man besser auf ver.di hört.

Die Leistungen in der Aufbauzeit von ver.di, die Wahrnehmung von ver.di in der Öffentlichkeit und ihre Erfolge in schwierigen Zeiten zeigen, dass Frank Bsirske mit seiner Gradlinigkeit, seiner Integrationskraft, seiner klaren und konsequenten politischen Orientierung und seiner rhetorischen Überzeugungskraft das Hauptverdienst dafür gebührt, dass sich fünf Organisationen zu einer starken Einheit mit einem wohltuenden »Wir-Gefühl« entwickelt haben. Ein Glücksfall!

Dabei blieb Frank immer einer von uns. Er ist den Menschen zugewandt, offen und herzlich, jeder und jedem gegenüber aufgeschlossen, verständnisvoll und freundlich. Er hat eine sympathische und gewinnende Art, ist nicht abgehoben und gibt sich nicht als jemand, der in der Weltliga spielt.

In der ersten und zweiten Wahlperiode des ver.di-Bundesvorstands lernte ich Frank sehr gut kennen. Seine politisch linke Grundhaltung war mir gleich sympathisch, wobei ich mich damals fragte, wieso er bei den Grünen ist, verstand ihn aber, schließlich bin ja auch ich in der SPD. Wir hatten in politischen Grundsatzfragen nahezu keinen Dissens, was der Zusammenarbeit und dem gegenseitigen Verständnis zugute kam. Auch in Sachfragen war gut mit ihm zu arbeiten. In den Sitzungen des Bundesvorstandes mit langen Tagesordnungen kamen alle zu Wort, er hörte geduldig zu, wägte ab, nahm gute Argumente auf und fasste zusammen, sehr kollegial und demokratisch. Bei der Größe unseres Bundesvorstandes mit den vielen Wortmeldungen gab es nicht selten Nachtsitzungen, die am Vormittag begonnen hatten. Aber all das gehörte irgendwie auch dazu.

Frank, danke für deinen ganz entscheidenden persönlichen Beitrag zur Entstehung von ver.di. Danke für dein riesenhaftes Engagement, mit dem du ver.di deinen Stempel aufgedrückt hast. Danke für deine klare politische Orientierung, die für viele Mitglieder beispielgebend war. Danke für deine Kollegialität und Menschlichkeit und für die Zeit unserer gemeinsamen Arbeit!

Frank, du warst und bleibst ein Glücksfall für ver.di!

Mit großem Engagement

von Roland Issen

Die Gründung der Vereinten Dienstleistungsgewerkschaft ver.di im März 2001 war die größte Strukturveränderung in der deutschen Gewerkschaftsbewegung seit dem Zweiten Weltkrieg. Mit dem Zusammenschluss von der Deutschen Angestellten-Gewerkschaft (DAG), der Deutschen Postgewerkschaft (DPG), der Gewerkschaft Handel, Banken und Versicherungen (HBV), der Industriegewerkschaft Medien – Druck und Papier, Publizistik und Kunst (IG Medien) und der Gewerkschaft Öffentliche Dienste, Transport und Verkehr (ÖTV) entstand eine Dienstleistungsgewerkschaft mit mehr als drei Millionen Mitgliedern.

Die Idee zur Gründung einer Dienstleistungsgewerkschaft für den privaten und öffentlichen Dienstleistungssektor basierte auf der Erkenntnis, dass es durch die gravierenden Veränderungen in der Wirtschaftsstruktur in Deutschland und in Europa wichtig war und notwendig würde, sich als Gewerkschaft neu zu formieren, um durch die Bündelung der Kräfte die Arbeitnehmerinteressen effektiver einbringen und durchsetzen zu können.

Der Prozess bis hin zur Gründung der Vereinten Dienstleistungsgewerkschaft vollzog sich über eine Reihe von Jahren mit mehreren wichtigen Zwischenstationen. Es galt nicht nur vier selbstbewusste Einzelgewerkschaften innerhalb des Deutschen Gewerkschaftsbundes (DGB) zum gemeinsamen Handeln zu bewegen, sondern auch die DAG in den Prozess der Gründung einer einheitlichen Dienstleistungsgewerkschaft unter dem Dach des DGB einzubeziehen. Dabei waren die Aufnahme der DAG in den Europäischen Gewerkschaftsbund (EGB) 1990 mit Zustimmung des DGB, die Kooperationsabkommen der DAG mit der ÖTV (1994), der HBV (1995), der IG Chemie (1996) und der IG Medien (1997) wichtige Stationen auf dem Weg zu ver.di.

Es gab im Gründungsprozess aber auch zwei sehr kritische Ereignisse, die den Weg zu einer gemeinsamen Dienstleistungsgewerkschaft in Gefahr brachten. Zum einen schlossen im November 1997 die DPG, die HBV und die IG Medien einen Verbundvertrag ab, mit dem sie eine intensivere Zusammenarbeit anstrebten. Der ÖTV-Vorsitzende Herbert Mai und ich als damaliger DAG-Vorsitzender befürchteten, dass diese Aktion in Richtung einer Dienstleistungsgewerkschaft nur für den privaten Dienstleistungssektor führen könnte und dadurch die von uns angestrebte größere Dienstleistungsgewerkschaft sowohl für den privaten als auch für den öffentlichen Sektor in Gefahr bringen würde.

Deshalb signalisierten wir der HBV-Spitze, dass die ÖTV und die DAG zusammen dann notfalls für beide Sektoren eine Dienstleistungsgewerkschaft mit rund zwei Millionen Mitgliedern und einer guten Finanzausstattung gründen würden. Danach konnten wir uns mit der HBV, der IG Medien und der DPG darauf verständigen, den Weg gemeinsam in Richtung einer großen Lösung fortzusetzen.

Zum anderen signalisierte im August 2000 die ÖTV, dass sie aus dem ver.di-Projekt aussteigen könnte. Dadurch stand plötzlich das Scheitern des gesamten Vorhabens der Gründung der großen Dienstleistungsgewerkschaft im Raum. Die Bemühungen der vergangenen drei Jahre wären vergeblich gewesen. Deshalb entschlossen sich die vier anderen Gewerkschaften, den gemeinsamen Weg zunächst ohne die ÖTV fortsetzen zu wollen und kreierten eine sogenannte Auffanglösung: das »Vier-plus-Eins-Modell«. Es sah vor, dass die DAG, die DPG, die HBV und die IG Medien die Vorbereitung für eine gemeinsame Dienstleistungsgewerkschaft fortsetzen und einen Platz für die ÖTV offenhalten werden. Doch die ÖTV-Gremien beschlossen einige Wochen später, dass sie sich weiter an der Gründung von ver.di beteiligen wollten.

Im Herbst des Jahres 2000 fanden bei den fünf beteiligten Gewerkschaften dann ihre Gewerkschaftskongresse statt, auf denen die Delegierten eine Vorentscheidung über die Gründung von ver.di treffen sollten. Bei vier Gewerkschaften gab es ein klares Bekenntnis für die Gründung von ver.di im Frühjahr 2001. Lediglich bei der ÖTV stimmten nur 62,4 Prozent der Delegierten einem entsprechenden Antrag zu. Damit signalisierte gut ein Drittel der Delegierten starkes Bedenken bezüglich einer Beteiligung an ver.di. Da nach der Satzung der ÖTV ein Quorum von mindestens 80 Prozent für den Weg zu ver.di notwendig war, schien es nicht sicher, ob die ÖTV die erforderliche Mehrheit auf dem alles entscheidenden Gewerkschaftskongress im Frühjahr 2001 erreichen würde. Infolgedessen erklärte der ÖTV-Vorsitzende Herbert Mai dem Kongress, dass er für eine Wiederwahl nicht mehr zur Verfügung stehe.

Daraufhin wurde der ÖTV-Kongress unterbrochen. In einer nächtlichen Sitzung der Führungsgremien der ÖTV, an der ich teilnehmen konnte, wurde intensiv darüber diskutiert, wer als Kandidat bzw. Kandidatin für die Vorsitzenden-Funktion dem Kongress vorgeschlagen werden könnte. Aus dem Kreis der Anwesenden war niemand – weder von den Gegnern noch von den

Der DGB-Vorsitzende Dieter Schulte und Bundespräsident Johannes Rau gratulieren zur ver.di-Gründung.

Unterstützern der ver.di-Gründung – bereit, seinen Hut in den Ring zu werfen. Das war für mich schon überraschend und in gewisser Weise auch unverständlich. Es kamen mir Zweifel, ob es unter solchen Umständen noch eine realistische Möglichkeit für die Gründung von ver.di im Frühjahr 2001 gibt. Die große Chance für die Realisierung der angestrebten großen Dienstleistungsgewerkschaft wäre verspielt worden, denn ohne die Beteiligung der ÖTV wäre dies nicht mehr möglich gewesen.

Gegen Mitternacht schlug der damalige Landesbezirksleiter der ÖTV aus Niedersachsen, Horst Fricke, Frank Bsirske vor. Nach meinem Eindruck war er in der Runde, die auf der Suche nach einem Kandidaten für den künftigen Vorsitzenden der ÖTV war, für viele ein weitgehend unbeschriebenes Blatt. Nachdem man sich darauf verständigt hatte, ihn anzurufen, und ihn trotz der fortgeschrittenen Zeit erreicht hatte, bat er um Bedenkzeit bis zum Vormittag des folgenden Tages. Als er dann sein Einverständnis für eine Kandidatur erklärt hatte, stellte er sich am Nachmittag den Delegierten des Kongresses in Leipzig vor. In einer mitreißenden Rede legte er u.a. ein klares Bekenntnis für die Fortsetzung des ver.di-Gründungsprozesses unter Beteiligung der ÖTV ab. Er machte auch deutlich, dass in einer Gewerkschaft der »Funktionär für die Mitglieder da zu sein habe und nicht umgekehrt«. Dass er die Delegierten von seinen gewerkschaftspolitischen Zielen überzeugt hatte, war auch an seinem Wahlergebnis zum neuen Vorsitzenden der ÖTV mit 94 Prozent der abgegebenen Stimmen ablesbar.

Mit großem Engagement nutzte er die Zeit bis zum Gründungskongress von ver.di im März 2001, um das Gelingen des Projekts ver.di zu unterstützen. Er stellte sich bei allen Gründungsgewerkschaften vor und warb für den erfolgreichen Abschluss der Gründung von ver.di. Dadurch hat er ganz wesentlich mit dazu beigetragen, dass auf den Verschmelzungskongressen der Gründungsgewerkschaften in Berlin in der Zeit vom 16. bis 18. März 2001 alle fünf Gewerkschaften die erforderlichen Ergebnisse für die Selbstauflösung und Verschmelzung zur Vereinten Dienstleistungsgewerkschaft beschlossen hatten: Die DAG mit 89,3 Prozent, die DPG mit 91,4 Prozent, die HBV mit 84,4 Prozent, die IG Medien mit 80 Prozent und die ÖTV mit 87,1 Prozent.

Am 20. März 2001 wurde Frank Bsirske vom ver.di-Gründungskongress mit 95,5 Prozent zum ersten ver.di-Vorsitzenden gewählt. Als solcher hat Frank Bsirske die neue große Gewerkschaft ganz wesentlich geprägt. Immerhin mussten fünf Gründungsorganisationen erst zu einer neuen durchsetzungsfähigen, modernen und überzeugenden Organisation zusammenwachsen.

Frank Bsirske und ver.di wurden und werden in der Öffentlichkeit gleichgesetzt. Die öffentliche Debatte um den Mindestlohn wurde von ver.di ganz wesentlich geprägt. In der Tarifpolitik wurde ver.di durch die Bündelung der Kräfte deutlich gestärkt. Auch in der Sozialpolitik spielt ver.di eine beachtliche Rolle, wie es z.B. die Debatte um die Rentenreform zeigt. In all diesen und weiteren Aktionsfeldern ist auch immer wieder die Handschrift von Frank Bsirske zu erkennen. Wenn er jetzt nach rund 18 Jahren den ver.di-Stab an seinen Nachfolger weiterreicht, kann er auf eine sehr erfolgreiche Zeit zurückblicken. Aus fünf Gründungsgewerkschaften ist eine einheitliche, selbstbewusste und moderne Gewerkschaft geworden. Sie genießt Anerkennung in der Öffentlichkeit und hat auch die Gewerkschaftsbewegung in unserem Land gestärkt.

Die Welt lebenswerter machen

von Margret Mönig-Raane

Der ÖTV-Gewerkschaftstag Anfang November 2000 in Leipzig begann zwar unaufgeregt, aber eine gewisse Spannung war spürbar: Wie würden die Delegierten bei den Entscheidungen, die die geplante neue Gewerkschaft ver.di betrafen, abstimmen? Wir vier Vorsitzenden der anderen Gründungsgewerkschaften, Detlef Hensche (IG Medien), Roland Issen (DAG), Kurt van Haaren (DPG) und ich, waren angespannt, aber zuversichtlich.

Es war zwar keineswegs so, dass es innerhalb von HBV nur einhellige Freude über die Perspektive »ver.di«, insbesondere über den Weg dorthin, gab. Bei unserem 3. Außerordentlichen Gewerkschaftstag im September 2000 hatte ich unsere Situation wie folgt beschrieben: »Denke ich an ver.di in der Nacht, bin ich zwar nicht um den Schlaf gebracht, aber zurzeit beherrschen weniger die großen Ziele, die wir mit ver.di verbinden, unsere Gedanken, als vielmehr Paragraphen, Richtlinien, Bezirkszahlen, Prozentzahlen und die Diskussionen und Streitigkeiten, die damit verbunden sind. Etwas scherzhaft könnte man sagen: Im Augenblick erwecken wir den Eindruck einer Wohngemeinschaft, die angetreten ist, in dieser Welt positiv etwas zu bewegen, sie schöner und lebenswerter zu machen, aber zunächst noch heftig mit der Hausordnung beschäftigt ist. Aber all denjenigen, die jetzt sagen: ja, so ist es, und das ist der Beweis, dass das Ziel zwar gut, dieser Weg aber falsch ist, will ich zu bedenken geben: Wie viele ehrgeizige und große Projekte sind schon gescheitert, weil man die scheinbar kleinen Dinge nicht in Ordnung hatte?«

Bei der ÖTV war die Lage jedoch anders: Bereits Ende Juli 2000 – die Mitgliederversammlung der Gründungsorganisation ver.di hatte kaum den Entwurf der Satzung und der Budgetierungsrichtlinie verabschiedet – hatte sich der Hauptvorstand fundamentaler Kritik ausgesetzt gesehen. Die HBV-Landesbezirksleiter und der GHV gingen daher davon aus, dass sich die pro-ver.di-Mehrheitsmeinung in der ÖTV gedreht habe. Sie kamen zu der pessimistischen Einschätzung, dass die für die Selbstauflösung notwendige 80 Prozent-Zustimmung in der ÖTV nicht erreichbar sein würde. Vor diesem Hintergrund hatten wir anderen vier Gewerkschaften überlegt, in diesem Fall, quasi als Zwischenlösung, ein befristetes »Vier-plus-Eins-Modell« zu schaffen, als erster Schritt hin zum eigentlichen Ziel: der Fünferlösung.

Das war also die Lage, als wir als Gäste am 5. November 2000 zur Eröffnung des ÖTV-Gewerkschaftstages fuhren. Als wir uns drei Tage später, auf Bitten des damaligen ÖTV-Vorsitzenden Herbert Mai, zusammensetzten, wurden unsere Sorgenfalten noch tiefer.

Was war passiert? In der Debatte über die Gestaltung von ver.di hatte es viele kritische Beiträge gegeben. Der entscheidende Antrag B3, der den weiteren Weg zur Fusion unterstützte, erhielt nur 62,4 Prozent der Stimmen. Das war in Anbetracht dessen, dass nur ein halbes Jahr später 80 Prozent Ja-Stimmen der Delegierten für die Auflösung der Gründungsgewerkschaft und den Gründungsbeschluss »ver.di« gebraucht wurden, eine sehr schwere Hypothek.

Herbert Mai war für sich zu dem Schluss gekommen, dass es mit ihm als Vorsitzenden sehr schwierig bis unmöglich werden würde, die notwendigen Stimmen für eine Fusion zu erreichen. Aus diesem Grund wollte er für eine Wiederwahl zum Vorsitzenden nicht zur Verfügung stehen. Respekt und Hochachtung vor Herbert Mai einerseits, Sorge und Kampfeslust andererseits waren unsere Reaktionen. Wir konnten nicht wirklich beurteilen, ob es bei den Kritiker*innen um eine grundsätzliche Ablehnung ging oder um die bis dahin vorliegenden Ausgestaltungsvorschläge für die neue Gewerkschaft. Für uns blieb die sorgenvolle Frage: Wie und mit wem würde es jetzt weitergehen?

Gerüchte schwirrten durch die Gänge und dann tauchte aus Niedersachsen ein mir und den anderen Vorsitzenden völlig unbekannter Kollege auf. Frank … – wie? ach ja: Frank Bsirske. Die, die ihn kannten, waren voll des Lobes. Unsere Erwartungen sowie die Hoffnung und Zuversicht, dass es doch noch gut werden würde, stiegen wieder an. Frank wurde mit einem überzeugenden Ergebnis gewählt, und es gab auch nicht die befürchtete prinzipielle Ablehnung der neuen Gewerkschaft. Schon wenige Tage nach dem doch noch glücklichen Ende des ÖTV-Gewerkschaftstags besuchte Frank Bsirske uns zur Fortsetzung des 3. Außerordentlichen HBV-Gewerkschaftstags im November 2000.

Bald wurden auch die Verhandlungen zur Gestaltung von ver.di wieder aufgenommen. Ich habe Frank als freundlichen, meistens geduldigen und – wo er es als notwendig ansah – auch knallharten Verhandlungspartner kennengelernt. Eine Fusion von fünf Gewerkschaften, die unterschiedlich groß und sehr unterschiedlich vermögend waren, löste natürlich Ängste aus. Es ging um Bezirke, um zukünftige Kompetenzen von Bezirksgeschäftsführer*innen, um die Frage, welche Branchen aus welchen Gewerkschaften in den neuen Fachbereichen zusammengefasst werden sollten, um die neue

Der ver.di-Vorsitzende mit seiner Stellvertreterin Margret Mönig-Raane und seinen Stellvertretern Gerd Herzberg, Gerd Nies und Michael Sommer

ehrenamtliche Struktur von ver.di und nicht zuletzt um die Frage: Wer bekommt wo den Hut auf?

Ohne den Grundsatz »Fünf gleichberechtigte Gewerkschaften gründen gemeinsam eine neue Gewerkschaft!« wäre die Fusion nach meiner Einschätzung schon in sehr frühen Phasen gescheitert. Ein weiterer wichtiger Erfolgsgrund war die intensive Beziehung von Ehrenamtlichen und Hauptamtlichen auf der Orts-, Landes- und der Bundesebene.

Bekanntlich hat es dann ja auch geklappt mit der Gründung von ver.di. Waren die Verhandlungen vor der Gründung sehr intensiv und langwierig, stellte sich das reale Zusammenführen von fünf selbstbewussten Gewerkschaften als nicht minder kompliziert und kräfteraubend dar. Der ver.di-Bundesvorstand hatte 19 (!) Mitglieder. Die Grundlagen unserer Zusammenarbeit, die Regeln, was jedes Vorstandsmitglied in seinem Verantwortungsbereich selbstständig entscheiden konnte und was sinnvollerweise und/oder zwingend im Bundesvorstand zu klären und entscheiden war, mussten geklärt werden und wurden in einer Startklausur geklärt.

Ich erinnere mich daran, dass wir uns in einer Phase dieser Klausur in kleineren Gruppen gegenseitig berichteten, was wir von der oder dem anderen und seiner/ihrer früheren Gewerkschaft wussten – oder meinten zu wissen. Franziska Wiethold, die für den Handel zuständig war, und ich waren mit Frank Bsirske und Beate Eggert in einer Kleingruppe.

Franziska und ich haben nicht schlecht gestaunt, welches Bild Frank und Beate von unserer Gewerkschaft HBV hatten! Was innerhalb der HBV oftmals langer Diskussionsprozesse bedurfte und dann umgesetzt wurde, erschien manchen außerhalb als Ergebnis einer straff geführten Organisation, deren Führung keinerlei Widersprüche duldete. Tja, Fremdbild und Selbstwahrnehmung können manchmal weit auseinanderliegen!

Die ver.di-Vorstandsklausuren waren gute Gelegenheiten, bestimmte Themen intensiver miteinander zu beraten bzw. mit anderen Vorstandsmitgliedern ohne Zeitdruck über gemeinsame Themen oder auch Gott und die Welt zu sprechen. Nicht so beliebt war es allerdings, wenn Klausuren schon sonntags nachmittags begannen. Eine davon war im Sommer einer Fußballweltmeisterschaft. Sie begann an einem wunderbaren Sommer-Sonntagnachmittag, gleichzeitig mit dem Beginn eines wichtigen Fußballspiels. Ich weiß nicht mehr, für wen Frank sich in diesem Fußballspiel aufgeregt hat, aber seine Priorität war Fußballgucken. Auch die Motivation der Fußball-Ignorant*innen, in geschlossenen, vor der Sonne geschützten Räumen über Protokolle und wichtige andere Themen zu diskutieren, war nicht hoch entwickelt. So verzögerte sich der Beginn des ernsthaften Teils der Klausur Stunde um Stunde – bis es schließlich Zeit wurde für ein wunderbares Sommerabendessen, natürlich draußen. Diese Stunden haben den Vorstand intensiver zusammengeführt, als es in zehn normalen Sitzungen möglich gewesen wäre. Die restlichen anderthalb Tage wurde intensiv gearbeitet, und es blieb nach meiner Erinnerung nichts liegen, was eigentlich am Sonntagnachmittag hätte bearbeitet werden müssen.

Wahrscheinlich ist mir dieser Teil der Klausur auch deshalb so gut in Erinnerung geblieben, weil sonst eher das Gegenteil üblich war. Sitzungen bis spät in den Abend, notfalls die halbe Nacht, schienen Frank nichts auszumachen. Während andere schon Mühe hatten, die Augen aufzuhalten, wurde Frank immer lebendiger. Es ist mir bis heute ein Rätsel, woher er die Kraft nahm und wohl bis heute nimmt.

Nein, ein völliges Rätsel ist es dann doch nicht. Wer Frank im Kontakt mit Mitgliedern, bei Demos und in Versammlungen erlebt hat, konnte zusehen, wie zugewandt und ernsthaft interessiert er an den Menschen war und ist. Gewerkschaftsratssitzungen begannen oft verspätet, weil Frank zu Beginn erst mal jedes Mitglied des Gewerkschaftsrates persönlich begrüßte, bevor er seinen Platz im Podium einnahm. Mit den Kolleg*innen und in ihrem Interesse Gewerkschaftsarbeit und Politik zu betreiben, ist sicherlich eine seiner großen Kraftquellen. Und vielleicht haben auch die vielen, vielen Liter grünen Tee ihn fit gehalten!

Politisch pfiff in der Anfangszeit von ver.di allen Gewerkschaften der politische Wind scharf um die Ohren. Es war die Zeit, in der sechs Millionen Menschen arbeitslos waren, BDI-Präsident Olaf Henkel in der Weltgeschichte herumfuhr und erzählte, dass Deutschland vor lauter Regulierung erstarrt und dringend Reformen notwendig seien. In dieser Zeit wurde die Agenda 2010 entwickelt und durchgesetzt – von einer SPD/Grünen-Regierung, deren Wahl mit so viel Unterstützung und Hoffnung von uns Gewerkschaften verbunden gewesen war.

Alle Proteste und Widersprüche wurden in den Wind geschlagen und die Leistungen der Arbeitslosenversicherung dramatisch verschlechtert. Nicht minder dramatisch waren die Folgen der Deregulierungen am Arbeitsmarkt: sachgrundlose Befristungen, Verschlechterung bei der Leiharbeit, verbunden mit einer wachsenden Zahl von Arbeitgebern, die in ihren Verbänden die tarifvertragliche Bindung ausschlossen. Doch der von Arbeitgebern und Regierung gewünschte Effekt trat nicht ein – es war eher ein Effektchen mit dramatischen Kollateralschäden – insbesondere für die betroffenen Menschen und für die SPD.

Im ver.di-Bundesvorstand waren wir uns über die Beurteilung der Situation und die Folgen politisch einig. Und in einem großen Interview, veröffentlicht als Doppelseite in der »Welt«, analysierte Frank die Folgen der Agenda 2010 und konstatierte deren Erfolglosigkeit bei der Bekämpfung von Arbeitslosigkeit. Dieses Interview schlug ein wie eine Bombe und sorgte aufseiten der Bundesregierung für Aufregung und Ärger.

Überhaupt ist die Bilanz unseres Vorsitzenden Frank Bsirske beeindruckend: ver.di hat sich zu einer starken, nicht nur im Tarifgeschehen erfolgreichen Gewerkschaft entwickelt. Und es ist nicht übertrieben, wenn ich feststelle: Ohne Frank hätte es ver.di (so) nicht gegeben – und manche Entwicklungskrisen der neuen Gewerkschaft wären nicht als Chance für die Weiterentwicklung von ver.di genutzt worden.

Ich habe sehr gerne mit Frank zusammengearbeitet – weiß Gott nicht immer konfliktfrei, aber stets vertrauensvoll und zugewandt.

Margret Mönig-Raane   **45**

Vom politischen Mandat

von Detlef Hensche

»Nie wieder Gewerkschaftsfusion!« Wer unter den Beteiligten hat nicht so oder ähnlich aufgestöhnt, wenn der Aufbruch zu ver.di wieder einmal im Unterholz von Matrix-Organisation, Budgetierung und Kompetenzabstimmung stecken blieb? Zu disparat und zählebig schienen Tradition und Organisationskultur oder das, was die Akteure wortreich dafür ausgaben. Kein Wunder, dass unterwegs Verluste zu beklagen waren. Von den ehemals acht Interessenten, die sich zu ersten Sondierungen getroffen hatten, sind am Ende fünf Gewerkschaften geblieben.

Nicht genug damit, verlor die größte unter ihnen, die ÖTV, auf ihrem ordentlichen Kongress wenige Monate vor dem Gründungstermin im Konflikt über die neue Gewerkschaft ihren Vorsitzenden und wir alle mit ihm den designierten Vorsitzenden von ver.di. Das Publikum blickte schaudernd in den Abgrund historischen Scheiterns – bis der Gewerkschaftstag binnen Tagesfrist einen Nachfolger präsentierte; der wirkte nicht nur auf die Freunde der antiken Tragödie wie ein veritabler Deus ex Machina, ließ Delegierte wie Gäste aufatmen und Hoffnung schöpfen und packte im Wissen um diese Stimmung entschieden zu, ohne zu zögern oder gar Zweifel, so er sie denn überhaupt hatte, erkennen zu lassen. Der traut sich was, bemerkte ein kenntnisreicher Insider. Wohl wahr!

Doch so holprig der Weg mitunter war – abseits vom Handgemenge um die Satzung weckte das Projekt durchaus Hoffnung und Aufbruchstimmung. Bezeichnenderweise waren es gewerkschaftliche Sachthemen, die den Blick auf die Chancen der neuen Gewerkschaft freigaben. Konferenzen zur Beschäftigungspolitik (1999), zu Arbeitszeit und Mitbestimmung (2000) führten nicht nur zahlreiche Mitglieder und Funktionäre zusammen, sondern offenbarten zur Überraschung der Skeptiker ein hohes Maß an Übereinstimmung. Das hat Gründe. Fragt man, was die Mitglieder in den unterschiedlichsten Sparten und Tätigkeiten verbindet, stößt man nicht zuletzt auf die prägende Klammer der privaten bzw. öffentlichen Dienstleistung. Natürlich sind auch andere Gewerkschaften für Dienstleistungszweige zuständig; selbst in den Industriegewerkschaften finden sich Dienstleistungs-Inseln, wie umgekehrt ver.di auch industrielle Fachgruppen umfasst.

Frank Bsirske – ein Glücksfall

Der Vorsitzende der NGG, Franz-Josef Möllenberg, und Frank Bsirske starten im November 2008 die Kampagne »Stimmen für den Mindestlohn«.

Doch Unschärfen solcher Art ändern nichts an den spezifischen Herausforderungen von ver.di. Was auch immer an Problemen und Erwartungen auf den Dienstleistungssektor zukommt – stets schlägt es auf Lebenslage und Entfaltungschancen der ver.di-Mitglieder durch. Namentlich an Problemen herrscht seit geraumer Zeit kein Mangel, von Niedriglohnkampagnen über die Privatisierungsobsession bis zur Austrocknung von Staat und Verwaltung. Nicht zufällig ist vieles davon politisch gewollt und gesetzlich auf den Weg gebracht. Folglich hängen Arbeitsbedingungen und berufliche Perspektiven der Beschäftigten, die private und öffentliche Dienstleistungen erbringen, nicht allein von verlässlicher Betriebsarbeit und erfolgreichen Tarifverhandlungen ab, sondern nicht minder von politischen Weichenstellungen. Wer Belege für die Notwendigkeit des politischen Mandats der Gewerkschaften sucht, hier wird er fündig.

Da tut es gut, einer Gewerkschaft anzugehören, die nicht müde wird, gegen die Auszehrung privaten und öffentlichen Wohlstands anzukämpfen. Als ver.di gegründet wurde, nahm die bereits zuvor angezettelte Debatte über die Installierung eines Niedriglohnsektors Fahrt auf. Wer Arbeit schaffen wolle, so wurden wir belehrt, müsse um die industriellen, exportorientierten Hochlohnzentren einen Gürtel niedrig bezahlter Tätigkeiten legen; und schon war die »Dienstleistungslücke« entdeckt, die man(n) u.a. in Haushaltsdiensten und personennahen Arbeiten ausmachte; nicht etwa im Interesse besserer Versorgung, sondern zwecks Lohndrückerei. Der Einstieg war bereits in Gestalt geringfügiger Arbeitsverhältnisse gemacht; bald folgte die großzügige Freigabe von Leiharbeit und sachgrundlos befristeter Arbeit; den Schlusspunkt setzte die den Beziehern von Arbeitslosengeld II auferlegte Zumutbarkeit jeder Arbeit, ohne Rücksicht auf Ausbildung, Qualifikation und bisherige Tätigkeit. Aus Brüssel sekundierte die Europäische Kommission, indem sie wiederholt die Dienstleistungsfreiheit als Vehikel zum Lohndumping in Stellung zu bringen suchte.

ver.di war und ist folglich an mehreren Fronten gefordert. Die Tarifpolitik erweist sich in manchen Dienstleistungsberufen als steiniges Feld, zumal auch hier die Tarifbindung brüchig wird; gleichwohl vergeht keine Woche, in der nicht irgendeine Sektion von ver.di durch Streiks auf sich aufmerksam macht, nicht selten bemerkenswert hartnäckig und einfallsreich. Zugleich gilt es, politischen Einfluss zu entwickeln und notfalls Druck auszuüben, in gleicher Weise zur Abwehr politischer Übergriffe wie zur Durchsetzung gesetzlichen Mindestschutzes. In der Mindestlohn-Kampagne hat ver.di – gemeinsam mit der Gewerkschaft NGG – durchaus Geschichte geschrieben. Erinnert man sich der Zweifel und Einwände selbst in den eigenen Reihen, als mancher Tarifpolitiker in notorischer Selbstüberschätzung gesetzlichen Schutz als überflüssig, ja schädlich abtat, brauchte es wahrlich ein breites Kreuz und einen langen Atem, um das Vorhaben zum Erfolg zu führen.

Die andere Welle marktradikalen Umbaus zielte auf den Ausverkauf von öffentlichem Eigentum. Als ver.di gegründet wurde, hatte die Privatisierung bereits einen vorläufigen Höhepunkt erreicht und in erheblichem Umfang öffentlichen Wohlstand verschleudert. Die öffentliche Verwaltung wurde im Zangengriff von Steuersenkung und verfassungsrechtlich auf Dauer gestellter Schuldenbremse bis zur Funktionsunfähigkeit ausgedünnt. Lange Zeit hatten es kritische Stimmen wie die von ver.di schwer, gegen die öffentliche Einheitsmeinung Gehör zu finden. Trotz alledem ist sich ver.di in ihrem Widerstand gegen den Ausverkauf von Gemeineigentum treu geblieben. Dass sich ihre Funktionäre, allen voran der Vorsitzende, das Etikett von Traditionalisten und Reformverweigerern einhandelten, ist zu verkraften. Die Taubheit, ja Abwendung potenzieller Verbündeter und die Gefahr der politischen Isolierung gehen schon mehr unter die Haut. Sich in der ruhigen Atmosphäre der Gewerkschaftsschule zum politischen Auftrag der Gewerkschaften zu bekennen, ist das eine; den Konflikt in harter Opposition gegen eine herrschende Meinung und gegen eine übergroße Koalition, selbst gegen politische Freunde in Bürgermeisterämtern und Regierungen durchzustehen, ist das andere mühevolle Geschäft, voller Anfechtungen und Fallstricke, nichts für Wankelmütige.

Gewerkschaftliche Autonomie gibt es nicht zum Nulltarif. Kein Wunder, dass mancher den Preis scheut und beizeiten beidreht. Wer ist nicht gern bei Hofe wohlgelitten? Heute heißt das »Anschlussfähigkeit«. An Rechtfertigungen herrscht dabei kein Mangel: Der eine gibt die Sache ohnehin verloren, der andere traut sich die Autorität nicht zu, die Organisation auf den Weg der Konfrontation mitzunehmen. Neuerdings trifft man gar auf Kollegen, aufrechte Barfußgewerkschafter, die der betörenden Melodie der Zivilgesellschaft erliegen, einer Verheißung, die Interessen, Macht und Klassen hinter sich gelassen hat und das gemeine Beste aus Diskurs und Argument erblühen sieht. Gewiss, auch Bsirske wird seine Kompromisse geschlossen haben. Doch er hat in Grundsatzfragen einer demokratischen, lebenswerten und zukunftsfesten Dienstleistungsgesellschaft nicht gewankt und blieb vernehmbar, auch gegenüber Freunden. »Dienstleistungspolitik, die nicht zu unverhohlener Ausbeutung führen soll, muss in starkem Maße auch Gesellschaftspolitik sein«, erklärte er auf dem ersten ordentlichen Bundeskongress von ver.di.

Wenn die Zeichen nicht trügen, trägt der Einsatz Früchte. Dienstleistungsarbeiten erfreuen sich seit einiger Zeit wachsender Wertschätzung; Gesundheitsdiensten, Pflegeberufen, Erziehung und Bildung werden Wachstumschancen attestiert. Man besinnt sich des Wertes der öffentlichen Infrastruktur. Der öffentliche Dienst wird hier und da aufgestockt. Privatisierung findet zwar noch statt, doch eher im Dunkeln und verschämt. Das alles verspricht noch keine Abkehr von neoliberaler Landnahme; doch lassen sich die Verheerungen von Privatisierung und staatlichem Funktionsverlust nicht länger verdrängen. Natürlich wäre es vermessen, die zaghaft eingeleiteten Korrekturen allein ver.di zuzuschreiben. Der gewerkschaftliche Beitrag ist jedoch unübersehbar. Wenn sich die Politik etwa jüngst für Stellenausweitung in der Pflege und im Gesundheitswesen ausspricht, so haben nicht zuletzt die von ver.di durchgesetzten tarifvertraglichen Personalschlüssel in Krankenhäusern Pate gestanden.

In den Klinikverträgen spiegelt sich zudem die Einsicht, dass ausreichende Stellenpläne und menschenwürdige Arbeitsbedingungen auch den Patienten zugutekommen. In nicht wenigen Dienstleistungsberufen besteht ein qualitativer Gleichklang von Arbeitsbedingungen und Arbeitsergebnissen. Gleich ob in Wissenschaft und Forschung, in Medien und Journalismus, in Bildung und Erziehung, im Pflege- und Gesundheitswesen, in der Kundenberatung und in Sicherheitsdiensten – in all diesen Sektoren schlagen menschenwürdige Arbeitsbedingungen, ausreichende Personalausstattung und beherrschbare Arbeitsabläufe, die beruflicher Kompetenz Raum geben, unmittelbar auf die Qualität der Leistung durch; oder, für den Liebhaber klassischer Kategorien: Die Arbeitsbedingungen prägen den Gebrauchswert der Arbeit. Der Gedanke ist nicht neu; er hatte schon in den 1970er Jahren die Bewegung für innere Pressefreiheit und Redaktionsstatute beflügelt und in den 1990er Jahren zu der Kampagne der ÖTV zugunsten einer patientenfreundlichen Krankenhausreform animiert. Nicht zufällig handelt es sich um Arbeiten, die ehemals unter dem Regime öffentlicher Versorgung und Gemeinnützigkeit standen und erst jüngst in den Mühlen der Kommerzialisierung zur Ware pervertiert wurden. Offensichtlich bedurfte es des Anstoßes einiger Streiks, in denen es um Personalausstattung und um die finanzielle Aufwertung der Arbeit in Krankenhäusern, Kitas und Sicherheitsdiensten ging, begleitet vom Dauer-Mahn-Ton des Vorsitzenden, um den Zusammenhang zwischen Arbeit und Ergebnis bewusst zu machen. Nicht zufällig stießen diese Streiks und Tarifverhandlungen abweichend von der sonst gepflegten öffentlichen Empörung auf breite Zustimmung in den Medien und unter den mittelbar betroffenen Patienten, Eltern und Fluggästen.

Die Beispiele zeigen, wie eng kollektive Selbsthilfe und politisches Mandat miteinander verzahnt sind, ja ineinander übergehen können – ohne dass dies freilich die Politik entlastet. Tarifpolitische Initiativen können Anstöße geben, doch gesetzliche Verallgemeinerungen nicht ersetzen. Diesen Beitrag haben ver.di und ihr Vorsitzender in den letzten Jahren wiederholt geleistet.

Danke, Frank!

Multibranchen-
gewerkschaft –
Chancen und
Risiken

»Wir haben mit der ver.di-Gründung
wichtige Voraussetzungen geschaffen,
uns auch in zugespitzten, harten
Tarifauseinandersetzungen behaupten
zu können: finanziell, organisatorisch,
tarifpolitisch.«

Frank Bsirske 2007

Vorwärtsverteidigung in schwierigen Zeiten

von Ingrid Artus

Man schrieb das Jahr 2001, als Frank Bsirske das Amt des Vorsitzenden der neuen Vereinten Dienstleistungsgewerkschaft (ver.di) übernahm. Aber Schlagzeilen hatte der neue Vorsitzende schon zuvor gemacht. Bereits als er im November 2000 zum Vorsitzenden der Gewerkschaft Öffentliche Dienste, Transport und Verkehr (ÖTV) gewählt worden war, berichteten die Medien aufgeregt von dem Novum, dass ein Mitglied der Partei »Die Grünen« an der Spitze einer der größten DGB-Gewerkschaften stehen würde. Was war von einem solchen, nicht »solide« parteigebundenen Gewerkschaftsführer zu erwarten? Deutete sich hier ein Ende der traditionsreichen Allianz von SPD und Gewerkschaften an? Konnte man ihm vertrauen oder wäre er unberechenbar in seiner Politik?

Würde er die angestammte Kooperation zwischen dem politischen und dem gewerkschaftlichen »Arm« der Arbeiterbewegung weiterführen und damit auch die »Konfliktpartnerschaft« (Müller-Jentsch) von Kapital und Arbeit – oder würde er sich am Ende mit den neuen sozialen Bewegungen verbünden und damit eingefahrene Muster der politischen Steuerung und Elitenreproduktion gefährden? Der neue Mann an der Gewerkschaftsspitze erschien vielen als Wagnis, aber auch als Hoffnungsträger, der gewillt war, mit verkrusteten und zum Teil ineffizienten Strukturen und Politikmustern zu brechen. Von Anfang an stand Frank Bsirske damit als Symbol für gewerkschaftliche Neuerung, für eine Zeitenwende.

Als Frank Bsirske ver.di-Vorsitzender wurde, stand die Megafusion zu einer neuen Multibranchengewerkschaft längst fest. Sie schloss eine Welle von Gewerkschaftszusammenschlüssen ab, mit der deutsche (und internationale) Gewerkschaften seit den 1980er Jahren versucht hatten, vielfältige neue Herausforderungen und einen Rückgang der Mitgliederzahlen durch organisatorische Rationalisierungs- und Effizienzgewinne zu bewältigen. Der Zusammenschluss von fünf Gewerkschaften mit sehr unterschiedlichen Organisationskulturen und -traditionen sollte als gleichberechtigte Fusion und nicht als Übernahme der kleineren Gewerkschaften durch die großen

Beschäftigte der Sozial- und Erziehungsdienste zeigen am 13. Juni 2015 in Köln bei einer Großdemonstration Flagge für die Aufwertung ihrer Berufe.

gestaltet werden (vgl. Kahmann 2005). Dass ein solcher Organisationszusammenschluss erhebliche Ansprüche an die Kompromissbereitschaft und Flexibilität von Funktionär*innen und Mitgliedern aller beteiligten Organisationen stellen würde, war absehbar.

Die organisationale Matrixstruktur der neu entstandenen Gewerkschaft ver.di drückte genau diesen Kompromiss aus: Sie war und ist nicht ideal für eine effiziente und transparente interne Organisationssteuerung, aber sie ermöglichte ein glaubwürdiges Nebeneinander gewachsener Organisationskulturen, die nicht (zumindest nicht ohne erhebliche Schäden) »über Nacht« eingeebnet werden konnten und sollten. Das Aufgehen traditioneller Berufsgewerkschaften in eine von vielen als anonym empfundene Multibranchen-Monstergewerkschaft stellte die etablierten kollektiven Identitäten und Solidaritäten ohnehin auf eine harte Probe. Ihr Sinn und Erfolg wird bis heute ambivalent bewertet (vgl. Kirsch 2015). Das Zusammenwachsen und die allmähliche Entwicklung einer neuen, übergreifenden kollektiven Gewerkschaftsidentität brauchte jedenfalls Zeit. Unter dem zugleich toleranten wie führungsstarken Vorsitz von Frank Bsirske gelang dies nach und nach.

Es waren schwere Zeiten, in denen Frank Bsirske das Steuer der – allerdings nur vorübergehend – mitgliederstärksten deutschen Gewerkschaft übernahm. In den 1990er Jahren waren die Mitgliederzahlen massiv gesunken, die Arbeitslosigkeit gestiegen. Im deindustrialisierten Ostdeutschland waren die Glaubwürdigkeit und die Attraktivität der Gewerkschaften nahezu zusammengebrochen. Die Unternehmer und ihre Verbände nutzten die gewerkschaftliche Defensive für einen Angriff auf das Prinzip der Tarifautonomie – zuerst im Osten, dann zunehmend auch im Westen der Republik. Die Geltungskraft branchenweiter Flächentarifverträge erodierte.

Zugleich schickte sich eine rot-grüne Bundesregierung unter Kanzler Gerhard Schröder (SPD) an, die Wettbewerbsfähigkeit der bundesdeutschen Wirtschaft durch den Abbau des Sozialstaates zu steigern. Die Gewerkschaften standen mit dem Rücken zur Wand, als sich die Konturen der sogenannten Hartz-Gesetze abzeichneten: Schutzbestimmungen gegen befristete Beschäftigung und Leiharbeit wurden abgebaut, geringfügige Beschäftigung und Arbeit im Niedriglohnsektor gefördert und teils erzwungen – nämlich über die Verschärfung der Zumutbarkeitskriterien für die Annahme eines Arbeitsplatzes bei zugleich rigidem Sanktionsmanagement und deutlich verschlechterter sozialer Absicherung im Fall von Arbeitslosigkeit.

Die Folgen sind bekannt und gravierend. Längst überwunden geglaubte Risiken der Lohnarbeit kehrten zurück in die kapitalistischen Zentren. Diese Entwicklung traf alle abhängig Beschäftigten, aber besonders den Organisationsbereich von ver.di: Prekäre Beschäftigung und Niedriglöhne nahmen vor allem in den fälschlicherweise oft als »niedrig qualifiziert« eingestuften Dienstleistungsberufen zu, die in der Realität meist eine fachspezifische Ausbildung und hohe, polyvalente Leistungsbereitschaft erfordern: Einzelhandel, Logistik, Transport, die Sicherheitsbranche, die Pflege, aber auch der öffentliche Dienst. Je nach Statistik und Zählweise wird der Anteil atypischer Lohnarbeitsverhältnisse mittlerweile auf ein Viertel bis ein Drittel aller abhängig Beschäftigten geschätzt.

Die Leidtragenden dieser Entwicklung waren und sind überproportional häufig Frauen, Menschen mit Migrationshintergrund, die jüngere Generation. Rassismen und Sexismen prägen verstärkt die Strukturen des Arbeitsmarkts. Ein quantitativ wachsendes neues Dienstleistungsprekariat entstand. Dieses arbeitet häufig in Betrieben ohne Gewerkschaften, Tarifverträge und Betriebsräte. Die Gewerkschaften mit ihrer traditionellen Orientierung an männlichen weißen Facharbeitern und »Normal«beschäftigten taten sich anfangs sehr schwer mit diesem heterogenen Serviceproletariat (Staab 2014), das in zersplitterten Betriebsstrukturen und neuen Branchen ohne jegliche gewerkschaftliche Verankerung arbeitet. Es sind schwierige Zeiten für die Lohnabhängigen und ihre Interessenorganisationen.

Die gewerkschaftliche Haltung gegenüber der Agenda-2010-Politik war ambivalent oder besser in sich zerrissen. Während sich Teile der Gewerkschaften (u.a. IG BCE, Transnet) mit der Kanzler-Politik solidarisierten, war es nicht zuletzt Frank Bsirske und ver.di zu verdanken, dass es am 4. April 2004 im Rahmen eines europäischen Aktionstages gegen den Neoliberalismus zu Massendemonstrationen gegen die Agenda kam, die immerhin mehr als eine halbe Million Menschen auf die Straße brachten. Dennoch mobilisierten SPD-nahe Funktionär*innen und Betriebsräte vielfach »mit angezogener Handbremse«, und es kam zu keinem energischen Schulterschluss mit außerparlamentarischen Protestbewegungen. Das Ergebnis dieser Politik ist den Gewerkschaften dann freilich schmerzhaft auf die Füße gefallen – in der Form einer nachhaltigen Schwächung ihrer Kampfkraft. Prekäre Verhältnisse sind eben meist nicht dazu geeignet, Widerstand zu motivieren, sondern sie verbreiten Angst, fördern die Konkurrenz zwischen den Lohnabhängigen und untergraben die gewerkschaftliche und gesellschaftliche Solidarität.

Aber: Die Zeiten ändern sich. Und es ist (auch) das Verdienst von Frank Bsirske, dass ver.di rund 15 Jahre nach der Hochphase neoliberaler Umstrukturierung ideologisch und machtpolitisch zunehmend wieder solider aufgestellt ist. Diese Konsolidierung gewerkschaftlicher Machtressourcen drückt sich zwar noch nicht in einer Wiederzunahme gewerkschaftlicher Mitglieder aus; deren rasanter Rückgang ist aber mittlerweile gestoppt und in diversen Branchen und Regionen sind positive Entwicklungen zu verzeichnen. Zentral erscheint die unleugbare Erneuerung der »narrativen Machtressourcen« (Lévesque/Murray 2013) und auch die Rekrutierung einer neuen, jüngeren Schicht von Gewerkschaftsaktivist*innen, die den Grundgedanken gewerkschaftlicher Organisierung wieder mit alten Mitteln (in z.T. neuem Gewand) glaubwürdig vorantreiben: Gewerkschaft meint die Herstellung kollektiver Solidarität zwischen Lohnarbeitenden mit dem Ziel des gemeinsamen Kampfes für bessere Lohn- und Arbeitsstandards für alle. Das hatte ver.di freilich nie vergessen, aber in langen Jahrzehnten des prosperierenden Kapitalismus und sozialpartnerschaftlicher Politikmuster hatte man ein bisschen verlernt, welche Politiken und Organisierungstechniken nötig sind, wenn der Gegenwind der Profitmaximierung schärfer wird.

Vielleicht war die besonders tiefe Krise gewerkschaftlicher Handlungsmacht im ersten 2000er-Jahrzehnt der Grund, weshalb gerade im Organisationsbereich von ver.di vergleichsweise früh und energisch nach neuen Wegen und Ideen gesucht wurde, wie die Gewerkschaften auf den neoliberalen Vormarsch reagieren, sich verändern könnten und müssten. Ein wichtiger Baustein auf diesem Weg war die Kampagne für einen einheitlichen gesetzlichen Mindestlohn in Deutschland. Gesetzliche Mindestlöhne hatten Anfang der 2000er Jahre in Deutschland nur wenige Fürsprecher*innen. Die Regel, wonach der Staat sich aus der Tarifpolitik generell und insbesondere aus der Lohngestaltung herauszuhalten habe, galt hierzulande – nach den katastrophalen Erfahrungen der Weimarer Republik – als feststehende Wahrheit. Da brauchte es schon viel Mut und Glauben an das Unmögliche, vielleicht auch Verzweiflung, um dieses Thema auf die gewerkschaftliche Agenda zu setzen.

Es muss im Jahr 2004 oder 2005 gewesen sein, als ich an einem Seminar zum Thema »Mindestlohn« in der Schweiz teilnahm. Der Tagungsort erklärte sich dadurch, dass unter anderem das Beispiel der – ebenfalls neu fusionierten und noch jungen – Schweizer Dienstleistungsgewerkschaft UNIA als positives Vorbild diente für eine durchsetzungsfähige Mindestlohnkampagne. Das Seminar war zu diesem Zeitpunkt noch eine Art geschützter Diskussionsraum beim Nachdenken darüber, ob und wie eine solche Kampagne eventuell auch in Deutschland aussichtsreich sein könnte. Es waren gewerkschaftsnahe Wissenschaftler*innen aus ganz Europa präsent, vor allem aber die Kolleg*innen vom Wirtschafts- und Sozialwissenschaftlichen Institut (WSI) der Hans-Böckler-Stiftung, sodass das Seminar als gewerkschaftsnaher Thinktank und Vorreiter der Mindestlohnidee gelten kann. Aber auch Frank Bsirske saß unter den Teilnehmer*innen und verfolgte zwei Tage lang sämtliche Seminardiskussionen. Er sagte nicht viel, saß im Hintergrund und hörte zu. Kurze Zeit später, Anfang März 2006, startete ver.di gemeinsam mit der Gewerkschaft NGG die jahrelange Kampagne zur Durchsetzung eines Mindestlohns auch in Deutschland (vgl. Sterkel u.a. 2006). Damit positionierten sie sich explizit jenseits und sogar in Gegnerschaft zur mächtigen IG Metall, die einen gesetzlichen Mindestlohn mit Hinweis auf ihre eigene Tarifmächtigkeit und Kampfkraft (zunächst) nachdrücklich ablehnte. Auch der DGB sah die Kampagne anfangs sehr kritisch. Es waren fast zehn Jahre Überzeugungsarbeit nötig, aber letztlich setzte sich die Idee durch. ver.di sei Dank.

Das Thema Mindestlohn war nur eines von vielen Themen, bei denen ein anhaltendes Spannungsfeld zwischen ver.di und der IG Metall existierte. Egal

Eine Kissenschlacht der ver.di-Jugend am 17. April 2013 auf dem Alexanderplatz in Berlin zum Auftakt der Tarifrunde im Einzel-, Groß- und Außenhandel

ob das IGM-Pendant von Frank Bsirske nun Klaus Zwickel, Jürgen Peters, Berthold Huber, Detlef Wetzel oder Jörg Hofmann hieß – nicht immer waren die politischen Positionen der beiden größten deutschen Gewerkschaften vereinbar. Grund dafür waren (vielleicht auch, aber) nicht in erster Linie die differenten politischen Parteizugehörigkeiten, alle IGM-Vorsitzenden waren bislang Mitglied der SPD.

Vielfach existierten auf die differenten Organisationsbereiche bezogene, strukturell unterschiedliche Interessenlagen, manchmal auch eine direkte Organisationskonkurrenz (etwa im Bereich der IT-Industrie oder der industrienahen Dienstleistungen). Während die IG Metall sich nach wie vor auf eine (wenngleich schrumpfende) Zahl gut organisierter industrieller Kernbetriebe verlassen kann und auf noch immer recht solider Machtgrundlage eine strategische (z.T. exklusiv an Mitgliederinteressen orientierte) Interessenpolitik betreibt, ist der Dienstleistungsbereich in sich zerklüftet, mit stark differenten betrieblichen und branchenspezifischen Organisationsbedingungen, sehr unterschiedlichen Organisationskulturen und manchmal alles andere als soliden gewerkschaftlichen Machtgrundlagen.

Die Organisationskultur von ver.di ist daher deutlich undogmatischer, pluralistischer – aber manchmal eben auch chaotisch. Die unübersichtliche Matrixstruktur lässt in den heterogenen Regional- und Fachbereichen »viele Blumen blühen« – um den Preis, dass so manche Blume von der anderen nichts weiß, in jedem Kleingarten andere Rezepte als richtig gelten und der Gärtner an der Spitze den Organisationsdschungel nur noch mit Mühe durchblickt. Diesen »Laden zusammenzuhalten«, ist nicht einfach. Da braucht es viel Flexibilität, Moderationsfähigkeit, auch Empathie und immer wieder Kompromissbereitschaft an der Spitze, um stets aufs Neue den heterogenen Organisationstanker einigermaßen auf Kurs zu halten. Dass Frank Bsirske dennoch immerhin fünf (!) IG Metall-Vorsitzende »überlebte«, spricht für sich – und er hinterlässt seinem Nachfolger Frank Werneke die Großorganisation nicht in schlechtem Zustand.

Längst ist ver.di zu einem aktiven Labor für neue gewerkschaftliche Strategien geworden. Und das ist auch nötig, denn noch immer erodieren in vielen Dienstleistungsbranchen ehemals allgemeingültige oder flächentariflich regulierte Mindestnormen, es existieren nebeneinander unterschiedliche Tarifstandards für vergleichbare Regionen, Branchen und Beschäftigte, »weiße Flecken« ohne jeglichen Gewerkschaftseinfluss nehmen zu und manchmal wird die Gewerkschaft als kollektive Vertretung der Beschäftigten überhaupt nicht mehr anerkannt oder ernst genommen (vgl. Artus/Rösch 2017). Es bleibt viel zu tun.

Auf der Suche nach Strategien des Wiederaufbaus von Organisationsmacht fiel der Blick von ver.di in der Vergangenheit nicht nur auf die Schweiz, sondern auch auf die USA. Die US-amerikanische Dienstleistungsgewerkschaft SEIU hatte hier im Laufe der 1990er Jahre mit Organizing- und Kampagnentechniken große Mitgliedererfolge erzielt. Davon wollte man lernen, holte zu diesem Zweck sogar SEIU-geschulte Organizer in die eigenen Reihen. Die ersten Ergebnisse solcher Strategien in Deutschland waren eher durchwachsen. Die Lidl-Kampagne in den Jahren 2004/2005 war von Anfang an gewerkschaftsintern umstritten, unterfinanziert und auch strategisch nicht ideal angelegt. Sie dokumentierte jedoch bereits nachdrücklich den gewerkschaftlichen Willen, neue Wege zu gehen. Als erster Schritt auf diesem Weg erbrachte sie wichtige Erfahrungen, die es auszuwerten und zu nutzen galt.

Es folgten viele Kampagnen und Organizing-Aktivitäten mit teils mäßigen, teils guten, teils auch spektakulären Ergebnissen: u.a. im Bewachungsgewerbe, im öffentlichen Nahverkehr, im Handel, in den Bodenverkehrsdiensten, in der Logistik und natürlich in den Krankenhäusern (vgl. Kocsis u.a. 2013). Manchmal misst sich die Bedeutung gewerkschaftlicher Kämpfe zudem nicht allein an den materiellen Ergebnissen, sondern der Weg ist (auch) das Ziel – nämlich klarzumachen, dass zynische Profitstrategien und selbstherrliches Union Busting nicht unwidersprochen bleiben, dass kapitalistische Überausbeutung ohne Rücksicht auf menschliche Verluste mit hartnäckigem Widerstand zu rechnen hat.

Dies gilt etwa für die Konflikte von ver.di mit dem globalen Online-Giganten Amazon oder auch für den jüngsten Tarifkampf bei Ryanair. In Gewerkschaftskreisen wird kolportiert, dass die Entscheidung, sich mit dem Amazon-Chef Jeff Bezos, dem reichsten Mann der Erde, anzulegen, in sehr persönlicher Weise direkt auf Frank Bsirske zurückzuführen sei, der diese Auseinandersetzung quasi zur »Chefsache« machte. Gewerkschaftliche Pragmatiker kritisieren, man hätte den kostspieligen und in seinen Erfolgsaussichten unsicheren Konflikt längst ohne allzu großes Aufsehen – zur Not eben mit suboptimalen Ergebnissen – beenden sollen. Diese Ansicht teile ich nicht. Vielleicht gewinnt ver.di hier nicht die meisten neuen Mitglieder, aber erheblich an Renommée.

Vielleicht ist der Konflikt materiell gesehen ein »Verlustgeschäft«, aber symbolisch gesehen ist er höchst ertragreich. In der zähen Auseinandersetzung, die mittlerweile seit 2013 (!) andauert, werden zudem viele wichtige Kampferfahrungen gemacht, junge Aktivist*innen geschult, internationale Kontakte geschaffen, neue Bündnisse zwischen Gewerkschaften und überbetrieblichen sozialen Bewegungen geknüpft. Und dies gilt nicht nur für den Amazon-Konflikt, sondern für viele Auseinandersetzungen, die an unterschiedlichen Orten und zu diversen Themen mittlerweile geführt wurden und werden – häufig unter dem neuen Motto der »bedingungsgebundenen Tarifarbeit« oder auch des »Organisierens am Konflikt«. Es sind häufig jüngere Aktivist*innen, nicht selten aus dem Umfeld sozialer Bewegungen, manchmal geschult als »Organizer*innen«, die weiblicher und migrantischer sind als früher, und aktuell mit viel Engagement Organisierungsarbeit an der Basis vorantreiben. Sie setzen bewusst auch auf konfliktorientierte Strategien, um Beschäftigte zu unterstützen, bessere Arbeitsbedingungen in ihren Betrieben zu erkämpfen.

Das ist übrigens der kleine, feine, aber zentrale Unterschied zwischen traditioneller gewerkschaftlicher Stellvertreterpolitik (»advocacy«) und aktuellen Strategien der »Mobilisierung« und »Organisierung« (McAlevey 2019: 36f.). Es geht um »Hilfe zur Selbsthilfe« oder auf denglisch: das »Empowerment« der Beschäftigten. Ziel ist es, voneinander isolierte, vereinzelte bzw. miteinander konkurrierende Mitarbeiter*innen zu solidarisieren, ihnen zu zeigen, dass sie nicht allein sind, Organisierungstechniken zu vermitteln und sie zu befähigen, erfolgreiche Kämpfe um Mitbestimmung und verbesserte Arbeitsbedingungen zu führen; es geht darum, Situationen zu schaffen, in denen kollektive Organisierung als Macht und Selbstwirksamkeit erlebt werden kann. Was da in Ansätzen (nicht nur, aber vor allem bei ver.di) in nuce entstanden ist, wirkt fast wie der Beginn einer neuen Gewerkschaftsbewegung – die freilich bitter nötig wäre.

»Organisieren am Konflikt« – das bedeutet notwendig auch eine neue Offenheit für basisdemokratische Einmischung und Partizipation in manchmal allzu routinisierten gewerkschaftlichen Prozessen. Da knirscht es schon manchmal im traditionellen Organisationsgebälk. ver.di musste lernen, dass konfliktorientierte kollektive Strategien zuweilen ein Ausmaß an Engagement und Selbstbewusstsein wecken, das gewerkschaftsinterne Vermittlungs- und Abstimmungsprozesse in Schwierigkeiten bringt. Bestes Beispiel hierfür sind sicherlich die beiden großen und beeindruckenden Streiks in den Sozial- und Erziehungsdiensten (2009 und 2015). Wer hätte Anfang der 2000er Jahre gedacht, dass es ausgerechnet die Kindergärtnerinnen – Verzeihung, die Erzieherinnen! – sein würden, die durch ihre selbstbewussten solidarischen Kämpfe für Respekt und Anerkennung ihrer Leistungen zum Symbol neu gewonnener gewerkschaftlicher Stärke avancieren würden? ver.di hat dafür zweifellos den Raum geöffnet, die Bewegung inspiriert und nicht zuletzt über Streikgelder materiell massiv unterstützt.

Die Streikdelegiertenkonferenzen haben als neues demokratisches Medium im Zuge eines Tarifkampfes ebenso Geschichte geschrieben wie zuvor schon das Tarifdelegiertensystem an der Charité. Dass das Ergebnis der »Kita-Streiks« dann aber so manche Erzieherin enttäuschte, mag teils an mangelnder Erfahrung mit typischen Kompromissspielräumen gewerkschaftlicher Tarifpolitik liegen, teils auch an einer Streikstrategie, welche an die spezifischen Machtressourcen im Bereich der Sozial- und Erziehungsdienste suboptimal angepasst war (Artus 2019). Es verweist drittens aber auch auf Defizite der innergewerkschaftlichen Willensbildung und Kommunikation, an denen sicherlich noch zu arbeiten sein wird.

Schon die Tatsache, dass ein Streik, der zu 85 Prozent von Frauen getragen wurde, in Streikleitung und Verhandlungskommission zu 100 Prozent von Männern repräsentiert wurde (darunter auch der Kollege Bsirske), mag zu denken geben. So manch patriarchal-autoritärer Zopf aus alten Zeiten gehört sicherlich noch abgeschnitten und bis zum Ziel authentisch basisdemokratisch strukturierter Repräsentationsprozesse innerhalb von ver.di ist noch ein gutes Stück Weg zu gehen. Also es bleibt sicherlich spannend, wie sich Gewerkschaftsarbeit im Dienstleistungsbereich zukünftig an veränderte Machtverhältnisse und Organisationsbedingungen anpassen kann. Der Weg zur gewerkschaftlichen Erneuerung ist lang und die Suche nach – branchen- und betriebsspezifisch differenten – adäquaten Streik- und Kampfstrategien längst nicht abgeschlossen. Es ist zudem naheliegend, dass man sich auf neuem, ungewohntem Gelände auch mal verirrt. Und manchmal sind die Wege vielleicht auch gar nicht so neu, wie man denkt, sondern führen zurück zu durchaus traditionellen Weisheiten, wie gewerkschaftliche Kampfkraft hergestellt und erneuert werden kann. Dass dieser Weg aber längst energisch eingeschlagen wurde und man bereits große Schritte vorangekommen ist, ist sicherlich (auch) das Verdienst von Frank Bsirske – eines großen Vorsitzenden in schwierigen Zeiten.

Literatur

Artus, I. (2019): Frauen*-Streik! Zur Feminisierung von Arbeitskämpfen, Analysen der Rosa-Luxemburg-Stiftung, Berlin.

Artus, I./Rösch, B. (2017): Stärkung der Tarifbindung im Dienstleistungssektor. Probleme, Erfahrungen, Strategien, Forschungsbericht, Erlangen, www.boeckler.de/pdf_fof/99801.pdf [7.6.2019].

Kahmann, M. (2005): Mit vereinten Kräften, Ursachen, Verlauf und Konsequenzen der Gewerkschaftszusammenschlüsse von IG BCE und ver.di, Bd. 150, Düsseldorf.

Kirsch, A. (2015): Erneuerung durch Umstrukturierung? Zu den Auswirkungen von Gewerkschaftsfusionen, in: Industrielle Beziehungen, Jg. 22, H.2, S. 116-141.

Kocsis, A./Sterkel, G./Wiedemuth, J. (Hrsg.) (2013): Organisieren am Konflikt, Tarifauseinandersetzungen und Mitgliederentwicklung im Dienstleistungssektor, Hamburg.

Lévesque, C./Murray, G. (2013): Gewerkschaftsmacht verstehen: Ressourcen und Fähigkeiten zur Erneuerung strategischen Handlungsvermögens, in: Schmalz, S./Dörre, K. (Hrsg.): Comeback der Gewerkschaften? Machtressourcen, innovative Praktiken, internationale Perspektiven, Frankfurt a.M./New York, S. 39-55.

McAlevey, J. (2019): Keine halben Sachen. Machtaufbau durch Organizing, Hamburg.

Staab, P. (2014): Macht und Herrschaft in der Servicewelt, Hamburg.

Sterkel, G./Schulten, T. /Wiedemuth, J. (Hrsg) (2006): Mindestlöhne gegen Lohndumping. Rahmenbedingungen – Erfahrungen – Strategien, Hamburg.

Weit mehr als eine Konglomerat-Gewerkschaft

von Klaus Dörre

Mehr als die Hälfte der ver.di-Mitglieder ist weiblich. Eine Mindestquote sichert ihre gleichberechtigte Mitwirkung in ver.di, der größten Frauenorganisation.

Im März 2001 konstituierte sich die Vereinte Dienstleistungsgewerkschaft ver.di, und Frank Bsirske gilt – zu Recht – als ihr Architekt. Organisationssoziologisch betrachtet verantwortet der erste und bisher einzige ver.di-Vorsitzende einen Prozess, den man als Übergang von kleineren und größeren Branchengewerkschaften hin zu einer branchenübergreifenden Konglomerat-Gewerkschaft bezeichnen kann. So betrachtet, ist die ver.di-Gründung ein folgerichtiges Ergebnis des ökonomischen und gesellschaftlichen Strukturwandels. Aufgrund von Mitgliederverlusten, vor allem jedoch wegen des Neuzuschnitts von Branchen und Unternehmen sowie der fließenden Grenzen zwischen öffentlichen und privaten Dienstleistungen, liegt es nahe, dass Gewerkschaften sich anpassen und fusionieren.

Veränderungsdruck ist das eine, die praktischen Schlussfolgerungen und deren Umsetzung sind jedoch etwas völlig anderes. Im Ergebnis ist gelungen, was viele vor und während der ver.di-Gründung nicht für möglich gehalten hatten. Allen Schwierigkeiten und Reibungsverlusten zum Trotz ist eine handlungsfähige Dienstleistungsgewerkschaft mit eigener Kollektividentität entstanden, die sich in ihrem Inneren auf Vielfalt, Diskussionsbereitschaft, Experimentierfreude und – so nötig – auf Mut zum Konflikt gründet. Daran, dass es so gekommen ist, hat Frank Bsirske einen kaum zu unterschätzenden Anteil.

Die Matrix-Organisation

Denn, das sei sogleich hinzugefügt, das Projekt hätte auch scheitern können. Ich habe es damals nicht laut gesagt, sondern die ver.di-Gründung in Vorträgen wie auch publizistisch unterstützt. Wiederum organisationssoziologisch betrachtet sprach eigentlich jedoch mehr für ein Desaster als für ein zukunftsweisendes Projekt. Mit ÖTV, IG Medien, HBV, DPG und DAG sollten und wollten sich fünf Organisationen zusammenschließen, die gewerkschaftspolitisch durchaus unterschiedlich ausgerichtet waren und die zudem über sehr eigenständige, teilweise außerordentlich festgefügte Organisationskulturen und Gewerkschaftsidentitäten verfügten. Dass aus dieser Gemengelage eine neue, schlagkräftige Gewerkschaft hervorgegangen ist, grenzt fast schon an ein Wunder.

Sicherlich war der Vereinigungsprozess alles andere als einfach. Möglich war er überhaupt nur, weil seine Protagonisten einen ehernen Grundsatz der Managementlehre umkehrten. Aus »Struktur folgt Strategie« wurde das genaue Gegenteil. Erst entstand die Matrix-Organisation ver.di, es folgten Programm- und Strategiedebatten. Natürlich wäre es falsch, den Preis zu übergehen, der für dieses Vorgehen zu bezahlen war. Anfangs schien es, als müssten sämtliche Zeit- und Personalressourcen mobilisiert werden, um die Vereinte Dienstleitungsgewerkschaft vor einem organisatorischen Scheitern zu bewahren. ver.di stand den Kritikern von innen und außen deshalb vor allem für organisationspolitische Selbstbeschäftigung. Hinzu kam, dass die Matrix-Organisation mit ihren Fachbereichen und Landesbezirken teilweise auf einen Verlust an Fachlichkeit hinauslief. Einerseits war und ist es für Mitglieder teilweise bis heute nicht immer einfach, jene Fachleute zu finden, die sie bei ihren Anliegen unterstützen können. Unter der Hülle von ver.di existieren andererseits jedoch alte Strukturen weiter, die ihren Ursprung noch in den Quellorganisationen haben.

Auch die neuen Fachbereiche führen mitunter ein Eigenleben. Im schlechtesten Fall erinnert das an eine Entwicklung, die ich an anderer Stelle als Tendenz zur fraktalen Organisation bezeichnet habe. Damit ist gemeint, dass Gewerkschaftsgliederungen lediglich das Interesse spezifischer Berufs- und Beschäftigtengruppen vertreten, ohne sich noch an den übergreifenden Interessen von Lohnabhängigen zu orientieren. Die Gefahr, dass sich die Fraktale zulasten des großen Ganzen ausprägen, ist in ver.di wie im gesamten DGB sicherlich nicht gebannt. Doch es gibt einige innovative Organisationspraktiken, die Anlass zu vorsichtigem Optimismus bieten.

Strategie folgt Struktur

Tatsächlich ist – blamabel für die Managementwissenschaften – Strategie der Struktur gefolgt. ver.di hat gelernt und lernt weiter, Interessenpolitik in zwei Welten von Arbeitsbeziehungen zu praktizieren. Nur in der ersten Welt gelten noch verbindliche Tarife und institutionalisierte Mitbestimmung. In der zweiten Welt vornehmlich prekärer Dienstleistungsarbeit ist das so nicht mehr der Fall. Hier muss interessenpolitischer Fortschritt häufig Betrieb für Betrieb, Büro für Büro und Unternehmen für Unternehmen neu erkämpft werden. Gewerkschaftspolitik funktioniert daher teilweise nur noch bedingungsgebunden, d.h. ein bestimmter Organisationsgrad ist die Voraussetzung dafür, dass ein ver.di-Sekretär oder eine ver.di-Sekretärin überhaupt aktiv werden kann.

Auch deshalb experimentiert ver.di seit geraumer Zeit und bei wechselhaftem Erfolg mit neuen Organizing-Konzepten. Der große Sektor prekärer Arbeit ist längst zu einem wichtigen Feld gewerkschaftlicher Interessenpolitik geworden. Ein allgemeiner gesetzlicher Mindestlohn steht exemplarisch für einen politischen Erfolg, der unter anderem gegen die versammelte Prominenz marktradikaler Ökonomen durchgesetzt werden musste. ver.di gewinnt unter prekär Beschäftigten Mitglieder, muss allerdings auch feststellen, dass Organisationserfolge in diesen Bereichen nur schwer zu verstetigen sind. Dennoch deutet sich an, dass bei den betriebsaktiven Mitgliedern wieder Zuwächse an Organisationsmacht zu verzeichnen sind.

Dazu trägt bei, dass Arbeitskämpfe mit neuen Inhalten und Zielen geführt werden. Oft können Streiks, wie beispielsweise bei den Erzieherinnen und Erziehern, keinen unmittelbaren ökonomischen Druck ausüben. Sie haben einen demonstrativen Effekt, dienen auch der Rekrutierung und müssen häufig wesentlich als Kampf um die öffentliche Meinung geführt werden. Dabei nehmen sie gelegentlich Züge einer sozialen Bewegung mit eigenen Organisationsformen wie Streikdelegierten an, deren Dynamik gelegentlich selbst die zuständigen Tarifkommissionen und wohl auch den ver.di-Vorsitzenden überraschen kann. Hinzu kommt: Arbeitskämpfe müssen, wie im Fall Amazon, teilweise mit langem Atem geführt werden. Sie können letztendlich nur über internationale Vernetzung und grenzüberschreitende Interessenpolitik erfolgreich geführt werden. Deshalb ist gut möglich, dass der Strategie alsbald wieder neue Strukturen folgen werden – etwa eine gewerkschaftliche Organisierung und Mobilisierung entlang der Grenzen transnational agierender Dienstleistungskonzerne.

Nicht minder bedeutsam ist, dass sich die Inhalte von Tarifverträgen ändern. Es geht auch, aber längst nicht mehr ausschließlich ums Geld. Wer Leistungsdruck begrenzen und Gute Arbeit etwa im Gesundheits- und Pflegebereich ermöglichen will, kommt nicht umhin, Einfluss auf die Arbeitszeit und die Personalbemessung zu nehmen. Dergleichen läuft darauf hinaus, tief in das Direktionsrecht und damit in die Managementverantwortung einzugreifen. Selbiges ist, wie das Beispiel Charité beweist, ohne Konflikte nicht zu haben.

Zukunft der Konfliktpartnerschaft

Dass ver.di bereit ist, Arbeitskämpfe zu führen, und aus Erfolgen wie auch aus Niederlagen zu lernen, zeichnet die nunmehr nicht mehr ganz so neue Gewerkschaft aus. In den zurückliegenden Konflikten hat sich, auch zu meiner Überraschung, allmählich eine gemeinsame ver.di-Identität ausgebildet. Man kämpft als ver.di-Mitglied, nicht mehr ausschließlich als Drucker, Journalist, Bankangestellter oder Pflegekraft. Dass dergleichen gelingt, ist vielleicht der größte organisationspolitische Erfolg, für den Frank Bsirske auch persönlich steht.

Seine politische Grundhaltung hat der ver.di-Vorsitzende in Reden häufig als die einer Konfliktpartnerschaft beschrieben. Mit dieser Formel ist gemeint, dass ver.di etwas Anderes darstellt, als es die Organisationen der sozialistischen Arbeiterbewegungen früherer Tage verkörperten. In der Arbeitswelt des zeitgenössischen Kapitalismus geht es um Kompromisse, die für die Lohnabhängigen so günstig wie möglich zu gestalten sind. Konflikte und Arbeitskämpfe sind daher kein Selbstzweck. In einem finanzialisierten Kapitalismus, in welchem die Sozialpartnerschaft der Arbeitgeberseite zunehmend als verzichtbarer Luxus gilt, ist Konfliktfähigkeit jedoch häufig genug die basale Voraussetzung, um arbeitspolitisch überhaupt noch etwas erreichen zu können.

Frank Bsirske weiß das nur zu gut. Deshalb hat er den Begriff der Konfliktpartnerschaft politisch-praktisch anders ausgelegt, als es der Soziologe und Begriffsschöpfer Walther Müller-Jentsch in zahlreichen Arbeiten anklingen lässt. Wenn ich es richtig sehe, bedeutet Konfliktpartnerschaft im Verständnis von Frank Bsirske das genaue Gegenteil von harmonistischer Konsenssoße. Konfliktpartnerschaft steht für Übereinkunft durch das Austragen gegensätzlicher Interessen – für etwas, das Sozialwissenschaftler wie Ralf Dahrendorf und Walter Korpi einst als institutionellen oder demokratischen Klassenkampf bezeichnet haben.

Wie das Verhältnis von Konflikt und Kooperation zu gewichten ist, wird in ver.di auch im Kontrast zu anderen Gewerkschaften vergleichsweise offen diskutiert und ausgetragen. Frank Bsirske hat diese streitbare, demokratische Diskussionskultur gefördert. Er hat sie, mit allen Brechungen und Widersprüchen, selbst gelebt. Es gibt nur wenige deutsche Gewerkschaftsvorsitzende, von denen man Ähnliches mit gleicher Entschiedenheit sagen könnte. Dafür gebührt Frank Bsirske allergrößte Anerkennung. Ein überragender, verdienstvoller Kapitän geht von Bord. Er hat jedoch dafür gesorgt, dass sein Schiff auch in Zukunft weiterfährt! Davon, dass es Kurs hält, hängt die Zukunft nicht nur der deutschen Gewerkschaften ab.

Der Kopf und das Gesicht

von Berthold Huber

Auf der 1. Bundesfachbereichskonferenz des Fachbereichs Medien, Kunst und Industrie im Mai 2003 in Magdeburg zieht der Vorsitzende eine erste Bilanz.

Frank Bsirske wurde im November 2000 – überraschend für mich – Vorsitzender der ÖTV. Damals musste er, wie er gern erzählt, den Journalisten seinen Namen buchstabieren. Erwartungsgemäß wurde er dann beim Gründungskongress 2001 zum Vorsitzenden der neuen »Multibranchengewerkschaft« ver.di gewählt, und diese Mammutaufgabe erfüllt er seit nunmehr 18 Jahren. »Sein Kind« ist nun volljährig. Man kann sagen, Frank kann loslassen: Und das tut er nun mit seinem Abschied aus dem Amt des Vorsitzenden. Es gibt gewiss berufenere Stimmen als mich, seine Tätigkeit in seiner Gewerkschaft ver.di einzuordnen. Aber was es heißt, eine große Gewerkschaft über einen langen Zeitraum, in politisch und wirtschaftlich teilweise schwierigen Zeiten, zu führen, das kann ich nachfühlen und sage: »Chapeau, mein lieber Frank!« In dieser Zeit habe ich deine menschlichen und politischen Qualitäten schätzen gelernt.

Unser erstes Zusammentreffen fand aber sehr viel früher statt, im Frühjahr 1990 in Leipzig. Frank war damals im Auftrag der ÖTV einige Wochen dort, um Aufbauarbeit für seine Gewerkschaft zu leisten, und ich – sehr viel länger – für die IG Metall. Er hat mich 2001 in Stuttgart bei einem gemeinsamen Abendessen darauf aufmerksam gemacht. Zu meiner Schande musste ich ihm gestehen, dass ich mich daran nicht mehr erinnern konnte. Es war damals eine atemlose Zeit, ein ständiges Kommen und Gehen.

Er sagte mir auch, dass die wenigen Langzeitler auf ihn einen eher depressiven Eindruck gemacht hätten. Ich glaube, dass Frank da richtig lag. Was mich anbelangt, ganz sicher. Mir war schon damals klar, dass viele Industrie-Arbeitsplätze und damit menschliche Schicksale auf dem Spiel standen. Das hat mich sehr bedrückt. In diesem Gespräch wurde mir auch klar, was Frank immer ausgezeichnet hat: seine Offenheit und sein Optimismus.

Sechs Jahre lang, von 2007 bis 2013, waren wir zeitgleich Vorsitzende unserer jeweiligen Gewerkschaften. Eine besondere Herausforderung für uns alle in dieser Zeit war die große Wirtschaftskrise ab 2008. Die konnten wir vor allem auch deshalb ohne größere Verwerfungen für die Betriebe und vor allem für die Beschäftigten überwinden, weil die Instrumente der Mitbestimmung und die enge Kooperation mit der damaligen Bundesregierung – Kurzarbeit, Konjunkturpakete und Abwrackprämie – Hand in Hand gingen.

Trotz unterschiedlicher Betroffenheit in unseren Branchen haben Frank und ich, ver.di und die IG Metall gut miteinander gearbeitet. Dies hat auch deshalb reibungslos funktioniert, weil Frank Bsirske, ein Kind des öffentlichen Dienstes, um die Belange und Interessen der Industrie und ihrer Beschäftigten weiß. Und weil Frank und ich uns immer vertraut haben.

Zur Gründung von ver.di hieß es seinerzeit in unserer »metallzeitung«: »ver.di ist da. Willkommen, DAG!« Mit der Integration der Deutschen Angestellten-Gewerkschaft (DAG) wurde die knapp 50 Jahre bestehende Spaltung der Gewerkschaftsbewegung in DAG einerseits und DGB-Gewerkschaften andererseits beendet. 450.000 Kollegen und Kolleginnen wurden so wieder zu Mitgliedern der Einheitsgewerkschaften im DGB. Diese Spaltung hatte in vielen Betrieben, auch im Zuständigkeitsbereich der IG Metall, eine schmerzhafte Problematik in den Gremien, eine Schwächung der betrieblichen Interessenvertretung bedeutet. »Ein Betrieb – eine Gewerkschaft«, diesem wichtigen Grundprinzip unserer Einheitsgewerkschaften waren wir alle mit diesem historisch zu nennenden Schritt nähergekommen.

Auch ein zweites Thema, das unsere beiden Gewerkschaften organisationspolitisch betrifft, war zu regeln: Die Zuständigkeiten in der IT- und in der Telekommunikationsbranche. Die Integration von ver.di in den DGB hätte daran scheitern können, zumal auch in der DAG um Zustimmung zur Auflösung und Überführung in ver.di geworben werden musste. Jedenfalls hat sich Frank bereits als ÖTV-Vorsitzender als guter Verhandler und kluger Stratege bewiesen. Und mit den Industriegewerkschaften kam noch vor der ver.di-Gründung ein erster Kompromiss zustande, der ein gemeinsames Zusammenleben unter dem Dach des DGB möglich machte.

Und wir haben gemeinsam daran gearbeitet, dass dies so bleibt. Die Produktions- und Wertschöpfungsprozesse werden immer komplexer. Der Trend zur Kostenreduzierung durch Auslagerung ist eindeutig. Die Digitalisierung der Industrie hat diese Prozesse noch zugespitzt. Zum Beispiel haben Speditionsunternehmen ihr Geschäftsmodell in Richtung Zulieferer für klassische Industrieprodukte und -dienstleistungen erweitert. Um die Interessen aller Beschäftigten wirksam zu vertreten, bedurfte es einer Klärung, wer für welche Betriebe zuständig ist. Mit einer Kooperationsvereinbarung haben ver.di und IG Metall ihre Tarif- und Organisationszuständigkeiten für Betriebe der industriellen Kontraktlogistik einvernehmlich und belastbar geklärt.

Am 3. Juli 2001 wurde ver.di als neues Mitglied in den DGB aufgenommen. Damit war der Endpunkt einer Serie von Zusammenschlüssen verschiedener Gewerkschaften markiert. Im Zeitraum von 1995 bis 2001 halbierte sich die Zahl der DGB-Mitgliedsgewerkschaften von 16 auf acht. Ursächlich dafür waren die starken Mitgliederverluste, sicherlich auch aufgrund einer ungenügenden Anpassung der Gewerkschaften an erwerbsgesellschaftliche Rahmenbedingungen. Die beiden größten Organisationen, IG Metall und ver.di, stellen jedoch bis heute in relativer Konstanz 70 Prozent aller Gewerkschaftsmitglieder im DGB. Dadurch hat sich die Balance innerhalb des Bundes verändert: Früher mussten vielfältige Interessen der 16 Mitgliedsgewerkschaften vertreten und koordiniert werden. In der Gegenwart hat der DGB weniger Koordinierungsaufwand mit acht Gewerkschaften. Er muss aber noch mehr darauf achten, dass es einen fairen Ausgleich zwischen den in ihrer Größe sehr unterschiedlichen Gewerkschaften gibt.

Die IG Metall und ver.di tragen in diesem Zusammenhang eine besondere Verantwortung. Deshalb haben wir 2010 in enger Abstimmung mit ver.di eine DGB-Satzungsreform initiiert, um die Ressourcen des DGB auf seine Kernaufgaben zu konzentrieren und ihm mehr Gewicht in der Fläche zu verschaffen. Wesentliches Element dabei war, dass sich der DGB vor Ort stärker auf ehrenamtliches Engagement aus den Reihen seiner Mitgliedsgewerkschaften stützen sollte. Die erfreulichen Aktivitäten im Rahmen des aktuellen Zukunftsdialogs sind vielleicht auch eine Spätfolge unserer damaligen, gemeinsamen Bemühungen. Nichtsdestotrotz bleibt es eine große Herausforderung, Einheit aus der Vielfalt zu gewinnen und damit unser aller Durchsetzungsfähigkeit zu stärken.

Die Matrixorganisation mit 13 autonomen Fachbereichen und territorialer Gliederung war weniger Resultat abstrakter organisationstheoretischer Überlegungen. Vielmehr kam darin die Sorge vor zu viel ÖTV-Dominanz in der neuen Organisation zum Ausdruck. Letztlich war das der Preis für das Zustandekommen von ver.di. Und während sie von draußen vielleicht mit etwas Verwunderung zur Kenntnis genommen wurde, erwies sie sich nach innen als notweniger Kitt für das Zusammenwachsen von fünf verschiedenen Kulturen und 1.000 Berufen. Sicher hat die Matrix Kraft gekostet und Ressourcen in Anspruch genommen. Fakt ist aber auch, dass sie viele Skeptiker eingebunden hat und konstitutiv für den Organisationserfolg war. Und so hat das damals Geschaffene bis heute Bestand. Damit ist die Matrix fast ein bisschen wie »Mister ver.di«: komplex wie die Wirklichkeit und trotzdem verbindlich und durchsetzungsstark.

Frank wäre aber kein guter Vorsitzender, wenn ihn nicht auch die Frage beschäftigen würde, wie sich seine Organisation für die Zukunft aufstellen kann. Deshalb hat er eine schonungslose Analyse der Stärken und Schwächen angestoßen. Ehren- und Hauptamtliche haben gemeinsam Lösungen erarbeitet, sie in Bezirken pilotiert und am Ende sogar von einer unabhängigen Stelle überprüfen lassen. Der fünfte ordentliche ver.di-Bundeskongress hat wichtige Weichenstellungen vorgenommen. Ich bin mir sicher, dass diese Neuorganisation ein großer Erfolg und damit ebenfalls mit dem Namen von Frank Bsirske verbunden sein wird.

Neben vielen anderen Themen ist eines für die Schwestergewerkschaften im DGB prägend: Wie erhalten, wie entwickeln wir die betriebliche und die Unternehmensmitbestimmung weiter? Bei letzterem haben insbesondere die Veränderungen im Aktienrecht und der Corporate Governance Kodex einiges in Bewegung gebracht – manches zum Guten. 2002 allerdings wurde Frank Bsirske als Aufsichtsratmitglied der Lufthansa vorgeworfen, dass er als ver.di-Vorsitzender zum Streik aufgerufen habe. Die Kapitalseite samt Institut der Deutschen Wirtschaft (IW) und FDP sah darin eine Verletzung der »Interessen des Unternehmens«. Letztlich bekam Frank Bsirske Recht. Bei Interessenkonflikten im Aufsichtsrat gelte für Gewerkschaftsvertreter, so das Resümee eines Rechtsgutachtens, dass allgemeine Interessengegensätze in der Natur von Kapital und Arbeit lägen und durch die Koalitionsfreiheit gedeckt seien. Das war und ist eine wichtige Wegmarke für alle Gewerkschafterinnen und Gewerkschafter in Aufsichtsräten.

»Zeit für ein Zusammenwachsen in Ruhe hat ver.di allerdings nicht.« (Bsirske 2003: 593) Mit diesem Satz hat Frank selbst im Jahr 2003 zutreffend eingeschätzt, wie die Situation für die Gewerkschaften Anfang des Jahrtausends war. Seither sind 18 Jahre vergangen, ver.di ist etabliert und respektiert – das Wahnsinnsprojekt hat geklappt. Auch und vor allem dank eines Vorsitzenden Frank Bsirske, der 18 Jahre lang das Gesicht und der Kopf nach innen und nach außen war und ist. Der überdies viele Tarifauseinandersetzungen vor allem im öffentlichen Dienst geführt hat. Nicht nur zuletzt der spektakuläre Tarifabschluss im öffentlichen Dienst der Länder hat gezeigt, dass es ihm immer auch um diejenigen ging, die in unteren und mittleren Einkommensgruppen arbeiten.

Frank ist ein Gewerkschaftskollege durch und durch; zielstrebig durchdrungen von folgendem Leitbild: »Die Gewerkschaften sind eine konstituierende Kraft für eine lebendige Demokratie und Garant für das Soziale in der Gesellschaft. Der unregulierte Markt produziert eine wachsende Schicht von Arbeitnehmerinnen und Arbeitnehmern außerhalb der gut organisierten gewerkschaftlichen ›Schutzzonen‹ in den Großbetrieben. Diese Menschen benötigen den gewerkschaftlichen Schutz, die Unterstützung zum gemeinsamen Handeln am allermeisten.« (Bsirske 2001: 218)

Diesem Ziel hat Frank Bsirske sein Berufsleben gewidmet und vieles erfochten. Er hat konstruktiv und solidarisch mit den Schwestergewerkschaften im DGB zusammengearbeitet. Dafür danke ich ihm von Herzen.

Alles Gute für die Zukunft, lieber Frank.

Literatur

Bsirske, F. (2003): Interessenvertretung in der Dienstleistungsgesellschaft, in: Gewerkschaftliche Monatshefte, Heft 10-11/2003, S. 593-601.

Bsirske, F. (2001): ver.di – Zukunftschance der Gewerkschaftsbewegung, in: Sommer, M./Schröder, L./Schwemmle, M. (Hrsg.) (2001): Neu denken – neu handeln, Arbeit und Gewerkschaften im digitalen Kapitalismus, Festschrift für Kurt van Haaren, Hamburg, S. 216-227.

Berthold Huber

Auflage verdoppelt

von Monika Brandl

Monika Brandl, Vorsitzende des Gewerkschaftsrats, und Frank Bsirske stellen sich beim 3. ver.di-Bundeskongress 2011 in Leipzig dem Fotografen.

Lieber Frank,
heute schreibe ich einen Brief an dich – natürlich ist es kein richtiger Brief. Ich darf für eine besondere »Publikation« über dich schreiben, was ich sehr gerne tue. Aufregend bunt und beruhigend stark, das sind wir, das ist ver.di.

Wie hat alles angefangen: Das erste Mal habe ich dich gesehen, als du kurz nach deiner Wahl im November 2000 den Bundesvorstand der Deutschen Postgewerkschaft besucht hast. Ich war damals noch sehr skeptisch, ob der Zusammenschluss eine gute Idee war.

Du hast bei mir sofort den Eindruck erweckt, dieser Mensch ist ein Macher, dieser Mensch geht in die Zukunft und er hat das Zeug, uns alle dahin mitzunehmen.

Du standest auf der Bühne und hattest den Stift, den dir unser Vorsitzender Kurt van Haaren geschenkt hat, in der Hand. Du hast gesagt: »Mit diesem Stift werde ich den Gründungsvertrag unterschreiben.« Das war der Anfang einer gemeinsamen wunderbaren Zeit.

Im Gewerkschaftsrat hast du immer versucht, die Themen an die Frau/den Mann zu bringen, du hast Kompromisse geschlossen, wo es möglich war, und warst hart in der Sache, wo es aus deiner Sicht keine Kompromisse geben konnte.

Seit 2007 bin ich die Vorsitzende des ver.di-Gewerkschaftsrats, und ich kann dir sagen, dass ich das sehr gerne bin. Wir haben immer unsere Kräfte gebündelt, weil wir weitergehen wollten, gemeinsam, das war uns immer wichtig.

Die gemeinsame Arbeit mit dir ist geprägt von gegenseitigem Respekt. Respekt, den bringst du allen Kolleg*innen entgegen. Ob das bei großen Veranstaltungen, bei einer Betriebsversammlung oder am Rande einer Sitzung ist, Zeit für Händeschütteln und Gespräche nimmst du dir, das finden wir alle richtig gut.

Du hörst zu, wenn dir die Menschen ihre Ideen erzählen. Wie Kollegen ihre Probleme angehen, das interessiert dich.

Was mich immer besonders beeindruckt, ist, dass du deine Reden fast alle selbst schreibst, noch so richtig mit der Hand, das finde ich beachtlich.

Du treibst dich selbst an, und du kannst wunderbar motivieren. Deine Begeisterung steckt alle anderen an und reißt sie mit.

Du bist mit Haut und Haar Gewerkschafter. Deine Tage sind vollgepackt mit Terminen, wenn aber ein Mitglied dich sprechen will, dann nimmst du dir die Zeit, da müssen dann andere zurückstehen.

In den Sitzungen bist du unermüdlich, da hängen schon viele in den Seilen, du wirkst noch immer frisch und hältst die anderen bei der Stange – und dann kommt doch noch ein gutes Ergebnis zustande.

Arbeit ist für dich nicht nur Arbeit, es ist auch Lebensfreude, so habe ich das oft wahrgenommen: Du liebst deine Arbeit.

Du liest sehr viel und eignest dir viel Wissen durch das Lesen an. Wenn du in Urlaub fährst, ist der größte Koffer immer der mit den Büchern – hast du selbst gesagt.

Du bist ein Stratege, am Beispiel Digitalisierung, wo du unermüdlich auf Kongressen und Podien über die Wichtigkeit für Arbeitnehmer*innen referierst: Heute schon an morgen denken, nicht die große Linie vernachlässigen, weiterdenken im Sinn der Arbeitnehmer*innen. Wenn wir uns auf ein politisches Ziel festgelegt haben, dann bleibst du, dann bleiben wir dran, du wiederholst immer wieder, bis es sitzt – das beste Beispiel ist der Mindestlohn.

Ich behaupte, ohne ver.di – ohne dich, Frank – hätten wir den Mindestlohn nicht durchgebracht.

Frank, du bist »der oberste Angestellte der Mitglieder«, so bezeichnest du dich selbst immer wieder, der für sie und ihre Interessen arbeitet.

Du hast natürlich auch selber eine Meinung, die du den Mitgliedern erläuterst, zu der du ihre Meinung hören willst und gemeinsam mit ihnen zu Rate gehst.

Du genießt die politische Auseinandersetzung mit den ehrenamtlichen Funktionär*innen, und du liebst das Ringen nach guten Lösungen bei Konflikten oder Problemen.

Du kannst bei Demonstrationen, Streikversammlungen richtig eintauchen, und du spürst und gibst den anderen das Gefühl, das ist Gewerkschaft – und Gewerkschaft ist auch Kampf, Solidarität, machtvolles kollektives Eintreten für die Interessen der Arbeitnehmer*innen und das wird auch immer so bleiben.

Von einem »kleinen Geheimnis« möchte ich noch den Schleier lüften: Du hattest ja ganz zu Anfang als frisch gewählter Vorsitzender einer Multibranchengewerkschaft dem »Stern« ein Interview gegeben, mit einer ganzen Bilderreihe von dir. Eine Kollegin – deren Namen ich nicht nennen werde – hat an alle ver.di-Frauen eine Rundmail geschrieben, in der stand, dass wir uns alle unbedingt den »Stern« mit dem Interview und den tollen Bildern von dir kaufen sollen, denn wir haben einen sehr fotogenen, sympathischen Vorsitzenden. Das stimmt, lieber Frank, wir Frauen haben die Auflage dieser Ausgabe verdoppelt!

Tarifsystem gestalten – der öffentliche Dienst

»Die Reform des öffentlichen Tarifrechts brachte mit dem TVöD einen Kompromiss, der längst nicht alle befriedigen kann, an dem manches veränderungsbedürftig ist, der insgesamt aber zum Erhalt des Flächentarifvertrages beigetragen hat und mit dem wir die tarifliche Trennung in Arbeiter und Angestellte überwinden konnten.«

Frank Bsirske 2007

Gerechtigkeit und Funktionalität

von Werner Schmidt

Tarifreform im öffentlichen Dienst

Der Tarifvertrag für den öffentlichen Dienst (TVöD), im Jahr 2005 abgeschlossen und seither gültig für den Bund und die Kommunen, und der Tarifvertrag für den öffentlichen Dienst der Länder (TV-L), vereinbart im Jahr 2006, stehen für eine wichtige Reform der Tarifbedingungen im öffentlichen Dienst. Eine Modernisierung der Vorgängertarifverträge,[1] des Bundes-Angestelltentarifvertrags (BAT), des Bundesmanteltarifvertrags für Arbeiter gemeindlicher Verwaltungen und Betriebe (BMT-G II) sowie des Manteltarifvertrags für Arbeiterinnen und Arbeiter des Bundes und der Länder (MTArb), war in verschiedener Hinsicht überfällig. Die im Kern vier Jahrzehnte alte Substanz der Tarifverträge genügte den Arbeitsmarktanforderungen[2] nicht mehr (Schmidt u.a. 2011) und durch partielle Ergänzungen waren unsystematische und teilweise diskriminierende Tarifbestimmungen entstanden.

---

[1] Eine Prozessvereinbarung aus der Tarifrunde 2003 markiert den Beginn der Verhandlungen zur Tarifreform des öffentlichen Dienstes. Mit der Tarifreform wurde allerdings bereits 2000 mit dem TV-V für Versorgungsbetriebe und dann dem TV-N für Nahverkehrsbetriebe begonnen. Diese Spartentarifverträge wurden zum Teil Vorbild für den TVöD (Meerkamp 2008).

[2] Häufig wird zwischen mehreren Funktionen von Tarifverträgen bzw. Tarifautonomie unterschieden, etwa Schutz-, Verteilungs- und Partizipationsfunktionen für die Beschäftigten sowie Kartell-, Ordnungs- und Befriedungsfunktionen für den Arbeitgeber (Müller-Jentsch 2018). Von besonderer Relevanz scheint uns auch die Setzung gleichen Rechts für die Beschäftigten zu sein (etwa hinsichtlich der Gleichstellung der Geschlechter oder von Beschäftigten unterschiedlicher Herkunft), die als Gerechtigkeits- oder Integrationsfunktion bezeichnet werden könnte. Da die Kartellfunktion in der Realität nur begrenzt wirksam wird und der öffentliche Sektor spätestens mit der Marktöffnung für öffentliche Dienstleistungen mit Privatanbietern auf dem Arbeitsmarkt konkurriert, erfüllen Tarifverträge mehr oder weniger auch eine Funktion für die Allokation von Arbeitskräften. Gerade der letzten Funktion kommt in der Praxis große Bedeutung zu und sie war einer der Gründe für die Tarifreform.

Vor Beginn der Sitzung der Bundestarifkommission für den öffentlichen Dienst am 6. Januar 2003 in Bremen begrüßt Frank Bsirske die Mitglieder per Handschlag.

Eine Unterscheidung zwischen Beschäftigten nach Statusgruppen galt als anachronistisch. Im spezifischen Kontext des deutschen öffentlichen Dienstes hätte die Refom die Aufhebung der Unterscheidung zwischen Arbeitern, Angestellten und Beamten und damit die Schaffung eines single status umfassen können,[3] sie blieb jedoch auf Arbeiter und Angestellte begrenzt. Handlungsbedarf wurde auch hinsichtlich der ungleichen Bewertung von Merkmalen und Beschäftigtengruppen ausgemacht, etwa der Benachteiligung

---

[3] Während die Arbeitsbeziehungen der Tarifbeschäftigten des öffentlichen Sektors denen des Privatsektors ähneln, sind die Arbeitsbedingungen der Beamten unter Verzicht auf Streikrecht und Kollektivverträge gesetzlich geregelt (Keller 2010). Da Beamte mitunter dieselben Tätigkeiten wie Tarifbeschäftigte verrichten und beide direkt zusammenarbeiten, stellt sich die Frage nach der Gerechtigkeit oft ganz alltagsnah. Immerhin hatte sich eine Praxis etabliert, in der wichtige Tarifvereinbarungen, etwa ausgehandelte Entgeltsteigerungen oder Arbeitszeiten, durch den Staat unilateral auch auf den Beamtenbereich übertragen wurden. Angesichts der Übertragung materieller Ergebnisse sowie von Beschäftigungssicherheit und Pensionen haben sich viele Beamte mit dem Verzicht auf das Streikrecht arrangiert.

Werner Schmidt

mancher Fachhochschul-Berufe. Begünstigt durch Antidiskriminierungsrichtlinien der EU rückte das Ziel, Diskriminierungen zu beseitigen, in den Mittelpunkt gewerkschaftlicher Absichten. Änderungsbedarf entstand jedoch auch, weil familienbezogene Einkommensbestandteile im Rahmen veränderter staatlicher Refinanzierungssysteme etwa für die Kommunen nicht mehr abzudecken waren. Schließlich wurde angesichts der Marktöffnung des öffentlichen Dienstes und der Konkurrenz mit privaten Anbietern fraglich, ob ein einheitlicher Tarifvertrag wie der BAT noch weiterhin einzelnen Branchen gerecht werden könne (etwa der Sondersituation der Sparkassen).

Gelitten hatten sowohl die Gerechtigkeit als auch die Funktionalität der Tarifverträge. Da im öffentlichen Dienst die »Tarifautomatik« gilt und keine Spielräume der Eingruppierung vorgesehen sind, auch nicht nach oben, konnte Arbeitsmarktanforderungen vor Ort nicht durch Abweichungen von den Eingruppierungsbestimmungen genügt werden. Primär drohte nicht etwa eine allmähliche »innere Erosion« der Tarifverträge (Bispinck/Schulten 2003), sondern bei Fortgeltung der Regeln eine Zunahme dysfunktionaler Effekte und Fehlsteuerungen. Es fiel oft schwer, Stellen zu besetzen, wenn für vergleichbare Tätigkeiten in der Privatwirtschaft mehr bezahlt wurde. Zwar ist dies nicht die ganze Wahrheit, denn verdeckte Abweichungen gab es durchaus,[4] gleichwohl war weniger ein allmählicher Bedeutungsverlust der Tarifverträge zu erwarten, als ein kompletter Ausstieg der Arbeitgeber in der Folge kumulierter Dysfunktionalitäten.

Dieses Risiko musste insbesondere in einer Situation hoch erscheinen, in der sowohl der öffentliche Dienst als auch Gewerkschaften und Tarifverträge öffentlich diskreditiert[5] und massiven Vorwürfen mangelnder Effizienz und einem starken Reorganisations- (New Public Management) und Privatisierungsdruck ausgesetzt waren. Unter diesen Umständen schien es aus

---

[4] Informelle Abweichungen nach oben (»verdeckte Entgeltspanne«) wurden etwa durch von der gewünschten Eingruppierung her konzipierte Stellenbeschreibungen erzielt. Einem systematischen Stellen- und Organisationsgefüge sind solche Abweichungen selbstverständlich ebenso abträglich wie der Ordnungsfunktion des Tarifvertrages (Schmidt u.a. 2011).

[5] Wer sich einen Eindruck davon verschaffen möchte, lese nur den Artikel »Trickreiches Trio« im »Spiegel« (2004), in dem das »Eckpunktepapier« zur Reform des Beamtenrechts (an dem neben Frank Bsirske auch Peter Heesen und Otto Schily beteiligt waren) und auch gleich der gesamte öffentliche Dienst verunglimpft wurden.

gewerkschaftlicher Sicht geboten, die Tarifreform noch vor der Bundestagswahl sattelfest zu machen. Auch wenn noch nicht alles zufriedenstellend geregelt werden konnte, war doch eine Regierungsbeteiligung der FDP wahrscheinlich, mit der eine akzeptable Tarifreform nicht für möglich gehalten wurde. Die FDP kam dann nicht in die Regierung, doch der Tarifabschluss war erfolgt, auch wenn modernisierte und gerechtere Eingruppierungsbestimmungen zunächst nicht vereinbart werden konnten.

Die Rahmenbedingungen der Tarifreform waren schwierig. Bereits 2004 hatten die Länder die Arbeitszeitvorschriften des BAT und des MTArb gekündigt, um die 40-Stunden-Woche wieder einzuführen. ver.di verhandelte daraufhin nur noch mit dem Bund und der Vereinigung der kommunalen Arbeitgeberverbände (VKA) weiter. In der Folge wurden mit dem TVöD und dem TV-L separate Tarifverträge abgeschlossen.

Da nicht alle Länder die Verhandlungsziele der Tarifgemeinschaft deutscher Länder (TdL) unter Hartmut Möllring (CDU) teilten, wurden die Arbeitszeiten der Länder schließlich in unterschiedlichem Maße verlängert. Mit Bund und VKA wurde zudem eine »Meistbegünstigungsklausel« vereinbart, nach der Abschlüsse mit den Ländern bei Arbeitszeit oder Entgelt, die für die Arbeitgeber günstigere Regelungen enthalten, auch als Angebot für Bund und Kommunen gelten sollten. Da die Kommunen in der Folge Arbeitszeitverlängerungen durchzusetzen versuchten, kam es 2006 zum bis dahin längsten Streik im öffentlichen Dienst. In diesem Streik deuteten sich in der starken Beteiligung von Erzieherinnen und Beschäftigten der Krankenpflege bis heute charakteristische Veränderungen an.

Eingruppierung und Leistung

Mit der Vereinbarung von TVöD und TV-L wurde die Unterscheidung nach Arbeitern und Angestellten im Begriff der »Tarifbeschäftigten« aufgehoben und statt der bisherigen Lohn- und Gehaltsgruppen nach BAT und Arbeitertarifverträgen 15 Entgeltgruppen eingeführt, doch die eigentlichen Eingruppierungsregeln blieben zunächst weitgehend unverändert.

Geeinigt hatte man sich zwar bei Abschluss des TVöD darauf, dass die zentrale Eingruppierungsvorschrift des BAT, das Prinzip der Tarifautomatik, der Begriff des Arbeitsvorgangs und der überwiegend auszuübenden Tätigkeit weiter gelten sollten, doch erst am 1. Januar 2017 trat die Entgelt-

Viele Kolleginnen und Kollegen sind zum Auftakt der Tarifrunde 2012 im öffentlichen Dienst zur Unterstützung nach Potsdam angereist.

ordnung (VKA) für die Kommunen in Kraft. Zuvor wurden zum 1. Januar 2012 eine neue Entgeltordnung für die Länder (Anlage A zum TV-L) sowie am 1. Januar 2014 eine für den Bund (TV EntgO Bund) gültig. Für die Länder wurden inzwischen Verhandlungen über eine Weiterentwicklung der Entgeltordnung aufgenommen.

Obwohl die Tarifreform nicht in erster Linie dazu gedacht war, Entgeltsteigerungen durchzusetzen, vielmehr Ungerechtigkeiten abgebaut und die Funktionalität verbessert werden sollten, wurden mit der Arbeitgeberforderung, die neue Entgeltordnung solle »kostenneutral«[6] eingeführt werden

---

[6] Bei einem kostenneutralen Umbau zu einem fixen Zeitpunkt hätte es unter den Beschäftigten neben Gewinnern auch viele Verlierer geben müssen. Der Bezugspunkt für »Kostenneutralität« war allerdings nicht klar definiert. Mit Bezug auf den Verhandlungszeitraum bis zur Einigung der Entgeltordnungen hätte »Kostenneutralität« durch die zwischenzeitlichen Veränderungen, etwa die Arbeitszeitverlängerungen, ihre Implikationen gewandelt. Letztlich wurden den kommunalen Arbeitgebern Mehrkosten von 1,7 Prozent ab dem Jahr 2017 anerkannt.

(Prozessvereinbarung 2003), dann doch Verteilungsfragen zwischen Arbeitgeber- und Arbeitnehmerseite zentral. Die Bereitschaft zu kostenwirksamen Veränderungen war auf Arbeitgeberseite im Kontext einer Austeritätspolitik, die bis zur Finanzmarkt- und Wirtschaftskrise selbst die Ideen von New Public Management und Verwaltungsreform zunehmend überlagert hatte (Keller 2016; Schmidt u.a. 2018b), gering. Da zudem die erwähnten Auseinandersetzungen um Arbeitszeitverlängerungen zunächst die Agenda bestimmten, kamen die Verhandlungen um neue Entgeltbestimmungen kaum voran.

Als sich nach der Krise Wirtschaft und Steuereinnahmen in Deutschland positiv zu entwickeln begannen, verbesserten sich auch die Bedingungen für gewerkschaftliche Tarifpolitik,[7] und die Chancen, sich auf neue Entgeltordnungen einigen zu können, stiegen. Der unvollständige Abschluss vor der Krise erwies sich insofern letztlich als Vorteil, als es danach gelang – trotz mancher Abstriche gegenüber den ursprünglichen Intentionen –, die Funktionalität der Tarifverträge unter Beachtung von Gerechtigkeitskriterien zu sichern, die Unterscheidung nach Arbeitern und Angestellten auch bei den Entgeltbestimmungen weitgehend aufzuheben, einige Verbesserungen für Beschäftigtengruppen durchzusetzen und mit dem unvollständigen Abschluss eingetretene Nachteile zu kompensieren.[8] Erreicht wurde einge-

---

[7] Unseres Erachtens lassen sich, insbesondere mit Blick auf den öffentlichen Sektor, fünf verschiedene Ressourcen gewerkschaftlicher Macht unterscheiden: eine strukturelle, eine organisationale, eine institutionelle, eine gesellschaftliche und eine politische Machtressource (Schmidt u.a. 2018a).

[8] Etwa wurde mit der Entgeltordnung für die Kommunen u.a. vereinbart, für Tätigkeiten, die eine dreijährige Ausbildung voraussetzen, mindestens die EG 5 anzuwenden (auch für sog. Medizinische Fachangestellte, die ehemaligen Arzthelferinnen) und die EG 4 und EG 7 für Angestelltentätigkeiten zu öffnen. Beschäftigte mit FH- oder Bachelor-Abschluss können von der ergänzten EG 9 (a-c) bis in die EG 12 eingruppiert sein. Durch zusätzliche oder neu strukturierte Tätigkeitsmerkmale in einer Reihe von Tätigkeitsbereichen, eine neue Entgelttabelle für Pflegekräfte sowie stufengleiche Höhergruppierungen wurden Verbesserungen erreicht (Dannenberg 2017; Pieper 2017). Zudem wurde vereinbart, anlässlich der Neueinführung der Entgeltordnung auf »korrigierende Rückgruppierungen« zu verzichten. Eine grundlegende Veränderung bei den Prinzipien der Tätigkeitsbewertung fand jedoch nicht statt. Es bleibt bei der Bewertung von Tätigkeiten primär auf der Basis von erforderlichen Qualifikationen sowie einer Reihe direkter Tätigkeitszuordnungen. Die im Vorfeld vorgebrachte Vorstellung, analytische Arbeitsbewertung sei weniger anfällig für Diskriminierung, wurde somit nicht aufgegriffen. Analytik hätte im öffentli-

denk der Rahmenbedingungen jedoch bestenfalls »Diskriminierungsarmut«, nicht »Diskriminierungsfreiheit«.

Dem Prinzip der Umstellung vom »Alimentations- zum Leistungsprinzip« folgend, entfielen frühere Zuschläge für Familienstand und Kinder, Urlaubsgeld und Teile des Weihnachtsgeldes, dafür wurde die sogenannte leistungsorientierte Bezahlung (LOB) eingeführt. Dies war vor allem der VKA sehr wichtig (bei den Ländern wurde LOB nie umgesetzt, beim Bund ist sie inzwischen freiwillig), teils war man überzeugt, ohne LOB wäre der öffentliche Dienst der Privatwirtschaft unterlegen, teils wurde gehofft, damit Diffamierungen begegnen zu können, denen der öffentliche Dienst ausgesetzt war. Die VKA hält bis heute an LOB fest, obwohl Erhebungen ergaben, dass mehrere Jahre nach dem offiziellen Inkrafttreten nahezu die Hälfte der Kommunen LOB nicht eingeführt hatte (Voraussetzung ist der Abschluss einer Dienstvereinbarung) und ansonsten die intendierten Effekte bestenfalls schwach ausfielen (Schmidt/Müller 2013).[9] Weder relevante Verbesserungen der Leistungssteuerung noch steigender Leistungsdruck waren die Folge. Der Leistungsdruck nahm zwar zu, doch die Gründe sind in Austeritätspolitik, Personalabbau und zusätzlichen Aufgaben zu finden, nicht in LOB.

Warum wird an LOB gleichwohl festgehalten? Es scheint dabei oft nicht primär um erhoffte Steuerungs- und Leistungseffekte zu gehen, sondern um eine (anzweifelbare) Idee von Gerechtigkeit, die annimmt, dass Leistungsunterschiede stets bestehen und deshalb nur durch leistungsdifferenzierte Bezahlung Gerechtigkeit hergestellt werden kann. Zweck von LOB sind dann weniger Effektivitäts- oder Effizienzeffekte, sondern die (symbolische) Herstellung von leistungsgerechter Ungleichheit. Da manche Personalräte und Gewerkschafter sich Gerechtigkeit eher durch mehr Gleichheit versprechen, wurde LOB für sie hingegen zu einem Symbol der Ungerechtigkeit.[10] Die Be-

---

chen Dienst angesichts der hohen Relevanz formell zertifizierter Qualifikationen möglicherweise auch neue Spielräume der Diskriminierung eröffnet, jedenfalls passt analytische Arbeitsbewertung nicht besonders gut zur »Tarifautomatik«.

[9] Der § 18 TVöD-VKA sieht drei LOB-Methoden vor: Systematische Leistungsbewertung (SLB), faktisch meist eine Art persönliche Beurteilung, Zielvereinbarungen (ZV) oder eine Kombination beider. Lediglich bei den raren Anwendern der als aufwändig geltenden ZV zeigten sich relativ hohe Akzeptanz bei den Beschäftigten und positive Effekte (Schmidt/Müller 2013).

[10] Allerdings sollten die Unterschiede der Gerechtigkeitsvorstellungen nicht überschätzt werden. Nicht nur 78 Prozent der befragten Arbeitgeber, sondern

schäftigten selbst sind in ihrer Haltung ambivalent. Zwar sind 86 Prozent der Auffassung, wer sich mehr Mühe gebe, solle »auch mehr verdienen«, doch lediglich 36 Prozent halten LOB für »eine gute Sache« (Schmidt/Müller 2013: Abb. 4.1). Trotz hoher Akzeptanz des Leistungsprinzips deuten viele LOB als Infragestellung sozialer Anerkennung. Lediglich eine Zunahme von Mitarbeitergesprächen wird nahezu überall als Folge der LOB-Einführung konstatiert und meist positiv bewertet – jedenfalls soweit hierfür hinreichend Zeit besteht. Regelgesteuerte Verwaltungen sollten Mitarbeitergespräche eigentlich auch auf anderem Wege verpflichtend machen können.

Gerechtigkeit und Funktionalität

TVöD und TV-L waren bei den Beschäftigten zunächst nicht besonders beliebt, brachten sie doch trotz tarifvertraglich geregelter Entgeltsicherung (Vergleichsentgelt nach TVÜ) Verschlechterungen (etwa beim Urlaubs- und Weihnachtsgeld, für neue Beschäftigte), doch sie lieferten den Beweis, dass Tarifverträge auch im öffentlichen Sektor modernisiert werden können. Da es an einer vergleichenden Untersuchung der durch die Einführung der neuen Entgeltordnungen erfolgten Veränderungen fehlt, ist nicht definitiv zu entscheiden, inwieweit die Tarifverträge des öffentlichen Dienstes heute gerechter sind, als es BAT und Arbeitertarifverträge zu ihrer besten Zeit waren. Wahrscheinlich ist jedoch, dass die Ungerechtigkeiten der alten Regelungen in einer sich ändernden Umwelt weiter zugenommen und die Ordnungs- und die Allokationsfunktion der Tarifverträge immer weniger hätte erfüllt werden können.

Die Absicherung kollektivvertraglicher Regulierung ist mit Blick auf private Dienstleistungsbranchen und im internationalen Vergleich alles andere als eine Selbstverständlichkeit. Das Auseinanderbrechen der früheren Tarifgemeinschaft von Bund, Ländern und Gemeinden und die vorübergehend tariflosen Zustände bei den Ländern haben gezeigt, dass Tarifverträge

---

auch 65 Prozent der Personalräte bejahten folgendes Statement: »Es werden stets Leistungsunterschiede bestehen, es kann nicht real sein, wenn alle oder fast alle eine volle Ausschüttung erhalten«. Lediglich 50 Prozent bzw. 44 Prozent sind der Auffassung, dass ein gut funktionierendes LOB-System zu Leistungssteigerungen führe (Schmidt/Müller 2013: Tab. 3.1).

auch im deutschen öffentlichen Dienst nicht selbstverständlich sind. Es ist jedoch gelungen, die Tarifverträge zu stabilisieren, nach der Krise wieder den Anschluss an die allgemeine Entgeltentwicklung zu finden und für bestimmte Berufe bzw. Sparten deutlich verbesserte Verdienste durchzusetzen.

Mit dem Wechsel zu einer stärkeren Spartenorientierung (TV-V für Versorgungsbetriebe sowie den TVöD (VKA)-Varianten -K für Krankenhäuser, -S für Sparkassen, -B für Pflege- und Betreuungseinrichtungen, -F für Flughäfen, -E für Entsorgung sowie besonderen Eingruppierungsregelungen für Beschäftigte in den Sozial- und Erziehungsdiensten) wurden nicht nur Dysfunktionalitäten reduziert, sondern auch Verhandlungseinheiten geschaffen, die zukünftig Anpassung und Mobilisierung erleichtern, da nicht immer gleich das Gesamtsystem revidiert werden muss. Dies dürfte auch dem gewerkschaftlichen Bedarf an neuen aktionsfähigen Mitgliedergruppen entgegenkommen, wie die Auseinandersetzungen um die Aufwertung in den Sozial- und Erziehungsdiensten verdeutlichen. Außerdem sind angesichts der Marktöffnung für private Anbieter Gerechtigkeit und Funktionalität lediglich innerhalb des öffentlichen Dienstes nicht mehr hinreichend. Die Spartenorientierung öffnet eine über die Grenzen des öffentlichen Dienstes hinausgehende branchen- und berufsspezifische Perspektive, wodurch die Chancen auf die Eigentumssektoren übergreifende Tarifverträge steigen (etwa in der Pflege).

Summa summarum wurde die Tarifreform des öffentlichen Dienstes, trotz und gewissermaßen gerade wegen der langen Verhandlungszeiten, zu einem Erfolg. Obgleich beim raschen Abschluss von TVöD und TV-L manche Zugeständnisse gemacht wurden, konnten doch die Tarifverträge und die Tarifreform gesichert werden. Später wurden dann viele Schwächen wieder ausgeglichen. Bedenkt man die bis zur Finanzmarkt- und Wirtschaftskrise weitgehend ungebrochene kulturelle Hegemonie von Austeritätspolitik und neoliberaler Sozialstaats- und Gewerkschaftsfeindlichkeit, dann erwies es sich eher als Vorteil, dass wichtige Vereinbarungen erst nach der Krise erfolgten. Die tarifpolitische Leistung von ver.di kann unter Berücksichtigung der Gesamtumstände kaum überschätzt werden. Frank Bsirske steuerte dabei nicht nur als Gewerkschaftsvorsitzender, sondern er trug auch aktiv verhandelnd in zentraler Weise dazu bei, diese für die deutsche Tariflandschaft insgesamt historisch wichtige Tarifreform zu gestalten und durchzusetzen.

Literatur

Bispinck, R./Schulten, T. (2003): Verbetrieblichung der Tarifpolitik? Aktuelle Tendenzen und Einschätzungen, in: WSI-Mitteilungen 56, S. 157-167.

Dannenberg, O. (2017): Die Entgeltordnung im Kommunalbereich, in: Der Personalrat 1/2017: S. 8-16.

Keller, B. (2010): Arbeitspolitik im öffentlichen Dienst. Ein Überblick über Arbeitsmärkte und Arbeitsbeziehungen, Berlin.

Keller, B. (2016): Germany: Retrenchment Before the Great Recession and Its Lasting Consequences, in: Bach, S./Bordogna, L. (Hrsg.): Public Service Management and Employment Relations in Europe. Emerging from the Crisis, New York/Abingdon, S. 191-217.

Meerkamp, A. (2008): Neue Gestaltung des Tarifrechts im öffentlichen Dienst, in: Bispinck, R. (Hrsg.): Verteilungskämpfe und Modernisierung. Aktuelle Entwicklungen in der Tarifpolitik, Hamburg, S. 109-122.

Müller-Jentsch, W. (2018): Tarifautonomie, Über die Ordnung des Arbeitsmarktes durch Tarifverträge, Wiesbaden.

Pieper, W. (2017): Entgeltordnung TVöD-VKA, Frankfurt a.M.

Schmidt, W./Müller, A. (2013): Leistungsorientierte Bezahlung in den Kommunen. Befunde einer bundesweiten Untersuchung, Berlin.

Schmidt, W./Müller, A./Ramos-Vielba, I./Thörnquist, A./Thörnqvist, C. (2018a): Austerity and public sector trade union power: Before and after the crisis, in: European Journal of Industrial Relations (online first).

Schmidt, W./Müller, A./Ramos-Vielba, I./Thörnquist, A./Thörnqvist, C. (2018b): Finanzmarktkrise und Arbeitsbeziehungen im öffentlichen Sektor. Deutschland, Großbritannien, Schweden und Spanien, Baden-Baden.

Schmidt, W./Müller, A./Trittel, N. (2011): Der Konflikt um die Tarifreform des öffentlichen Dienstes. Verhandlungsprozesse und Umsetzungspraxis, Berlin.

Spiegel (2004): Trickreiches Trio, in: Der Spiegel 42/2004, S. 24-28.

Die Chemie stimmte

von Thomas Böhle

Es gehört zum Anforderungsprofil eines Gewerkschaftschefs, landauf, landab zu jeder Tages- und Nachtzeit auf den Marktplätzen der Republik, »Wenn nicht jetzt, wann dann«, für »Gutes Geld für gute Arbeit« zu streiten, »Weil wir es wert sind« und »Sozial ist, was Kaufkraft schafft«!

Die Vereinte Dienstleistungsgewerkschaft ver.di wählte mit Frank Bsirske einen Vorsitzenden, der nicht nur in dieser Hinsicht dem Anforderungsprofil in geradezu idealer Weise entsprach. Er war und ist ein genialer Stratege, gewiefter Verhandler, mitreißender Redner und ausgestattet mit einer schier unglaublichen Kondition und minimalem Schlafbedürfnis – kurzum ein Gegner, den man seinem ärgsten Feind nicht wünschen würde, wenn er nicht zugleich so charmant, gewinnend und verlässlich wäre. Und spätestens am Ende, nachdem auch wirklich alle Möglichkeiten samt Warnstreik, Streik und Schlichtung ausgereizt waren, einigungsfähig – wenn ihm dann nicht doch einmal die von ihm selbst eingeführte Mitgliederbefragung einen Strich durch die Rechnung machte.

In meiner Funktion als Präsident der Vereinigung der kommunalen Arbeitgeberverbände (VKA) trafen wir erstmals Anfang 2005 aufeinander. Es gab Gesprächsbedarf. Und zwar sofort. Ich dachte zunächst an einen Scherz, als Frank Bsirske mir vorschlug, mich mit ihm um 5:30 Uhr mangels räumlicher Alternativen bei sich zu Hause zu treffen. Aber er meinte es tatsächlich ernst. Im Lauf der Zeit sollte ich mich an derartige Vorschläge gewöhnen.

Die Chemie stimmte. Eine Rolle spielte dabei sicherlich auch, dass Frank Bsirske mit der Arbeitgeberperspektive vertraut und umgekehrt mir als langjährigem ÖTV- und ver.di-Mitglied die Gewerkschaftssicht nicht fremd war. Die Mitgliedschaft ließ ich allerdings nach meiner Wahl ruhen. Das fiel mir nicht schwer, wusste ich die Organisation bei meinem Vorsitzenden Frank Bsirske schließlich in besten Händen.

Frank Bsirske und ich, wir waren uns bereits vor 2000, er als Personaldezernent in Hannover und ich in der gleichen Funktion in München, im Personal- und Organisationsausschuss des Deutschen Städtetages begegnet. Der Kollege aus der niedersächsischen Landeshauptstadt fiel schon damals durch allerlei innovative Ideen und Konzepte, etwa zu den Themen »Füh-

Thomas Böhle (VKA-Präsident), Bundesinnenminister Horst Seehofer (CSU) und Frank Bsirske geben den Tarifabschluss im öffentlichen Dienst 2018 bekannt.

rung auf Zeit und Probe« und »leistungsorientierte Bezahlung« auf, wobei unsere jeweilige Erinnerung an die seinerzeit eingenommenen Positionen zu Letzterem unterschiedlich ist. Jedenfalls ahnten wir vermutlich nicht, dass uns beides Jahre später im Rahmen der Verhandlungen zum neuen TVöD mit Otto Schily als Bundesinnenminister und Frank Stöhr aufseiten des Beamtenbundes wieder einholen sollte.

Zwischen 2005 und 2019 bestritten wir – unter anderem mit wechselnden Bundesinnenministern und Vertretern des Deutschen Beamtenbundes – im Wesentlichen sieben allgemeine Lohnrunden und zwei Runden zum Sozial- und Erziehungsdienst. Den Auftakt markierte 2005 die Unterzeichnung des TVöD, die in der Presse vom 10. Februar 2005 ein Echo fand, welches exakt zum 54. Geburtstag des ver.di-Vorsitzenden kaum besser hätte sein können. So kommentierte etwa die »Süddeutsche Zeitung« unter der Überschrift »Eine Reform, ein Traum«: »Die Mühe war nicht umsonst. Eine Reform des öffentlichen Dienstes, wie es sie noch nie gegeben hat. Das Wort vom Jahrhundertwerk ist überstrapaziert worden. Dennoch: Leistungsorientierung statt Versorgungsdenken, mehr Geld für Jüngere statt der Sitzprämie für Ältere – diese Modernisierung wird das Denken in den kommunalen Betrieben verändern.« Das »Handelsblatt« titelte »Radikalreform im öffentlichen Dienst«, und der »Kölner Stadtanzeiger« schrieb »Transparent, flexibel, leistungsorientiert – das tarifpolitische Wunder von Potsdam«.

Zu den Grundzügen des neuen Tarifrechts zählten die Medien in der Tat allseits die leistungsorientierte Bezahlung. Acht Prozent der Entgeltsumme war für die Leistungsbezahlung vorgesehen, die Einführung sollte schrittweise erfolgen und 2007 zunächst mit einem Prozent beginnen. Über die weitere Entwicklung, die uns bis heute nicht über zwei Prozent hinausführte, decken wir besser den Mantel des Schweigens.

Insgesamt meine ich, dass sich die Bilanz der letzten 15 Jahre sehen lassen kann: Der Abschied vom Senioritätsprinzip, eine interessengerechte Spartenorientierung, die Auflösung zahlreicher Unterschiede in Ost und West, eine neue Entgeltordnung und schließlich in der letzten Tarifrunde 2019 – und damit schloss sich der Kreis – eine gänzlich neue Entgelttabelle, die den unterschiedlichen Interessen von Arbeitgebern und Gewerkschaften gleichermaßen Rechnung trägt und den Prozess zur Einführung des TVöD nach rund 15 Jahren abrundet: Mit signifikanten Verbesserungen für Berufsanfänger und Fachkräfte und überproportionalen Einkommenserhöhungen in den unteren Entgeltgruppen konnte ein weiterer wertvoller Fortschritt zur Steigerung der Attraktivität des öffentlichen Dienstes erzielt werden. Doch auch andere Themen hatten es in sich: Die kommunale Zusatzversorung konnte nachhaltig gesichert werden, der Sozial- und Erziehungsdienst erhielt eine eigene Tabelle, in der Pflege konnten deutliche Verbesserungen erreicht und zur Tarifeinheit bis auf Weiteres ein Kompromiss gefunden werden.

Was wünscht man einem leidenschaftlichen Gewerkschafter im permanenten 24/7-Rhythmus zum Abschied? Wenn es nach Frank Bsirske selbst ginge, einen weiter vollen Terminkalender und anhaltende Schaffenskraft; wenn man es gut mit ihm meint – noch mehr – Bücher, Reisen in den sonnigen Süden und viel Zeit mit Freunden und seiner Liebsten.

Eine glückliche Fügung

von Horst Seehofer

Was ist gerecht? Die Beantwortung dieser Grundfrage hat maßgebliche Folgen für den gesellschaftlichen Zusammenhalt. Die katholische Soziallehre gibt Antworten, die mich mein gesamtes politisches Wirken hindurch geleitet haben und die auch für das Tarifrecht Orientierung bieten können.

Im Jahr 1891 verfasste Papst Leo XIII. die berühmt gewordene Enzyklika »Rerum novarum« (Rn). Sie trug den Untertitel »Über die Arbeiterfrage«. Die »neuen Dinge«, mit denen sich die Enzyklika befasste, waren die radikalen wirtschaftlichen und sozialen Veränderungen, die Ende des 19. Jahrhunderts zu bewältigen waren – insbesondere das durch die Industrialisierung bewirkte Elend der Arbeiter. Die Enzyklika war Ausfluss von Vorarbeiten des Jesuitenordens. Sie kommt zu der Erkenntnis, dass den Arbeitern geholfen werden muss, weil diese »ein wahrhaft gedrücktes und unwürdiges Dasein« führten (Rn 2).

Von den Zuständen, in denen Arbeiter vor 130 Jahren lebten, sind wir in Deutschland heute zum Glück weit entfernt. Sie sind in ihren Auswüchsen kaum mehr vorstellbar. Dies liegt zum einen an zahlreichen staatlichen Maßnahmen, zum anderen aber auch daran, dass die Aufforderung der Enzyklika an Arbeitgeber und Arbeiter, selbst an einer gedeihlichen Lösung der sozialen Frage mitzuwirken (Rn 36), in die Tat umgesetzt wurde.

Dass Tarifverträge seit langem selbstverständlich die Grundlage für die Arbeitsbedingungen der im öffentlichen Dienst beschäftigten Arbeitnehmerinnen und Arbeitnehmer bilden, war am Ausgang des 19. Jahrhunderts so noch nicht vorstellbar. Obwohl sie die Kraft frei agierender Sozialpartner noch nicht sah, stellt die Enzyklika »Rerum novarum« die Magna Charta christlicher Sozialarbeit dar. Sie wurde zum Grundstein für viele nachfolgende Enzykliken und Überlegungen.

So gab 1931 die Enzyklika »Quadragesimo anno« (Qa) Antworten auf die Lohnfrage. Eine gerechte Lohnbemessung solle – so die Enzyklika – von einer Mehrzahl von Gesichtspunkten abhängig gemacht werden (Qa 66). Was uns heute selbstverständlich erscheint, war es damals nicht und ist es auch heute in weiten Teilen der Welt noch immer nicht. Dies trifft auch auf die Forderung zu, dass der Lohn den Lebensunterhalt des Arbeiters und seiner Familie sichern müsse (Qa 71). Ein zweiter Gesichtspunkt betrifft die Lebensfähigkeit des Unternehmens. Auch diese ist nach der Enzyklika bei der Bestimmung der Lohnhöhe in Betracht zu ziehen. Ungerecht wäre demnach die Forderung überbordender Löhne, die zum Zusammenbruch des Unternehmens mit allen sich daraus ergebenden bösen Folgen für die Belegschaft selbst führen müsste (Qa 72). Schließlich betonte die Enzyklika die allgemeine Wohlfahrt, weshalb die Löhne so auszugestalten seien, dass möglichst viele eine Arbeitsgelegenheit fänden und von ihrer Arbeit leben könnten (Qa 74).

Was hat dieser Rückblick auf die Anfänge der Katholischen Soziallehre mit unserer heutigen Zeit und mit Frank Bsirske zu tun? Auch wenn die Enzyklika »Quadragesimo anno« fast 90 Jahre alt ist, sind ihre grundsätzlichen Erwägungen doch immer noch aktuell. Ein gerechter Ausgleich zwischen den Lohnerwartungen der Arbeitnehmer und den Interessen der Arbeitgeber ist immer noch eine wesentliche Grundlage für den gesellschaftlichen Zusammenhalt.

Frank Bsirske hat insbesondere als ver.di-Vorsitzender maßgeblich an der Herstellung eines solchen gerechten Ausgleichs mitgewirkt. Guter Lohn für gute Arbeit, der auch für die Arbeitgeber in ihrer jeweiligen wirtschaftlichen Situation tragbar ist – das ist in allen Branchen die Herausforderung. »Guter Lohn für gute Arbeit« – ich hoffe, man sieht es mir nach, wenn ich mir als einer der Verhandlungsführer der Arbeitgeber diese alte Gewerkschaftsforderung in diesem Sinne zu eigen mache.

Bei den Beschäftigten des öffentlichen Dienstes kommt hinzu, dass diese im Ergebnis von den Steuerzahlern bezahlt werden, die Entgeltsteigerungen also auch dort Akzeptanz finden müssen. Das erfordert ein sorgsames Austarieren der verschiedenen Interessen. Die Ergebnisse dieses sorgsamen Austarierens und natürlich des harten Verhandelns kann man an den vielen Tarifabschlüssen ablesen, die Frank Bsirske mit ausgehandelt hat, auch und gerade für den öffentlichen Dienst. Es freut mich, dass es uns auch 2018 gemeinsam gelungen ist, einen gerechten, guten Abschluss zu finden. Seit Jahren findet in Deutschland ein verantwortungsvoller Interessensausgleich statt. Daher kann man an den Abschlüssen für den öffentlichen Dienst tendenziell auch immer etwas über die wirtschaftliche Situation des Landes ablesen. So fielen die Steigerungen in Zeiten hoher Steuereinnahmen höher aus als in wirtschaftlich schwierigen Zeiten mit größeren Problemen für die öffentlichen Haushalte.

Während einer Beratungspause bei den Tarifverhandlungen für den öffentlichen Dienst der Länder 2019 in Potsdam mit dem ver.di-Tarifexperten Wolfgang Pieper

Dass dieser Ausgleich maßgeblich durch Tarifverträge gelingen kann, war nicht Gegenstand der Enzyklika »Quadragesimo anno«. Gleichwohl sind Tarifverträge heute das zentrale Mittel, um die dort postulierten Überlegungen zur Lohngerechtigkeit Wirklichkeit werden zu lassen. Das ist eine für unsere Gesellschaft und ihren Zusammenhalt herausragend wichtige Aufgabe, an der Frank Bsirske in einem langen Berufsleben entscheidend mitgewirkt hat.

Meine eigene Beteiligung am Tarifgeschäft des öffentlichen Dienstes des Bundes ist, insbesondere im Vergleich zu Frank Bsirske, noch sehr neu. Ich will deshalb nicht auf die Geschichte des öffentlichen Tarifrechts und all die Veränderungen, die es in der Amtszeit von Frank Bsirske erfahren hat, eingehen. Vielmehr will ich mich auf einen Abschnitt beschränken, zu dem ich aus eigener Anschauung etwas sagen kann. Für mich war es eine glückliche Fügung, dass ich als neuer Bundesminister des Innern, für Bau und Heimat in der Tarifrunde des Bundes und der Kommunen im Jahr 2018 mit Frank

Bsirske darum ringen konnte, die aktuellen Anforderungen an den öffentlichen Dienst aufzugreifen und die Regelungen des TVöD neu zu justieren.

Die Verhandlungen selbst fanden in einer Zeit statt, in der sich die Bundesregierung nach langen Wehen ihres Entstehens gerade erst konstituierte. Meine Ernennung zum Bundesinnenminister und die Übernahme der Geschäfte erfolgten erst relativ kurz vor der dritten Verhandlungsrunde. Dass in dieser ungewöhnlichen Situation mit den Gewerkschaften und den kommunalen Arbeitgebern gemeinsam ein Abschluss gelang, ist auch das Verdienst von Frank Bsirske.

Nach meiner Überzeugung kann man an diesem Abschluss auch die Berücksichtigung der in der Enzyklika »Quadragesimo anno« enthaltenen grundsätzlichen Überlegungen erkennen: den Ausgleich zwischen dem »Lebensbedarf« der Beschäftigten und der »Lebensfähigkeit« des Arbeitgebers. Um eine ausreichende, auskömmliche Bezahlung zu erhalten, sind die Erhöhungen in mehreren Bereichen überproportional ausgefallen, unter anderem in den Entgeltgruppen, in denen vor allem ungelernte und angelernte Beschäftigte eingruppiert sind. Aber auch zur besseren Gewinnung besonders gesuchter Fachkräfte sieht der Abschluss starke Erhöhungen vor, was die Brücke zu der »Lebensfähigkeit« des Arbeitgebers schlägt. Wir haben uns darauf geeinigt, im Interesse der Attraktivität des Arbeitgebers die Entgelte sowohl der gesuchten Fachkräfte als auch der Berufsanfänger überproportional zu erhöhen.

Der öffentliche Dienst bleibt nur funktionsfähig, wenn er Beschäftigte gewinnen kann, die fachlich geeignet und motiviert sind, ihre Arbeit im Sinne des Gemeinwohls zu erledigen. Daher haben wir die Entgelte der Berufsanfänger bei Bund und Kommunen in der Laufzeit des aktuellen Lohnabschlusses um über zehn Prozent erhöht. Mit grundsätzlichen und strukturellen Veränderungen in der Entgelttabelle haben wir die Bezahlung im öffentlichen Dienst nicht nur angemessen erhöht, sondern neu justiert – und das in einem finanzierbaren Rahmen mit einer langen Laufzeit. Solche grundsätzlichen Veränderungen erfordern auf allen Seiten Kraft. Frank Bsirske hat hier erneut bewiesen, dass er diese Kraft aufbringen kann.

Ich bin deshalb dankbar, dass ich die oben beschriebenen Aspekte in der Tarifrunde 2018 mit einem so weitblickenden Gewerkschaftsvorsitzenden wie Frank Bsirske austarieren konnte. Die Sozialpartner haben unter Beweis gestellt, dass sie gemeinsam nach wie vor in der Lage sind, gute und überzeugende Antworten auf die Frage »Was ist gerecht?« zu geben – auch unter der Rahmenbedingung, dass der öffentliche Dienst, wie viele andere Arbeitgeber, nach besonders qualifizierten Arbeitskräften sucht, um seine Aufgaben erfüllen zu können. Mit solchen Veränderungsschritten sichern wir die Zukunftsfähigkeit des öffentlichen Dienstes. Frank Bsirske hat dies am Ende der Verhandlungen als das beste Ergebnis seit vielen Jahren bezeichnet. Auch wenn ich skeptisch gegenüber Superlativen bin: Wir haben ein sehr gutes, ein, wie ich finde, gerechtes Ergebnis erzielt.

Literatur

(Die Ziffern hinter der jeweiligen Abkürzung verweisen auf die entsprechenden Unterpunkte der Enzykliken.)

Rerum novarum – Rn (15. Mai 1891): Papst Leo XIII., Enzyklika, www.kathpedia.com/index.php?title=Rerum_novarum_(Wortlaut) [17.6.2019].

Quadragesimo anno – Qa (15. Mai 1931): Papst Pius XI., Enzyklika, www.kathpedia.com/index.php?title=Quadragesimo_anno_(Wortlaut) [17.6.2019].

Verteilungswirkungen der Geldpolitik

von Jens Weidmann

Im Grundsatzreferat beim Bundeskongress 2015 fordert der Vorsitzende eine Geld-
politik, die nicht nur die Preisstabilität, sondern auch Beschäftigung im Blick hat.

Vor gut 100 Jahren, mitten in den Wirren der November-Revolution von 1918, wurde der Grundstein für die Sozialpartnerschaft zwischen Arbeitgebern und Arbeitnehmern gelegt. Damals unterzeichneten u.a. der Industrielle Hugo Stinnes und der Vorsitzende der Generalkommission der Gewerkschaften Deutschlands, Carl Legien, das nach ihnen benannte Stinnes-Legien-Abkommen.

Mit diesem erkannten die Arbeitgeberverbände die Gewerkschaften als Vertreter der Arbeiterschaft und als Verhandlungspartner bei Tarifabschlüs-

Tarifsystem gestalten – der öffentliche Dienst

sen an. Zugleich erklärten sie sich zu kollektiven Verhandlungen über Löhne und Arbeitszeiten sowie zu verbindlichen Abschlüssen bereit. Damit wurden die Weichen für die Zusammenarbeit der Tarifpartner gestellt, wie wir sie heute kennen, und »eine wichtige Wegmarke für die Entwicklung einer sozialen Marktwirtschaft« erreicht, worauf Bundespräsident Frank-Walter Steinmeier in seiner Rede zum 100. Jahrestag des Stinnes-Legien-Abkommens am 16. Oktober 2018 hingewiesen hat.

Indem die Gewerkschaften bei der Verhandlung der Tarifverträge die Interessen der Arbeitnehmer vertreten, können sie beides mitgestalten: die Entstehung und die Verteilung des Wohlstands. Die Entstehung beeinflussen sie, weil Löhne wichtig sind für die Entscheidungen der Unternehmen, Investitionen zu tätigen und Arbeitsplätze zu schaffen. Die Verteilung der Einkommen prägen sie über die Lohnabschlüsse auch unmittelbar.

Dies zeigt sich beispielhaft an den Entwicklungen der letzten beiden Jahrzehnte. So dürfte das verantwortungsvolle und umsichtige Agieren der Gewerkschaften bei Tarifabschlüssen und Betriebsvereinbarungen neben den Reformen am Arbeitsmarkt ganz wesentlich für den Abbau der Arbeitslosigkeit seit 2005 gewesen sein. Im langen Konjunkturaufschwung im Anschluss an die Krise, immerhin eine der längsten Expansionsphasen der Nachkriegszeit in Deutschland, setzten sich die Gewerkschaften angesichts der guten Arbeitsmarktlage dann verstärkt dafür ein, den Verteilungsspielraum zugunsten der Arbeitnehmerinnen und Arbeitnehmer zu nutzen.

Handlungsfähige und respektierte Gewerkschaften sind ein wesentlicher Bestandteil der sozialen Marktwirtschaft. Über das System der Mitbestimmung wurden sie in Deutschland immer mehr zu verantwortlich Mitgestaltenden. Frank Bsirske wirkte hier prägend mit – sowohl in der nicht immer einfachen Rolle als Arbeitnehmervertreter in mehreren Aufsichtsräten, als auch als Vorsitzender der Vereinten Dienstleistungsgewerkschaft ver.di. Er hatte sich für den Zusammenschluss von fünf Einzelgewerkschaften zu ver.di stark gemacht, und eine seiner wesentlichen Leistungen war, die »1.000-Berufe-Gewerkschaft« ver.di in ihrer Vielfalt als ein neues Ganzes geführt zu haben. Eine wichtige Zielrichtung formulierte er in seinem Grundsatzreferat beim 4. ver.di-Bundeskongress im September 2015 in Leipzig wie folgt: »Eine unserer zentralen Aufgaben ist unser Kampf für eine gerechtere Verteilung.«

Die Einkommen aus Arbeit und Vermögen werden in einer sozialen Marktwirtschaft über Steuern und Transferzahlungen dem Gerechtigkeitsempfinden von Bürgerinnen und Bürgern noch nähergebracht. Die Einkommensverteilung kann auch die Wirkungsweise der Geldpolitik beeinflussen, etwa wenn sich mit ihr die Konsumneigung der Privathaushalte ändert. Umgekehrt könnte aber auch die Geldpolitik auf die Verteilung wirken, und zwar sowohl auf die Ungleichheit der Einkommen als auch auf die der Vermögen. Allerdings wäre dies ein Nebeneffekt geldpolitischen Handelns, denn oberstes Ziel ist es, die Preisstabilität zu sichern. Ein verteilungspolitisches Mandat hat die Geldpolitik nicht.

Früher wurde davon ausgegangen, dass sich die geldpolitischen Verteilungseffekte über das konjunkturelle Auf und Ab hinweg letztlich ausglichen. Denn im Aufschwung würden zwar möglicherweise einzelne Teilgruppen der Gesellschaft begünstigt, im Abschwung aber andere. Allerdings stellen Asymmetrien in der Ausrichtung oder der Wirkung der Geldpolitik diese Sichtweise infrage.

In den Fokus der öffentlichen Diskussion sind in den vergangenen Jahren speziell die geldpolitischen Sondermaßnahmen gerückt. So wird argumentiert, gerade die Kaufprogramme des Eurosystems für Wertpapiere leisteten einer wachsenden Ungleichheit bei Einkommen und Vermögen Vorschub. Während die Niedrigzinsen dem Sparer nur geringe Zinserträge bescherten, steigerten die Kaufprogramme der Notenbanken Aktienkurse und Immobilienpreise, was vor allem Haushalten mit größerem Vermögen zugutekomme.

Tatsächlich untermauern wissenschaftliche Studien, dass ein Anstieg der Aktienkurse die Vermögensungleichheit im Euroraum erhöht, weil gerade wohlhabendere Haushalte Aktien besitzen (Adam/Tzamourani 2016). Das Eigentum an Immobilien ist aber erheblich breiter gestreut, und entsprechend verringern höhere Preise für Häuser und Wohnungen tendenziell die Ungleichheit der Vermögensverteilung im Euroraum. Allerdings ist dieser Effekt in den einzelnen Mitgliedsländern sehr unterschiedlich ausgeprägt. In Deutschland beispielsweise ist er aufgrund des hohen Anteils von Mietern nur schwach.

Bereits diese eingeschränkte Betrachtung von Vermögenspreisänderungen verdeutlicht, wie schwer es ist, den Gesamteinfluss der geldpolitischen Sondermaßnahmen auf die Verteilung abzuschätzen. Es sind diverse Wirkungskanäle zu berücksichtigen, deren Bedeutung zudem im zeitlichen Verlauf variieren kann. Zum Beispiel reagieren Vermögenspreise sehr rasch auf Veränderungen, wohingegen realwirtschaftliche Anpassungen deutlich länger dauern. Entsprechend groß sollte das Zeitfenster für die Betrachtung gewählt sein. Darüber hinaus muss eine Untersuchung die Effekte der Geldpolitik identifizieren und vom Einfluss anderer Faktoren isolieren, die ebenfalls auf die Verteilung einwirken. Und Maßstab der Beurteilung kann nicht der Ausgangszustand vor dem geldpolitischen Handeln sein. Vielmehr muss der von den Sondermaßnahmen beeinflusste Zustand mit einem fiktiven Szenario verglichen werden, in dem die Notenbank auf diese geldpolitischen Maßnahmen verzichtet hätte.

All das hat zur Folge, dass die Ergebnisse solcher Analysen in hohem Maße von den gewählten Modellen und Annahmen abhängen und Aussagen über die Verteilungseffekte der Geldpolitik mit erheblicher Unsicherheit verbunden sind.

Zwar tendiert die Forschung zur Sichtweise, dass geldpolitische Sondermaßnahmen die Vermögenspreise erhöht und dadurch die Vermögensungleichheit in der kurzen Frist verstärkt haben (Deutsche Bundesbank 2016b). Der mittel- bis langfristige Effekt ist jedoch weniger klar. Hier kommt es auf die gesamtwirtschaftlichen Anpassungsprozesse an, die in den vorliegenden Untersuchungen oftmals nicht hinreichend berücksichtigt werden.

Dazu passt auch die jüngst veröffentlichte Studie der Bundesbank zur tatsächlichen Entwicklung der Vermögen privater Haushalte in Deutschland (Deutsche Bundesbank 2019). Demnach waren zwischen 2014 und 2017 keine größeren Verschiebungen in der Vermögensverteilung zu beobachten. Die gute Wirtschaftsentwicklung der vergangenen Jahre trug zu einem breiten Vermögensanstieg bei. Zwar erlauben die rein deskriptiven Befunde der Bundesbank-Studie keine Rückschlüsse auf die zugrunde liegenden Triebkräfte. Hätte jedoch die außergewöhnlich expansive Ausrichtung der Geldpolitik die ungleiche Verteilung der Vermögen stark erhöht, wäre dies im Gesamtbild vermutlich sichtbar geworden.

Ins Bild zu nehmen sind zudem die Wirkungen auf die Einkommensverteilung. So deutet eine Analyse der Bundesbank darauf hin, dass das Wertpapierkaufprogramm die Wirtschaftsleistung im Euroraum angeregt haben könnte (Deutsche Bundesbank 2016a; Deutsche Bundesbank 2017). Allerdings zeigt sie auch, dass derartige Schätzungen mit erheblicher Unsicherheit behaftet sind. Ohne die geldpolitischen Sondermaßnahmen wäre das gesamtwirtschaftliche Wachstum aber vermutlich schwächer ausgefallen, der Beschäftigungsaufbau also schleppender vorangekommen und die Arbeitslosigkeit zögerlicher gesunken. Damit dürften die Sondermaßnahmen die Einkommensungleichverteilung eher reduziert haben, und ein ähnlicher Befund gilt im Übrigen auch für die herkömmliche Zinspolitik.

Höhere Einkommen, die natürlich im Wesentlichen durch andere Faktoren als die Geldpolitik erklärt werden, können letzten Endes auch wieder auf die Verteilung der Vermögen wirken. Denn sie ermöglichen den Haushalten, ihre Sparanstrengungen zu steigern, ohne den Konsum einschränken zu müssen, und so mehr Vermögen aufzubauen. Das könnte ein Grund für den Anstieg auch eher kleiner Vermögen in den vergangenen Jahren in Deutschland gewesen sein, den die Bundesbank in ihrer aktuellen Vermögensstudie beobachtet hat. Dabei ist bemerkenswert, dass der Anteil der Haushalte, die aufgrund fehlender finanzieller Mittel nicht sparen konnten, spürbar zurückgegangen ist. Gerade dafür dürfte die gute Entwicklung am Arbeitsmarkt von Bedeutung gewesen sein.

Insgesamt kann die häufig vertretene These, die expansiven geldpolitischen Sondermaßnahmen hätten die Ungleichheit erhöht, durch die vorliegenden Forschungsarbeiten nicht erhärtet werden. Allerdings steckt die Forschung zu den Verteilungswirkungen der Geldpolitik noch in den Kinderschuhen. Ihre Ergebnisse sind also auch deshalb mit Vorsicht zu behandeln, weil sie erst eine Momentaufnahme darstellen. Zweifelsohne ist ein vertieftes Verständnis der wechselseitigen Zusammenhänge für die Zentralbanken wichtig. Ein geldpolitisches Ziel kann die Verteilung der Vermögen oder Einkommen indes nicht sein. Die Geldpolitik bleibt auf die Wahrung der Preisstabilität im Euroraum fokussiert. Die Gestaltung einer Einkommensverteilung, die den Zusammenhalt unserer Gesellschaft stärkt und die Grundlagen unseres Wohlstands sichert, obliegt auch weiterhin anderen Akteuren, nicht zuletzt unseren Gewerkschaften. Die Bundesbank analysiert die einzelnen Elemente dieser Einkommensverteilung, wie die Lohnentwicklung, mit Blick auf ihre stabilitätspolitische Wirkung, also die Effekte auf die Inflationsrate.

Literatur

Adam, K./Tzamourani, P. (2016): Distributional Consequences of Asset Price Inflation in the Euro Area, European Economic Review 89, S. 172-192.

Deutsche Bundesbank (2016a): Zu den gesamtwirtschaftlichen Auswirkungen der quantitativen Lockerung im Euro-Raum, Monatsbericht, Juni, S. 29-54.

Deutsche Bundesbank (2016b): Verteilungseffekte der Geldpolitik, Monatsbericht, September, S. 15-38.

Deutsche Bundesbank (2017): Anleihekäufe des Eurosystems und der Wechselkurs des Euro, Monatsbericht, Januar, S. 13-40.

Deutsche Bundesbank (2019): Vermögen und Finanzen privater Haushalte in Deutschland: Ergebnisse der Vermögensbefragung, Monatsbericht, April, S. 13-44.

Deutschland braucht den Mindestlohn

»Nicht die Interessen von Unternehmen, sondern die Menschenwürde hat Leitmotiv für die Politik zu sein. Das machen wir uns zu eigen. Darum kämpfen wir für den gesetzlichen Mindestlohn.«

Frank Bsirske 2007

Löhne, von denen Menschen leben können

von Thorsten Schulten und Claudia Weinkopf

Die Einführung des gesetzlichen Mindestlohns in Deutschland zum 1. Januar 2015 war einer der größten politischen Erfolge, den die deutschen Gewerkschaften in den letzten Jahrzehnten erzielt haben. Dies ist vor allem das Verdienst der Vereinten Dienstleistungsgewerkschaft ver.di und ihres langjährigen Vorsitzenden Frank Bsirske, die zusammen mit der Gewerkschaft Nahrung, Genuss, Gaststätten (NGG) die wichtigsten Treiber bei der Einführung des gesetzlichen Mindestlohns waren.

Am Anfang der Debatte stand zunächst eine äußerst kontroverse Auseinandersetzung in und zwischen den Gewerkschaften, bei der es schließlich gelang, innerhalb des DGB eine Mehrheit für einen gesetzlichen Mindestlohn zu gewinnen. Darüber hinaus haben die Gewerkschaften eine umfassende Kampagne zur Einführung des gesetzlichen Mindestlohns initiiert, die auf eine große Unterstützung in der Bevölkerung stieß und den Mindestlohn bis in die Wählerschaft der konservativen und liberalen Parteien hinein populär machte (Futh 2018). Vor diesem Hintergrund entwickelten sich nach einer langen und höchst kontroversen Debatte schließlich auch die politischen Mehrheiten, die die Einführung des gesetzlichen Mindestlohns gegen den Widerstand der meisten Arbeitgeberverbände und der mehrheitlich von neoklassischen Arbeitsmarktmodellen ausgehenden Wirtschaftswissenschaft in Deutschland durchsetzten.

Der Erfolg der Kampagne zur Einführung eines gesetzlichen Mindestlohns in Deutschland ist auch darauf zurückzuführen, dass er ein Kernversprechen der modernen Arbeitsgesellschaft thematisiert – nämlich, dass Menschen von ihrer Erwerbsarbeit leben können sollen. Seit Mitte der 1990er Jahre ist der Umfang des Niedriglohnsektors gewachsen (Bosch/Weinkopf 2007) und die Zahl von Erwerbstätigen, die selbst in Vollzeitbeschäftigung nicht in der Lage sind, ohne staatliche Unterstützung ihren Lebensunterhalt oder gar den ihrer Familie zu sichern, hat zugenommen. Mit der zunehmenden »Armut trotz Erwerbsarbeit« wurde in den letzten Jahrzehnten genau dieses Kernversprechen immer mehr infrage gestellt. Der gesetzliche Min-

Deutschland braucht den Mindestlohn

Hunderte Post-Betriebsräte aus ganz Deutschland demonstrieren im November 2007 in Magdeburg für einen damals noch umstrittenen Post-Mindestlohn.

destlohn sollte durch die Festlegung einer verbindlichen Lohnuntergrenze dafür sorgen, dass das Prinzip existenzsichernder Löhne wiederhergestellt wird. Aus heutiger Sicht muss jedoch festgestellt werden, dass der deutsche Mindestlohn noch kein Niveau erreicht hat, bei dem von einem »Living Wage« (Schulten/Müller 2017) gesprochen werden könnte, der eine von staatlichen Transfers unabhängige gesellschaftliche Teilhabe ermöglicht. Dementsprechend geht es in den aktuellen Debatten vor allem um die Frage, ob nicht eine substanzielle Erhöhung des Mindestlohns nötig wäre, die über die regulären Anpassungen hinausgeht.

Politische Auseinandersetzung

Die Durchsetzung des gesetzlichen Mindestlohns war das Ergebnis einer mehr als ein Jahrzehnt andauernden politischen Auseinandersetzung. Für die Gewerkschaften war dies insofern nicht einfach, weil mit der Forderung nach einem gesetzlichen Mindestlohn auch das Eingeständnis verbunden war, dass sie in vielen Bereichen nicht mehr in der Lage waren, angemessene Mindestlöhne auf tarifvertraglichem Wege durchzusetzen. Über lange Zeit hinweg hat das deutsche Modell der Tarifautonomie, bei dem starke Verbände Löhne im Wesentlichen auf Branchenebene aushandeln, gut funktioniert. Bis zur Wiedervereinigung Anfang der 1990er Jahre lag die Tarifbindung mit rund 85 Prozent auf einem hohen Niveau (Visser 2016). Tariflöhne galten auch für Beschäftigte mit geringer Verhandlungsmacht und sorgten für eine umfassende Mindestlohnsicherung. Dies war die Grundlage für eine im internationalen Vergleich damals relativ geringe Lohnspreizung und einen eher begrenzten Niedriglohnsektor (OECD 1996).

Seit Mitte der 1990er Jahre hat sich die Ordnung auf dem deutschen Arbeitsmarkt jedoch grundlegend verändert. Der Niedriglohnsektor hat mit fast einem Viertel der Beschäftigten einen der höchsten Werte in Europa erreicht (Eurostat 2016). Es war der damalige sozialdemokratische Bundeskanzler Gerhard Schröder, der mit Stolz auf dem Weltwirtschaftsforum in Davos verkündet hat, »einen der besten Niedriglohnsektoren aufgebaut (zu haben), den es in Europa gibt« (Schröder 2005). Die positiven Erwartungen, die hiermit verbunden waren, sind jedoch nicht eingetreten. Die Beschäftigungschancen gering Qualifizierter sind weiterhin schlecht, prekäre Arbeitsformen haben sich insbesondere in vielen Dienstleistungsbereichen stark ausgeweitet.

Die Hoffnung, dass sie zum Sprungbrett in besser bezahlte und reguläre Beschäftigung werden könnten, hat sich hingegen nicht erfüllt. Der positive Beschäftigungszuwachs seit 2005 kann nicht mit der Zunahme schlechter Arbeitsverhältnisse erklärt werden, sondern ist in erster Linie Folge der hohen Innovationskraft der deutschen Wirtschaft und der guten Qualifikation der Beschäftigten.

Hintergrund der zunehmenden Verbreitung schlecht bezahlter und oftmals prekärer Jobs war vor allem die deutlich rückläufige Tarifbindung. Die Bindungskraft der Arbeitgeberverbände begann zunächst in Ostdeutschland bald nach der Wiedervereinigung zu sinken. Der Widerstand gegen die rasche Lohnangleichung mit Westdeutschland war groß, da die Produktivität der zumeist neu gegründeten Unternehmen in Ostdeutschland sehr niedrig war. Zudem ergriffen die Unternehmen die Chance, Löhne einseitig festzulegen, da die Gewerkschaften durch die schockartige Deindustrialisierung in Ostdeutschland und den raschen Anstieg der Arbeitslosigkeit geschwächt waren.

Teile des Unternehmerlagers propagierten den Ausstieg aus der Tarifbindung und unterstützten dies durch das Angebot von Mitgliedschaften ohne Tarifbindung. Die Erfahrung, dass man das deutsche Tarifsystem »ungestraft«, also ohne Zunahme betrieblicher Konflikte, verlassen konnte und dafür noch Zuspruch von der Verbandsseite bekam, lud zur Nachahmung auch in Westdeutschland ein. Insgesamt ist die Tarifbindung in Deutschland von mehr als 80 Prozent zu Beginn der 1990er Jahre auf aktuell gerade einmal noch 54 Prozent zurückgegangen (Kohaut 2019).

Vor dem Hintergrund der Veränderungen im deutschen Tarifvertragssystem war die NGG die erste Gewerkschaft im DGB, die sich bereits 1999 für die Einführung eines gesetzlichen Mindestlohns aussprach. Im Jahr 2004 übernahm dann auch ver.di offiziell diese Forderung. Beide Gewerkschaften waren Vorreiter in der Mindestlohndiskussion, weil sie in ihren Organisationsbereichen früh erlebt hatten, dass es immer schwieriger wurde, auskömmliche Löhne auszuhandeln. Die besser organisierten Branchen im produzierenden Gewerbe lehnten den gesetzlichen Mindestlohn zunächst ab. Erst im Jahr 2006 sprach sich der DGB-Bundeskongress mehrheitlich für die Einführung eines gesetzlichen Mindestlohns von 7,50 Euro pro Stunde aus und erhöhte die Forderung im Jahr 2010 auf dann 8,50 Euro.

Obwohl die neuere internationale empirische Forschungsliteratur zu den Wirkungen von Mindestlöhnen überwiegend keine negativen Beschäftigungseffekte gefunden hatte, kamen von zahlreichen Wirtschaftswissenschaftler*innen in Deutschland laute Warnungen vor teilweise dramatischen Beschäftigungsverlusten im Zuge der Einführung eines gesetzlichen Mindestlohns (Schulten/Weinkopf 2015). So schrieben z.B. die Präsidenten und Direktoren der großen Wirtschaftsforschungsinstitute in einem gemeinsamen Aufruf vom 12. März 2008 (Blum u.a. 2008: 4): »So oder so – der Mindestlohn führt zu erheblichen Beschäftigungsverlusten. Diese Beschäftigungsverluste sind im Westen unseres Landes erheblich. Im Osten werden sie erschütternde Ausmaße annehmen.«

Die apokalyptischen Warnungen haben sich allesamt als haltlos erwiesen. Nachdem im Januar 2015 der gesetzliche Mindestlohn in Höhe von 8,50 Euro pro Stunde in Deutschland eingeführt worden war, hat er in der Tat zunächst die Stundenlöhne von Millionen Niedriglohnbeschäftigten deutlich verbessert, ohne dass die vielfach prognostizierten negativen Effekte für Wachstum und Beschäftigung eingetreten wären. Allerdings war von Beginn an klar, dass der gesetzliche Mindestlohn mit dem Ausgangsniveau von 8,50 Euro, das ja die Forderung des DGB aus dem Jahr 2010 aufgriff, ohne jedoch die zwischenzeitlich erfolgten Lohnsteigerungen bis 2015 zu berücksichtigen, das Versprechen eines existenzsichernden Lohnniveaus selbst bei Vollzeitarbeit nicht würde einlösen können. Zwar hat der gesetzliche Mindestlohn in den Jahren 2015 und 2016 zu überdurchschnittlichen Lohnsteigerungen am unteren Rand des Lohnspektrums geführt, die bis in die Mitte der Einkommensverteilung reichten. Besonders profitiert vom Mindestlohn haben in den Jahren 2015 und 2016 prekär Beschäftigte, Frauen, Migrant*innen und Beschäftigte in kleinen Betrieben (Burauel u.a. 2017). Die erstmalige Anhebung des gesetzlichen Mindestlohns auf 8,84 Euro pro Stunde im Jahr 2017 hat dagegen nach einer neuen Studie des Deutschen Instituts für Wirtschaftsforschung (DIW) nicht zu einem weiteren Anstieg der Stundenlöhne im unteren Dezil der Einkommensverteilung geführt (Grabka/Schröder 2019: 251f.). Hinzu kommt, dass die Einführung des gesetzlichen Mindestlohns weder zu einer spürbaren Eindämmung des Niedriglohnsektors in Deutschland beigetragen hat (Kalina/Weinkopf 2018), noch das Phänomen von Armut in Arbeit deutlich begrenzen konnte. Manche Beobachter sprechen gar von einem »wirkungslosen Mindestlohn« (Rudzio 2016).

Auf dem Weg zu einem Living Wage? – Die zweite Durchsetzung des Mindestlohns

Das bei seiner Einführung relativ niedrige Niveau des Mindestlohns war Ausdruck eines sozialen Kompromisses, der auch den Mindestlohngegnern in Politik und Wirtschaft die Akzeptanz der neuen gesetzlichen Lohnuntergrenze erleichtern sollte. Mit einem Einstiegsbetrag von 8,50 Euro lag der deutsche Mindestlohn nicht nur deutlich unterhalb des Niveaus in den westeuropäischen Nachbarstaaten, sondern erfüllte auch nicht die in der Begründung des Mindestlohngesetzes festgelegten Kriterien einer angemessenen Mindestsicherung. Insbesondere die Gewerkschaften NGG und ver.di sprachen sich deshalb schon bei seiner Einführung dafür aus, den Mindestlohn schnell auf 10 Euro pro Stunde anzuheben (Bsirske 2015).

Mittlerweile wird sowohl aus der Politik (von der SPD, der Linken und Teilen der Grünen) als auch von Teilen der Gewerkschaften (Hoffmann 2018; Bsirske 2019) die Forderung nach einem Mindestlohn von 12 Euro erhoben. Begründet wird diese Forderung letztendlich mit einer deutschen Adaption

des Living-Wage-Gedankens, wonach der Mindestlohn zumindest alleinstehenden Vollzeitbeschäftigten nicht nur ein Dasein ohne zusätzliche Aufstockungsleistungen, sondern auch eine Rente oberhalb der Grundsicherung ermöglichen soll. Nach Angaben des ARD-Deutschland-Trends von Infratest Dimap (2019) wird eine Erhöhung des Mindestlohns auf 12 Euro mit 80 Prozent von einer großen Mehrheit der Bevölkerung unterstützt. 12 Euro sind damit die neue Norm, um die sich zukünftige Auseinandersetzungen um den Mindestlohn drehen werden.

Eine Anhebung des gesetzlichen Mindestlohns von derzeit 9,19 Euro auf 12 Euro würde allerdings einem Anstieg von etwa 30 Prozent entsprechen und damit einen bedeutsamen Eingriff in das bestehende Lohngefüge in Deutschland darstellen, der in seiner Tragweite sogar noch über die erstmalige Einführung des gesetzlichen Mindestlohns in Deutschland hinausgehen würde. Nach den aktuellsten vorliegenden Daten arbeiteten im Jahr 2017 mehr als elf Millionen Menschen für einen Stundenlohn von unter 12 Euro, was knapp einem Drittel aller Beschäftigten entspricht (Schulten/ Pusch 2019: 336). Auch wenn aufgrund der zwischenzeitlich vereinbarten Lohnerhöhungen der Anteil der Beschäftigten, die von einem Mindestlohn von 12 Euro profitieren würden, etwas geringer ausfallen dürfte, so liegt er dennoch weit oberhalb der etwa vier Millionen Beschäftigten, die unmittelbar von der Einführung des Mindestlohns im Jahr 2015 profitiert hatten.

Eine Erhöhung des Mindestlohns auf 12 Euro würde auch erhebliche Auswirkungen auf das bestehende Tarifvertragssystem in Deutschland haben.

Nach einer aktuellen Untersuchung des WSI-Tarifarchivs, die auf einer Auswertung von mehr als 40 Tarifbranchen mit mehr als drei Viertel aller Tarifbeschäftigten beruht, lag Anfang 2019 etwa ein Fünftel aller Lohngruppen in Tarifverträgen unterhalb von 12 Euro (Schulten/Pusch 2019: 337). Im Vergleich hierzu lag bei der Einführung des Mindestlohns von damals 8,50 Euro im Jahr 2015 der Anteil der tarifvertraglichen Lohngruppen unter 8,50 Euro lediglich bei etwas mehr als sechs Prozent, wobei in vielen Tarifverträgen eine Anhebung der unteren Lohngruppen auf das Niveau des Mindestlohns bereits vor dessen offizieller Einführung vorweggenommen wurde.

Vor diesem Hintergrund besteht innerhalb der Gewerkschaften mitunter die Sorge, dass sich eine Anhebung des Mindestlohns auf 12 Euro in den betroffenen Sektoren negativ auf die Verbreitung von Tarifverträgen auswirken könnte. Allerdings sind bereits heute im unteren Lohnsegment mit Stundenlöhnen unterhalb von 12 Euro nur noch ein Drittel der Beschäftigten tarifgebunden gegenüber fast 60 Prozent im oberen Lohnsegment mit Löhnen von 12 Euro und mehr (Schulten/Pusch 2019: 336). Dies liegt nicht zuletzt daran, dass auch der gewerkschaftliche Organisationsgrad der Beschäftigten in den unteren Lohngruppen bis 12 Euro mit nur noch vier Prozent extrem gering ist.

Der Niedriglohnsektor ist für die Gewerkschaften deshalb besonders schwierig zu organisieren, weil die hier tätigen Arbeitnehmer*innen oft gleich in mehrfacher Hinsicht prekäre Beschäftigungsverhältnisse aufweisen, mit vielfach geringfügigen und unregelmäßigen Arbeitszeiten, befristeten Arbeitsverträgen und einer hohen Fluktuation. Hinzu kommt, dass in vielen typischen Niedriglohnsektoren wie z.B. der Gastronomie, dem Friseurgewerbe oder dem Einzelhandel kleinbetriebliche Strukturen vorherrschen, die gewerkschaftliche Organisationsbestrebungen zusätzlich erschweren.

Angesichts der geringen Tarifbindung und des schwachen gewerkschaftlichen Organisationsgrads dürfte ohne eine stärkere Erhöhung des Mindestlohns der Niedriglohnsektor in Deutschland derzeit kaum zu begrenzen sein. Eine Anhebung auf 12 Euro könnte zu einer systematischen Aufwertung einzelner Branchen führen und auch dazu beitragen, die tarifvertraglichen Lohnstrukturen auf ein armutsfestes und existenzsicherndes Niveau anzuheben. Ein Verlust der Tarifbindung wäre im Zuge der Mindestlohnerhöhung in einigen schwach organisierten Bereichen nicht in jedem Fall auszuschließen. Umgekehrt könnten jedoch durch den Wegfall der Lohnkonkurrenz nach unten und die Kompression der Lohnstruktur auch bessere Voraussetzungen geschaffen werden, um oberhalb des Mindestlohns

Deutschland braucht den Mindestlohn

für qualifizierte Beschäftigte neue Tarifstrukturen aufzubauen. Angesichts der demografischen Entwicklung und eines wachsenden Facharbeitermangels dürfte eine solche Entwicklung durch die aktuelle Lage auf dem Arbeitsmarkt eher unterstützt werden. Um mögliche negative Auswirkungen eines hohen Mindestlohns auf die Tarifbindung auszuschließen, könnte darüber hinaus gerade in Branchen mit Lohngruppen nah am Mindestlohn das Tarifvertragssystem durch eine stärkere Nutzung der Allgemeinverbindlichkeitserklärung stabilisiert werden.

Welche möglichen Folgen ein Mindestlohn von 12 Euro für die Beschäftigung in Deutschland haben würde, lässt sich theoretisch nicht vorhersagen. Nachdem sich viele vor der Einführung des Mindestlohns erstellte Studien, die massive Arbeitsplatzverluste prognostiziert hatten, als krasse Fehlprognosen erwiesen haben, verläuft die ökonomische Debatte in dieser Hinsicht heute deutlich vorsichtiger. Gleichwohl gehen viele von der sogenannten Kipppunkt-Theorie aus, wonach die bislang eher neutralen Auswirkungen des Mindestlohns auf die Beschäftigung ab einer bestimmten Höhe ins Negative umschlagen würden. Dagegen lässt sich einwenden, dass es bei dem Mindestlohn nicht auf die absolute Höhe, sondern auf die jeweiligen Lohn-Preis-Relationen ankommt. So stehen z.B. die skandinavischen Länder für ein Modell, das durch eine deutlich geringere Lohnspreizung, einen wesentlich kleineren Niedriglohnsektor, vergleichsweise sehr hohe (tarifliche) Mindestlöhne und ein entsprechend hohes Preisniveau gekennzeichnet ist. Eine Erhöhung des Mindestlohns auf 12 Euro wäre in Deutschland mit erheblichen Einkommenszuwächsen im unteren Lohnsegment und einer entsprechenden Ausdehnung der privaten Konsumnachfrage verbunden, die auch den betroffenen Unternehmen neue Preissetzungsspielräume ermöglichen könnten.

Schließlich hätte eine Anhebung des Mindestlohns auf 12 Euro auch notwendig Konsequenzen für das aktuell gültige Anpassungsverfahren. Würde man die bisherigen durch die Mindestlohnkommission beschlossenen Erhöhungen, die im Zeitraum von 2015 bis 2020 einem jährlichen Zuwachs von zwei Prozent entsprechen, einfach weiter fortschreiben, so würde erst im Jahr 2033 die 12-Euro-Schwelle überschritten werden (Schulten/Pusch 2019: 339). Eine deutliche strukturelle Erhöhung des gesetzlichen Mindestlohns auf ein existenzsicherndes Living-Wage-Niveau ist im Rahmen des geltenden Anpassungsverfahrens allerdings kaum möglich. Um eine außerordentliche Erhöhung des Mindestlohns vorzunehmen, wäre eine entsprechende politische Mehrheit erforderlich. Dabei könnte die Anhebung des gesetzlichen Mindestlohns auf 12 Euro auch zeitlich gestreckt in zwei oder mehreren Schritten erfolgen. Wichtig wäre ein verbindlicher und transparenter Umsetzungsplan, der den Unternehmen genügend Raum für entsprechende Anpassungsmaßnahmen bieten würde.

Angesichts der für das Jahr 2020 vorgesehenen Evaluation des Mindestlohngesetzes besteht außerdem die Chance, das Anpassungsverfahren weiterzuentwickeln. Es spricht vieles dafür, grundsätzlich an der Orientierung an der Tariflohnentwicklung festzuhalten und damit dem Prinzip der Tarifautonomie Rechnung zu tragen. Zu überlegen wäre jedoch, den Anpassungsrhythmus von zwei Jahren auf ein Jahr zu verkürzen, damit der jeweilige Rückstand des Mindestlohns zu den Tariflöhnen nicht zu groß wird. Für die Unternehmen hätte dies zugleich den Vorteil, dass die regulären Mindestlohnerhöhungen sich eher graduell in kleinen Schritten vollziehen würden. Schließlich könnte als ein zusätzliches Kriterium für die Anpassung des Mindestlohns mit aufgenommen werden, dass dieser ein armutsfestes und existenzsicherndes Niveau erhalten soll. Eine pragmatische Zielgröße für solch ein Living-Wage-Kriterium könnte hierbei ein Mindestlohn sein, der bei mindestens 60 Prozent des nationalen Medianlohns für Vollzeitbeschäftigte liegt, wie dies aktuell auch in der Debatte um eine europäische Mindestlohnpolitik gefordert wird (Schulten/Lübker 2019).

Die Weiterentwicklung des deutschen Mindestlohns zu einem echten Living Wage ist ein anspruchsvolles Projekt, das in seiner Tragweite einer zweiten Durchsetzung des Mindestlohns in Deutschland entsprechen würde. Zugleich wäre es jedoch die Vollendung dessen, was ursprünglich mit der gewerkschaftlichen Kampagne für die Einführung des Mindestlohns intendiert war, nämlich die Schaffung von auskömmlichen Löhnen, von denen die Menschen leben können.

Literatur

Blum, U./Hüther, M./Schmidt, C. M./Sinn, H.-W./Snower, D. J./Straubhaar, T./Zimmermann, K.F. (2008): Gemeinsamer Aufruf der Präsidenten und Direktoren der Wirtschaftsforschungsinstitute vom 12. März 2008, in: ifo Schnelldienst 6 »Mindestlohn: Für und Wider«, S. 3-4.

Bosch, G./Weinkopf, C. (2007) (Hrsg.): Arbeiten für wenig Geld – Niedriglohnbeschäftigung in Deutschland, Frankfurt a.M.

Bosch, G./Weinkopf, C. (2014): Zur Einführung des gesetzlichen Mindestlohns von 8,50 € in Deutschland, Düsseldorf (HBS-Arbeitspapier 304).

Bosch, G./Weinkopf, C. (2015): Revitalisierung der Tarifpolitik durch den gesetzlichen Mindestlohn? in: Industrielle Beziehungen 22 (3/4), S. 305-324.

Bsirske, F. (2015): Grundsatzreferat auf dem 4. ver.di Bundeskongress am 23.9.2015, www.verdi.de/++file++560295936f6844756d00030c/download/Tag%204%20-%20Textauszug%20Bsirske%20-%20Grundsatzreferat.pdf [12.6.2019].

Bsirske, F. (2019): Zwölf Euro Mindestlohn sind gesetzt, Interview mit Frank Bsirske, in: Stuttgarter Nachrichten, 27. März 2019.

Burauel, P./Caliendo, M./Fedorets, A./Grabka, M.M./Schröder, C./Schupp, J./Wittbrodt, L. (2017): Mindestlohn noch längst nicht für alle – Zur Entlohnung anspruchsberechtigter Erwerbstätiger vor und nach der Mindestlohnreform aus der Perspektive Beschäftigter, in: DIW-Wochenbericht 49, S. 1109-1123.

Eurostat (2016): Structure of Earnings Survey. 1 out of 6 employees in the European Union is a low-wage earner, Situations differ widely across Member States, News Release, 8. Dezember 2016.

Futh, S. K. (2018): Strategische Kommunikation von Gewerkschaften: Die Kampagnen Samstags gehört Vati mir, 35-Stunden-Woche und Mindestlohn, Wiesbaden.

Grabka, M. M./Schröder, C. (2019): Der Niedriglohnsektor ist größer als bislang angenommen, in: DIW-Wochenbericht 14, S. 249-257.

Hoffmann, R. (2018): Wenn die Friseurin mehr verdient, wird der Schnitt eben teurer, Interview in: Zeit-Online, 26.12.2018, www.zeit.de/wirtschaft/2018-12/mindestlohn-hartz-iv-grundeinkommen-reiner-hoffmann-dgb [12.6.2019].

Infratest Dimap (2019): ARD-Deutschland-Trend, Februar, Berlin.

Kalina, T./Weinkopf, C. (2018): Niedriglohnbeschäftigung 2016 – beachtliche Lohnzuwächse im unteren Lohnsegment, aber weiterhin hoher Anteil von Beschäftigten mit Niedriglöhnen, IAQ-Report 2018-05, Duisburg.

Kohaut, S. (2019): Tarifbindung: Weiterhin deutliche Unterschiede zwischen Ost- und Westdeutschland, IAB-Forum, 22. Mai.

OECD (1996): Employment Outlook, Paris.

Rudzio, K. (2016): Der wirkungslose Mindestlohn, in: Die Zeit Nr. 42, 6. Oktober.

Schröder, G. (2005): Rede vor dem World Economic Forum am 28. Januar in Davos, Bulletin der Bundesregierung, Nr. 08-2.

Schulten, T./Lübker, M. (2019): WSI-Mindestlohnbericht 2019, Zeit für kräftige Lohnzuwächse und eine europäische Mindestlohnpolitik, WSI Report Nr. 46.

Schulten, T./Müller, T. (2017): Living wages – normative und ökonomische Gründe für einen angemessenen Mindestlohn, in: WSI-Mitteilungen 7, S. 507-514.

Schulten, T./Pusch, T. (2019): Mindestlohn von 12 Euro: Auswirkungen und Perspektiven, in: Wirtschaftsdienst 5, S. 335-339. DOI: 10.1007/s10273-019-2453-5.

Schulten, T./Weinkopf, C. (2015): Die Einführung des gesetzlichen Mindestlohns – eine erste Zwischenbilanz, in: Körzell, S./Falk, C. (Hrsg.), Kommt der Mindestlohn überall an? Eine Zwischenbilanz, Hamburg, S. 79-92.

Visser, J. (2016): Institutional Characteristics of Trade Unions, Wage Setting, State Intervention and Social Pacts (ICTWSS), An international database, Amsterdam Institute for Advanced Labour Studies (AIAS), Version 5.1., Amsterdam.

Eine starke Stimme

von Adolf Bauer

Armut ist ein mehrdimensionales Problem. Es umfasst ökonomische, soziale und kulturelle Aspekte. Armut in Deutschland bedeutet in erster Linie, aufgrund von mangelnder Erwerbsfähigkeit, fehlenden Erwerbsmöglichkeiten oder unzureichender Entlohnung mittellos und verschuldet bzw. überschuldet zu sein. Armut bedeutet aber auch die Entbehrung von Gütern und Benachteiligungen in verschiedenen Lebensbereichen (z.B. Arbeit, Wohnen oder Freizeit), einen erschwerten Zugang oder sogar dem Ausschluss von guter Bildung, eine signifikant höhere Gesundheitsgefährdung oder sogar den Verlust an gesellschaftlicher Wertschätzung.

Wenn wir uns den Aspekt unzureichender Entlohnung näher anschauen, so stellen wir fest, dass Lohnarmut in Deutschland mittlerweile ein gravierendes Problem darstellt. Gleichzeitig wird deutlich, dass der Mindestlohn in seiner derzeitigen Form als arbeitsmarktpolitische Maßnahme nur bedingt geeignet ist, um Lohnarmut nachhaltig und effektiv zu begegnen.

Im 5. Armuts- und Reichtumsbericht der Bundesregierung von 2017 wird deutlich, dass sich in Deutschland trotz positiver wirtschaftlicher Entwicklung und eines Rückgangs der Arbeitslosigkeit die Schere zwischen Arm und Reich weiter geöffnet hat. Das Risiko der Einkommensarmut hat zugenommen. Zu den besonders gefährdeten Gruppen gehören Langzeitarbeitslose, Frauen, Personen ohne abgeschlossene Berufsausbildung, Alleinerziehende und Menschen mit Migrationshintergrund.

Als Folge der Hartz-Gesetze hat der Niedriglohnsektor besorgniserregende Ausmaße angenommen: Fast jeder vierte abhängig Beschäftigte ist in diesem Segment tätig. Dabei können unter allen Niedriglohnbeschäftigten fast 80 Prozent eine formale Qualifikation vorweisen. Ein besonders hohes Niedriglohnrisiko tragen Frauen.

Trotz Arbeit droht Menschen in Deutschland vielfach Armut, die sich zudem in einer niedrigeren Alterssicherung und damit einer wachsenden Gefahr von Altersarmut niederschlägt. Außerdem haben die abnehmende Tarifbindung, die Expansion des Niedriglohnsektors sowie die Tatsache, dass sogar Vollzeitbeschäftigte mitunter auf Grundsicherungsleistungen angewiesen sind, die politische und wissenschaftliche Diskussion zur Einfüh-

Im Mai 2007 stellt ver.di eine Studie vor, nach der die Einführung eines gesetzlichen Mindestlohns von 7,50 Euro bis zu 450.000 neue Arbeitsplätze schaffen würde.

rung eines gesetzlichen Mindestlohns entfacht. Zusammen mit ver.di hat sich der Sozialverband Deutschland (SoVD) von Beginn an für einen existenzsichernden Mindestlohn eingesetzt, so auch im Rahmen unserer gemeinsamen Arbeit beim Bündnis für ein menschenwürdiges Existenzminimum.

Am 3. Juli 2014 verabschiedete der Deutsche Bundestag das Mindestlohngesetz. Seit dem 1. Januar 2015 gilt in Deutschland der gesetzliche Mindestlohn, der seinerzeit auf 8,50 Euro festgelegt wurde. Deutschland ist damit einer von insgesamt 22 EU-Staaten, der über eine gesetzliche Lohnuntergrenze verfügt. Zum 1. Januar 2017 wurde der Mindestlohn auf 8,84 Euro, zum 1. Januar 2019 auf 9,19 Euro pro Zeitstunde erhöht. Seit 2018 gilt der gesetzliche Mindestlohn ausnahmslos in allen Branchen. Die nächste Anhebung auf 9,35 Euro soll zum 1. Januar 2020 erfolgen.

Adolf Bauer

Zum 1. Januar 2015 fielen rund vier Millionen Arbeitnehmerinnen und Arbeitnehmer in Deutschland unter den Mindestlohnschutz. Entgegen allen warnenden Stimmen hat die Einführung des Mindestlohns nicht zu einer Reduzierung von Arbeitsplätzen geführt. Ganz im Gegenteil, die Beschäftigungsquote ist seit Einführung des Mindestlohns sogar gestiegen: Die Erwerbstätigkeit stieg im Jahr 2016 gegenüber dem Jahr 2015 um 1,7 Prozent, im Jahr 2018 gegenüber 2017 um 1,2 Prozent. Ein weiterer positiver Effekt des Mindestlohns sind wachsende Steuereinnahmen und ein gestiegenes Wirtschaftswachstum. Ein höherer Lohn führt zu einem Kaufkraftzugewinn und damit zu wachsenden Konsumausgaben der privaten Haushalte.

Eine Studie des Wirtschafts- und Sozialwissenschaftlichen Instituts (WSI) der Hans-Böckler-Stiftung von 2018 belegt, dass die Stundenlöhne im Niedriglohnsektor um 13 Prozent gestiegen sind. Viele Minijobs wurden durch sozialversicherungspflichtige Beschäftigungsverhältnisse abgelöst. Die Forschungsergebnisse des Instituts Arbeit und Qualifikation der Universität Duisburg-Essen aus dem Jahr 2018 zeigen: Die Einführung des gesetzlichen Mindestlohns hat in den ersten beiden Jahren in Deutschland zu deutlichen Steigerungen der durchschnittlichen Stundenlöhne am unteren Rand des Lohnspektrums geführt. Trotzdem stagniert der Anteil der Niedriglohnbeschäftigten weiter auf einem im Vergleich der EU-Länder besonders hohen Niveau: In Deutschland arbeiteten im Jahr 2016 insgesamt 22,7 Prozent aller abhängig Beschäftigten für eine vergleichsweise geringe Entlohnung. Frauen sind hiervon besonders betroffen, da sie überdurchschnittlich häufig im Niedriglohnsektor (und dort zudem überwiegend in Teilzeit) beschäftigt sind.

Laut dem Deutschen Institut für Wirtschaftsforschung (DIW) lag der mittlere Bruttostundenlohn in Deutschland (ohne Auszubildende, Praktikantinnen und Praktikanten) im Jahr 2017 bei 16,20 Euro. Die Schwelle zum Niedriglohnbereich liegt bei 10,80 Euro – das entspricht 60 Prozent des nationalen Medianlohns. Beschäftigte, die einen Mindestlohn beziehen, bleiben also trotz Aufwertung weiter im unteren Lohnbereich verhaftet. Auf eine schriftliche Anfrage aus dem Deutschen Bundestag räumte das Bundesministerium für Arbeit und Soziales im Mai 2018 ein, dass eine beschäftigte Person 45 Jahre lang mit einer wöchentlichen Arbeitszeit von 38,5 Wochenstunden mindestens 12,63 Euro verdienen müsse, um im Alter eine Rente zu erhalten, die über der Grundsicherungsschwelle läge. Um perspektivisch auch Altersarmut zu verhindern, muss der Mindestlohn deshalb erheblich angehoben werden.

Man hoffte, mit der Einführung des Mindestlohns außerdem die Zahl der Aufstocker – also der Beschäftigen, die trotz ihrer Vollzeitbeschäftigung Grundsicherungsleistungen in Anspruch nehmen müssen – reduzieren zu können. Nach einer Studie des WSI ist die Zahl der Aufstocker in den Jahren 2015 und 2016 jedoch nur geringfügig zurückgegangen und 2017 sogar wieder angestiegen. 2017 haben tatsächlich mehr als 190.000 Vollzeitbeschäftigte zusätzlich Grundsicherungsleistungen bezogen. Auch das zeigt: Die derzeitigen Regelungen reichen nicht aus, um prekäre Beschäftigungsverhältnisse zu verhindern, selbst wenn der ausufernde Niedriglohnsektor durch den gesetzlichen Mindestlohn eingedämmt und Einkommensarmut zumindest abgemildert werden konnte.

Ein weiteres Problem stellt die Umgehung des Mindestlohns von Arbeitgeberseite dar. So hat die Finanzkontrolle Schwarzarbeit des Zolls im ersten Halbjahr 2017 in neun Prozent der untersuchten Fälle Verstöße gegen das Mindestlohngesetz festgestellt, die anschließend zu Ermittlungsverfahren führten. Nach Ergebnissen des DIW sind besonders Minijobber, Beschäftigte in kleinen Firmen sowie Migrantinnen und Migranten betroffen. Interessanterweise lag die Quote von Mindestlohnumgehungen bei Frauen bei 13 Prozent, bei anspruchsberechtigten Männern nur bei sechs Prozent. Geringfügig Beschäftigte treffen Mindestlohnumgehungen besonders häufig: Fast jeder zweite Anspruchsberechtigte (43 Prozent) erhält nicht den gesetzlich vorgeschriebenen Mindestlohn.

Hier sind Maßnahmen erforderlich, die eine Einhaltung der geltenden Rechtsnormen garantieren. Notwendig sind zum einen verstärkte Kontrollen, die eine erhebliche personelle Stärkung der Kontrollinstitutionen wie Zoll und Rentenversicherung erfordern. Zum anderen wäre eine Beweislastumkehr im gerichtlichen Verfahren ein geeignetes Mittel, um für die betroffenen Arbeitnehmerinnen und Arbeitnehmer die Zahlung des Mindestlohns überhaupt durchsetzen zu können.

Zusammenfassend kann man sagen, dass die Einführung des Mindestlohns insgesamt zu einer Verbesserung der Entgeltsituation für Niedriglohnbezieher, insbesondere im Bereich der Minijobs, geführt hat. Um aber wirksam Armut trotz Arbeit bekämpfen zu können, muss der Mindestlohn deutlich angehoben werden.

Zusammen mit Frank Bsirske hat sich der SoVD hinter die Forderung von Bundesfinanzminister Olaf Scholz (SPD) gestellt, der eine deutliche Anhebung auf 12 Euro vorgeschlagen hat, um den Lebensunterhalt bei Vollzeitbeschäftigung ohne weitere Grundsicherungsleistungen gewährleisten und Altersarmut effektiv vorbeugen zu können.

Der Mindestlohn muss jährlich angepasst werden, um Reallohnverlusten vorzubeugen und fortlaufend ein existenzsicherndes Niveau zu erreichen. Damit der Mindestlohn flächendeckend eingehalten wird, muss jedoch auch die Finanzkontrolle Schwarzarbeit des Zolls personell erheblich gestärkt werden.

Und der Mindestlohn muss für alle gelten! Die im Mindestlohngesetz genannten Ausnahmen für unter 18-Jährige, Praktikantinnen und Praktikanten sowie für Langzeitarbeitslose müssen abgeschafft werden – denn von diesen Ausnahmeregelungen sind nach Schätzungen des Statistischen Bundesamtes 1,4 Millionen Beschäftigungsverhältnisse betroffen.

Um prekärer Beschäftigung nachhaltig und effektiv zu begegnen, sind weitere arbeitsmarktpolitische Maßnahmen zu ergreifen. Dazu zählt die Einschränkung von Leiharbeit, eine hohe Tarifbindung, die Beschränkung befristeter Beschäftigung auf das Vorliegen eines sachlichen Grundes oder die Einführung der vollen Sozialversicherungspflicht für geringfügige Beschäftigung bzw. Beschäftigung in der Gleitzone.

Alle erwerbsfähigen Menschen haben das Recht auf gute Arbeit. Arbeit muss Raum für die freie Entfaltung der Persönlichkeit schaffen und individuelle Talente fördern. Arbeit muss ein Leben in sozialer und materieller Sicherheit ermöglichen und die Teilhabe am Leben in der Gesellschaft sicherstellen. Eine rasche, nachhaltige und ursachenbezogene Bewältigung von Armut in Deutschland muss für den Sozialstaat, für eine funktionierende Demokratie und für ein solidarisches Gemeinwesen von höchster Priorität sein. Denn: Arbeit darf nicht arm machen. Dafür werden wir uns als SoVD weiterhin stark machen und hoffen, auch über Frank Bsirske hinaus mit ver.di eine starke Stimme an unserer Seite zu wissen.

Harter Gegner, fairer Partner

von Karl-Josef Laumann

»Im Allgemeinen ist in Bezug auf den Lohn wohl zu beachten,
daß es wider göttliches und menschliches Gesetz geht,
Notleidende zu drücken und auszubeuten um des eigenen Vorteils willen.
Dem Arbeiter den ihm gebührenden Verdienst vorenthalten,
ist eine Sünde, die zum Himmel schreit.«
Papst Leo XIII. Enzyklika »Rerum novarum«, 1891, Absatz 17

Seit über vier Jahren gibt es nun den gesetzlichen Mindestlohn in Deutschland. Und was haben wir darum gekämpft. Vom ersten Mindestlohn in der Postdienstbranche bis zum CDU-Parteitag in Leipzig 2011 und schließlich zu den Mindestlohnbeschlüssen im Deutschen Bundestag 2014 war es ein langer und steiniger Weg. Für mich war es sicherlich einer der Höhepunkt meiner politischen Arbeit. Und ich bin mir sicher, auch für Frank Bsirske war es einer der großen Triumphe in seiner Laufbahn als Vorsitzender von ver.di.

Dabei waren sich ver.di und die Christlich-Demokratische Arbeitnehmerschaft stets einig in der Sache. Beide Seiten haben sich leidenschaftlich für die Einführung des Mindestlohns eingesetzt. Aber in der Umsetzung, da wurde mit harten Bandagen geboxt. ver.di hatte klare Vorstellungen, und die CDA hatte klare Vorstellungen. Von den anderen Beteiligten ganz zu schweigen. Deshalb bin ich so froh, dass beim Mindestlohn ein überparteilicher Konsens gefunden wurde. Dafür bin ich Frank Bsirske übrigens bis heute dankbar. Er ist einer von denen, für die sich lautstarker Streit in der Sache und ein anständiger Umgang miteinander nicht ausschließen.

Bei der Debatte um den Mindestlohn ging es um nicht weniger als um einen Grundsatz unserer Sozialen Marktwirtschaft. Was sind gerechte Löhne? Und wer bestimmt den Mindestwert für Arbeit in unserem Land? Die Katholische Soziallehre beschäftigt sich seit jeher mit diesen Fragen. Deshalb war für uns Christdemokraten die Forderung eines Mindestlohns kein Kalkül, sondern ein Herzensanliegen.

Arbeit ist im christlichen Verständnis mehr als eine reine Tätigkeit. Sie ist vielmehr wesentlicher Teil der menschlichen persönlichen Selbstentfaltung.

Dabei kommt es übrigens auch nicht darauf an, um welche Art der Tätigkeit es sich handelt. Die Tätigkeit im Blaumann an der Drehmaschine ist nicht weniger »wert« als eine planerische Tätigkeit in einem Ingenieurbüro. Der Wert der Arbeit ist eben nicht allein aus dem Preis ihrer Produkte abzuleiten. Denn wenn Arbeit zur Ware wird, dann wird der Mensch selbst zur Ware.

Das aber gilt auch für die Frage nach einem gerechten Lohn. Die katholische Soziallehre hat dazu immer schon gefordert, dass der Arbeitslohn den Arbeitnehmerinnen und Arbeitnehmern sowie deren Familien im materiellen, aber auch im sozialen, im kulturellen Bereich ein menschliches Lebensniveau ermöglichen solle. Kurz gesagt: Der Mensch muss von seiner Arbeit mindestens leben können. Oder noch kürzer: Arbeit muss sich lohnen.

Die traurige Wahrheit war allerdings, dass es Branchen in unserem Land gab, die so geringe Löhne gezahlt haben, dass die Menschen malochen konnten, wie sie wollten, und doch kaum etwas verdient haben. Das waren zum Beispiel die Tätigkeiten in der Gastronomie oder im Reinigungsdienst, in denen die Arbeitnehmerschaft systematisch ausgebeutet wurde. Aufgrund dieser Verhältnisse haben wir den Mindestlohn eingeführt. Weil es die Zustände in unserem Land erforderlich machten.

Das war auch der Grund, weshalb die CDU auf ihrem Parteitag in Leipzig 2011 schließlich beim Mindestlohn einlenkte. Wir haben damals als CDA die CDU-Basis mobilisiert und einen Beschluss erkämpft. Für die CDA war das ein großer Erfolg. Die Antragskommission konnte damals gar nicht über uns hinweggehen. Die Bewegung verlief von unten nach oben. Viele in meiner Partei sahen den gesellschaftlichen Bedarf einer Lohnuntergrenze. Kreisverband für Kreisverband stellte sich hinter den Mindestlohn. Mit großer Mehrheit hat sich die Partei schließlich für den Mindestlohn ausgesprochen.

Natürlich gab es auch zu diesem Zeitpunkt schon eine erhebliche Anzahl von Gegnern des Mindestlohns. Da wurde mit hanebüchenen Argumenten jongliert: Durch den Mindestlohn werde der Abbau von Arbeitsplätzen im Niedriglohnsektor vorangetrieben; Stellen würden ins Ausland verlagert, weil sie dann in Deutschland zu teuer wären; Arbeitnehmer würden durch Maschinen ersetzt; eine Lohnspirale werde in Gang gesetzt, in deren Folge Arbeit auf allen Ebenen wegfalle und die Zahl der Arbeitslosen steige.

Nichts dergleichen ist passiert. Es waren leere Drohungen, die den Mindestlohn verhindern und ein Klima der Angst erzeugen sollten. Nichts davon hat sich bewahrheitet. Meine Partei ließ sich davon zu Recht nicht abschrecken.

Bundeskanzlerin Angela Merkel würdigt in ihrem Grußwort beim ver.di-Bundeskongress 2015 den gesetzlichen Mindestlohn als einen Fortschritt.

In dieser Zeit wurde auch darüber diskutiert, wie hoch der Mindestlohn ausfallen sollte. Für uns war damals sehr schnell klar, dass weder die Politik noch der Staat über die Höhe des Mindestlohns entscheiden darf. Mit der Mindestlohnkommission sollten weiterhin die Tarifpartner die entscheidenden Akteure bei der Lohnfindung bleiben. Die Tarifautonomie ist auch mit dem Mindestlohn die zentrale Komponente des Interessensausgleiches zwischen Arbeitgebern und Arbeitnehmerschaft. Ich bin schon der Meinung, dass mit der Etablierung der Mindestlohnkommission dazu die richtigen Rahmenbedingungen in unserer Sozialen Marktwirtschaft geschaffen wurden.

Karl-Josef Laumann

Schließlich trat zum 1. Januar 2015 das Mindestlohngesetz in Kraft, das erstmals bundesweit einen Mindestlohn festsetzte. In Nordrhein-Westfalen wurden im April 2014, also rund ein Dreivierteljahr vor Einführung des allgemeinen Mindestlohnes, im Geltungsbereich des Gesetzes rund 768.000 Jobs und damit 9,6 Prozent aller Beschäftigungsverhältnisse mit weniger als 8,50 Euro brutto pro Stunde entlohnt. 601.000 und damit über drei Viertel dieser gering bezahlten Arbeitsverhältnisse bestanden in nicht tarifgebundenen Betrieben. Mit mehr als einer halben Million entfielen 68 Prozent der mit weniger als 8,50 Euro bezahlten Beschäftigungsverhältnisse auf Minijobs.

Natürlich war der Zeitpunkt zur Einführung des Mindestlohns gut gewählt, fand er doch zu einem Zeitpunkt einer guten Konjunktur des Arbeitsmarktes statt, die bis heute ungebrochen ist. So werden fast monatlich neue Rekordzahlen gemeldet, was die niedrige Zahl der Arbeitslosen und die hohe Zahl sozialversicherungspflichtiger Beschäftigung angeht. Deshalb ist auch die Kritik am Mindestlohn leiser geworden. Der Arbeitsmarkt hat sich in den letzten Jahren von einem Arbeitgeber- hin zu einem Arbeitnehmermarkt gewandelt. Heute können Auszubildende ihre Lehrstelle quasi frei wählen und entsprechende Bedingungen aushandeln.

Und doch werden durch den Mindestlohn für vier Millionen Menschen heute Lohnerhöhungen nicht mehr individuell oder durch die Tarifpartner verhandelt, sondern gesetzlich festgelegt. Die Mindestlohnkommission hat den Mindestlohn seit 2015 von 8,50 Euro auf 9,19 Euro um mehr als 8 Prozent angehoben. Klar ist aber auch: 9,19 Euro bei einem Vollzeitjob sind ca. 1.543 Euro im Monat brutto – das bedeutet für einen Alleinstehenden je nach den Ausgaben für Miete etc. ein gerade noch auskömmliches Einkommen. Eine Familie kann man mit einem solchen Einkommen kaum ernähren. Und auch bei mehr als 40 vollen Beitragsjahren reicht der Mindestlohn weiterhin nicht für eine Rente oberhalb des Grundsicherungsniveaus.

Ich bin deshalb schon der Meinung, dass die Mindestlohnkommission in den letzten Jahren ihrer Verantwortung nicht ausreichend gerecht geworden ist. Die Erhöhungen des Mindestlohns sollten sich nicht ausschließlich an der durchschnittlichen Entwicklung der Löhne orientieren. Wir brauchen einen Mindestlohn, der staatliche Transferleistungen überflüssig macht und ein selbstbestimmtes Leben ermöglicht. Da erhoffe ich mir mehr Mut von den Mitgliedern der Kommission.

Beim Mindestlohn reicht es aber nicht nur aus, nur die Höhe des Lohns zu definieren. Er muss auch kontrolliert werden, denn ein Mindestlohn, der nicht eingehalten wird, ist nichts wert. Deshalb befürworte ich es als Landesarbeitsminister in Nordrhein-Westfalen ausdrücklich, dass der Zoll für strengere Mindestlohnkontrollen gestärkt wird.

Ich denke, es ist auch notwendig, dass der Gesetzgeber die Dokumentationspflichten zur Arbeitszeit vorsieht. Den Vorwurf des Bürokratiemonsters lasse ich da nicht gelten. Arbeitnehmerinnen und Arbeitnehmer müssen geschützt werden vor den schwarzen Schafen, die ihre Leistungen auf dem Markt aufgrund der Verletzung des Mindestlohngebotes billiger anbieten können und damit Wettbewerbsvorteile erlangen. Davon profitieren im Übrigen auch die anderen Arbeitgeber, die sonst einen Wettbewerbsnachteil hätten.

Es gehört sich, an dieser Stelle auch noch auf Folgendes hinzuweisen: Durch den Mindestlohn wird die Tarifbindung nicht überflüssig. Wie bereits oben gesagt, bestanden vor Einführung des Mindestlohns über drei Viertel der gering bezahlten Arbeitsverhältnisse in nicht tarifgebundenen Betrieben. Aber es macht mich schon sehr nachdenklich, wenn ich mir die Entwicklung der Tarifbindung anschaue. Fast die Hälfte der deutschen Arbeitnehmerschaft steht heute ohne Tarifvertrag da. Dabei ist es ein zentraler Bestandteil der Sozialen Marktwirtschaft, dass ein Lohn vor allen Dingen dann gerecht ist, wenn er von den Sozialpartnern ausgehandelt wird. Und es war und ist eine gute Tradition der Bundesrepublik, dass die Lohnfindung sich vor allem auf diesem Weg vollzieht, weil nur die Tarifvertragsparteien über die Gegebenheiten in den jeweiligen Branchen Bescheid wissen.

Frank Bsirske hat seinen Teil dazu beigetragen, die Sozialpartnerschaft im besten Sinne mit Leben zu füllen, weiterzuentwickeln und zukunftsfest zu machen. Seine Fußstapfen sind groß, denn er hat die Sozialpartnerschaft in Deutschland als ver.di-Vorsitzender gelebt. Frank, du warst immer ein engagierter Kämpfer für die Interessen der Arbeitnehmer, manchmal ein unnachgiebiger und harter Gegner, aber stets ein fairer Partner.

Dafür herzlichen Dank und Gottes reichen Segen für die Zukunft.

Arbeit muss einen Unterschied machen

von Hubertus Heil

Auftaktveranstaltung zu den Betriebsratswahlen im März 2010 unter dem Motto »Betriebsräte machen den Unterschied« vor einer Schlecker-Filiale in Berlin

»Ein besseres Land kommt nicht von allein.« (Willy Brandt) – es braucht soziale und engagierte, idealistische und kämpferische Menschen, die sich für diese Gesellschaft stark machen – Menschen wie Frank Bsirske. Denn in den fast 20 Jahren seiner Amtszeit als ver.di-Vorsitzender ist unser Land tatsächlich besser geworden. Nicht nur, aber auch wegen Frank Bsirske. Wegen seiner legendären politischen Energie und seiner Erfolge an der Spitze einer kampfstarken Gewerkschaft.

Tatsache ist: Nie waren in Deutschland mehr Menschen in sozialversicherungspflichtiger Beschäftigung. Die Arbeitslosigkeit ist in den vergangenen Jahren nahezu halbiert worden und ist heute die zweitniedrigste in der Europäischen Union. Gleichzeitig ist offenkundig: Der wirtschaftliche Erfolg kommt nicht bei allen an. Nach wie vor finden viele Menschen trotz des

Booms am Arbeitsmarkt keinen Weg aus der Langzeitarbeitslosigkeit. Noch immer müssen über eine Million Menschen neben ihrer Erwerbstätigkeit Leistungen der Grundsicherung beziehen, darunter fast 200.000 Vollzeit-beschäftigte. Das Aufstiegsversprechen, das für Generationen in der deutschen Nachkriegszeit gültig und verlässlich schien, wird heute immer weniger eingelöst. Oder wie es Frank Bsirske bereits vor Jahren auf den Punkt gebracht hat: »… dass Fleiß und guter Wille in Deutschland oft nicht mehr ausreichen, um zu bescheidenem Wohlstand zu kommen …«.

Diese These hat nichts an Schärfe verloren – im Gegenteil. Es muss deshalb das gemeinsame Ziel von Politik und Sozialpartnern bleiben, dass Arbeit in unserer Gesellschaft anständig bezahlt wird – nicht zuletzt die Arbeit mit Menschen und für Menschen. Dass Arbeitnehmerrechte wieder gestärkt und auch konsequent durchgesetzt werden und dass Arbeitnehmerinnen und Arbeitnehmer nach einem Leben voller Arbeit auch im Alter ein gutes Auskommen haben.

Für Frank Bsirske sind das Leitmotive seiner politischen Arbeit. Schon 2006 forderte er: »Deutschland braucht den Mindestlohn.« Dies war der Kampfruf der gemeinsamen Kampagne für den einheitlichen, gesetzlichen Mindestlohn von ver.di und der NGG. Und er hat Recht behalten.

Es war ein langer und zäher Kampf, der gegen mächtige Widerstände geführt wurde. Lange mussten wir uns damit begnügen, Mindestlöhne über das Arbeitnehmer-Entsendegesetz für einzelne Branchen zu erstreiten, wie zum Beispiel 2009 mit der Aus- und Weiterbildungsbranche – gegen alle Erwartungen. Das waren kleine, aber wichtige Erfolge, bevor sich die Chancen auf einen allgemeinen Mindestlohn unter der schwarz-gelben Bundesregierung drastisch verschlechterten.

Unvergessen bleibt auch, was seinerzeit gegen den allgemeinen gesetzlichen Mindestlohn ins Feld geführt wurde. Die Warnungen der Wirtschaftsverbände reichten von überbordender Bürokratie und dem Eingriff in die Tarifautonomie bis hin zur Vernichtung von Arbeitsplätzen und ganzen Branchen.

Heute wissen wir längst: Nichts davon ist Realität geworden. Im Gegenteil – der Mindestlohn, der schließlich 2013 von der SPD im Koalitionsvertrag durchgesetzt und 2015 eingeführt wurde, ist ein anhaltender Erfolg. Durch ihn haben etwa vier Millionen Menschen mehr Geld in der Tasche. Er hat zu mehr Wachstum und zu mehr Beschäftigung geführt, wobei geringfügige Beschäftigungsverhältnisse vielfach in sozialversicherungspflichtige Stellen umgewandelt wurden. Und er hat dazu geführt, dass die Stundenlöhne am unteren Rand der Einkommensskala deutlich stärker gestiegen sind als die Löhne im Durchschnitt.

Doch mit diesem großen Erfolg hat sich Frank Bsirske nicht zufriedengegeben. Immer wieder ist er gegen Ausnahmen und für eine konsequente Umsetzung und Kontrolle des Mindestlohns eingetreten. Ohne Scheu sprach er von »mafiösen Strukturen« vor allem in der Logistikbranche, die »Lohndumping als Wettbewerbspolitik« betreibe. Auch hier lag er richtig. Recht und Gesetz müssen überall auf dem Arbeitsmarkt gelten und durchgesetzt werden. Deshalb wollen wir mit der Nachunternehmerhaftung auch in der Paketbranche sicherstellen, dass die Auftragnehmer für die abzuführenden Sozialversicherungsbeiträge haften – auch wenn sie die Aufträge weitergeben.

Das Beispiel der Paketbranche zeigt exemplarisch: Wie jede soziale Errungenschaft muss auch der Mindestlohn entschlossen verteidigt werden – gegen Umgehung, Aufweichung und systematischen Missbrauch. Das ist nur machbar mit wachsamen Gewerkschaften und durch effektive staatliche Kontrollen. Frank Bsirske hat nie aufgehört, diese von der Regierung einzufordern.

Der andere Schwerpunkt, der sich mit der Ära Frank Bsirske verbindet, war der Kampf um mehr Tarifbindung, mehr Mitbestimmung und die Durchsetzung von Arbeitnehmerrechten. Wie das funktionieren kann, hat sich im vergangenen Jahr beim Arbeitskampf von ver.di gegen die Fluggesellschaft Ryanair gezeigt. Damals haben wir mit vereinten Kräften eine Lösung im Sinne der Arbeitnehmerinnen und Arbeitnehmer gefunden: Der Gesetzgeber hat im Betriebsverfassungsgesetz (§ 117 BetrVG) ausdrücklich klargestellt, dass das fliegende Personal auch dann einen Betriebsrat nach dem Betriebsverfassungsgesetz wählen kann, wenn es keinen Tarifvertrag über eine Interessenvertretung gibt. Wir haben damit auch ein klares Zeichen gesetzt: Die betriebliche Mitbestimmung ist eine zentrale Säule unserer sozialen Marktwirtschaft. Sie ist nicht vom Goodwill des Arbeitgebers abhängig. Dass bei Ryanair in Deutschland jetzt deutsches Arbeitsrecht und ver.di-Tarifverträge gelten, ist ein großer Erfolg und ein starkes Signal dafür, dass eine Gewerkschaft wie ver.di auch in Zeiten der Globalisierung Arbeitnehmerrechte erfolgreich durchsetzen kann.

Wir werden uns im Laufe dieser Legislaturperiode genau anschauen, was wir weiter tun können, um die Tarifbindung zu stärken. Mit der Konzertierten Aktion Pflege haben wir hier einen Anfang gemacht. Es sind auch schon

Vorschläge auf dem Tisch, wie die öffentliche Hand bei der Vergabe öffentlicher Aufträge mit gutem Beispiel vorangehen kann, und wir verhindern, dass Unternehmen sich mit niedrigen Lohnkosten bei der Vergabe öffentlicher Aufträge einen Vorteil verschaffen. In einer sozialen Marktwirtschaft darf der Staat keine Anreize für Tarifflucht setzen.

Ich bin mir sicher, dass wir auf diesem Weg für die Zukunft bessere Löhne, mehr Mitbestimmung und bessere Arbeitsbedingungen für alle erreichen werden. Aber im Hier und Jetzt müssen wir dafür sorgen, dass die schlechte Bezahlung der Vergangenheit nicht zur Altersarmut der Zukunft führt. Denn bei vielen Menschen, die ihr Leben lang gearbeitet haben, ist die Gefahr groß, dass sie wegen ihrer niedrigen Löhne als Rentnerinnen und Rentner in der Grundsicherung landen. Gerade Frauen sind davon betroffen. Das muss sich ändern. Ich bin überzeugt: Arbeit muss einen Unterschied machen. Das Kernversprechen des Sozialstaates lautet: Nach einem Leben voller Arbeit bekomme ich eine leistungsgerechte Rente. Darauf müssen sich die Menschen wieder verlassen können. Bei der Grundrente, wie wir sie planen, geht es nicht um Almosen, sondern um Lebensleistung, die wir anerkennen.

Ich bin Frank Bsirske persönlich dankbar, dass er von Anfang an die Unterstützung seiner Gewerkschaft für dieses Vorhaben signalisiert hat. Ein Vorhaben, das für den sozialen Zusammenhalt in unserem Land genauso wichtig ist wie für die Akzeptanz unseres Rentensystems in der Zukunft.

Lieber Frank Bsirske, du kannst mit Stolz auf ein beeindruckendes politisches Lebenswerk zurückblicken. Mit Recht genießt du Respekt bei Mitstreitern und Widersachern für deine strategische Weitsicht, deine Beharrlichkeit und deine Durchsetzungsfähigkeit. Du hast mit Mut und Tatkraft gegen viele Widerstände und ohne Angst vor der politischen Auseinandersetzung Großes erreicht auf dem Weg zu mehr sozialer Gerechtigkeit in Deutschland. Für ein besseres Land.

Dafür danke ich dir.

»Eine Chance, die du nutzen musst«

von Herbert Schmalstieg

Gemeinsam mit Oberbürgermeister Herbert Schmalstieg im November 2003 in Hannover gegen den »finanziellen Kahlschlag« bei den Kommunen

Beginnen will ich mit dem Jahr 1997, dem Frontwechsel von Frank vom Gewerkschaftssekretär zum Arbeitgeber. Manche waren erstaunt, andere verwundert, die Konservativen tobten. Das war schon eine Überraschung nach den hannoverschen Kommunalwahlen im Herbst 1996 – nicht, dass ich zum hauptamtlichen Oberbürgermeister gewählt worden war, sondern dass bei den Koalitionsverhandlungen zwischen der SPD und den Grünen die Grünen für sich unmissverständlich das Personaldezernat forderten.

Dafür hatte ich eigentlich meinen späteren Nachfolger als OB, den jetzigen niedersächsischen Ministerpräsidenten Stephan Weil, vorgesehen. Nun kam es anders. Stephan Weil wurde Kämmerer, Frank Personalchef.

Das lief nicht reibungslos, es gab Debatten in der SPD und anderswo. Erstmals seit 1946 lag das Personaldezernat in Hannover nicht mehr bei

Frank Bsirske – der Vorsitzende

der SPD. »Unmöglich – ein hauptamtlicher Gewerkschafter« für dieses Amt und dann die früheren Konflikte bei den Falken, die Frank mit dem damaligen Falkenchef, der jetzt Ratsmitglied war, hatte, und der ihn partout nicht wählen wollte. Frank überzeugte so sehr in seiner Vorstellung, dass er nicht nur gewählt wurde, sondern mehr Stimmen bekam, als Rot-Grün damals hatte.

Und er überzeugte schnell. Es folgten dreieinhalb erfolgreiche Jahre, in denen viel bewegt wurde. Frank hat sich nicht verbogen, ist seinen Überzeugungen treu geblieben. Freundlich, aufgeschlossen, unkonventionell und – wenn erforderlich – kämpferisch und kompromisslos, dabei immer sachorientiert, bis an die eigenen Grenzen leistungsbereit.

Er hat der Stadtverwaltung ein neues Gesicht gegeben. Es waren für Hannover und für mich dreieinhalb gute, spannende und erfolgreiche Jahre. Die Schaffung von dezentralen Bürgerämtern, die Erarbeitung von Bürgergutachten, die Ausweitung von Mitbestimmungs- und Mitwirkungsrechten für die Kolleginnen und Kollegen, verstärkte Frauenförderung und mehr Transparenz für die Einwohnerinnen und Einwohner. Sein Satz »Akten müssen laufen, nicht die Bürger« traf den Kern und muss auch heute gelten.

Unsere Städte haben immer finanzielle Sorgen. Für Hannover steht fest: Ohne die mit Frank aufgebaute Vertrauenskultur – nach innen und außen – wären notwendige Haushaltskonsolidierungen nicht möglich gewesen. Hannover konnte als erste Stadt im Gebiet der alten Bundesrepublik einen Tarifvertrag zur Beschäftigungssicherung abschließen. Keine betriebsbedingten Kündigungen, keine Privatisierungen, die Kolleginnen und Kollegen verzichteten dafür auf zwei Prozent ihres Lohns.

Frank hatte das zwar auf den Weg gebracht, beim Abschluss des Tarifvertrages war er allerdings schon »abhandengekommen«. Für die Stadt ein Verlust, ein Gewinn für ver.di, die Gewerkschaftsbewegung und die Arbeitnehmerinnen und Arbeitnehmer unseres Landes.

Den 8. November 2000 vergesse ich nie. Die EXPO 2000 hatte gerade eine Woche zuvor ihre Tore geschlossen, harte Arbeit lag hinter uns, die Stadt hatte sich kolossal, aber positiv verändert. Am frühen Nachmittag dieses 8. Novembers hatten Frank und ich unser turnusmäßiges Dienstgespräch, konstruktiv und wie so oft waren wir uns schnell einig. Eine halbe Stunde später klingelt das Telefon. Frank am Apparat, »kann ich noch mal kommen?« Natürlich konnte er. Dann der Hammer. Er spricht von einem Anruf aus unserer Partnerstadt Leipzig. Es waren wohl die unvergessene Anni Gondro, Lothar Zweiniger und Jutta Rübke, die, nachdem Herbert Mai auf dem ÖTV-Gewerkschaftstag angekündigt hatte, sich nicht mehr zur Wiederwahl stellen zu wollen, Frank als dessen Nachfolger vorschlagen wollten. Er solle deshalb sofort nach Leipzig kommen.

Was sollte ich ihm raten? »Ja, mach es, das ist eine Chance, die du nutzen musst! Unter einer Bedingung: Bettina, deine Frau, muss damit einverstanden sein.« Sie war es. Frank fuhr nach Leipzig und am nächsten Tag hatte unsere ÖTV einen neuen Vorsitzenden: Frank Bsirske.

An diesem 8. November 2000 begann für uns alle eine unglaubliche Erfolgsgeschichte. Im März 2001 gab es dann mit der ver.di-Gründung den Zusammenschluss der Gewerkschaften von Post und Medien, Banken und Sparkassen, von Einzelhandel und Versicherungen, von Arbeitern, Angestellten und Beamten der Gemeinden, der Länder und des Bundes. Was für eine Herausforderung. Frank als Vorsitzender von ver.di hat es geschafft, diese unterschiedlichen Kulturen zusammenzuführen.

19 erfolgreiche Jahre für die arbeitenden Menschen. Darauf können alle stolz sein, die den Mut hatten, Frank für den Gewerkschaftsvorsitz zu nominieren. Es war sicher eine Gemeinschaftsleistung, aber die Tageszeitung »Die Welt« hat Recht, wenn sie am 4. März 2019 nach dem großartigen Tarifabschluss für den öffentlichen Dienst der Länder schrieb: »Applaus für Mr. Ver.di«.

Wer, was und wie ist Frank Bsirske? Wie soll man ihn beschreiben, den Gewerkschafter, den Kollegen, den Menschen, den Freund?

Frank, der politische Mensch: Politik war und ist für ihn Gestaltung. Nichts Statisches, aber geprägt von Grundsätzen. Klare Kante zeigen, sich nicht verbiegen, wenn es um Grundwerte geht. Wenn es um Freiheit und Gerechtigkeit geht, im eigenen Land oder anderswo. Ohne soziale Gerechtigkeit kann kein Gemeinwesen funktionieren und ohne Solidarität auch nicht. In diesen Grundwerten des demokratischen Sozialismus waren wir uns einig; wir sind in unterschiedlichen Parteien, aber für uns haben die Rechte der Menschen, ihre Unabhängigkeit Vorrang vor allen Parteiinteressen. Und zu diesen Menschenrechten gehört das Recht auf Arbeit und ausreichende Bezahlung, damit jede und jeder in Würde leben kann.

Frank ist einer, der weiß, woher er kommt: Ein Schlüssel seines Erfolges ist, dass er nie vergessen hat, woher er kommt. Sein Vater war Arbeiter bei VW in Wolfsburg, seine Mutter Krankenschwester. Er hat erlebt, wie die Arbeitsbedingungen der Werktätigen damals waren, und weiß, wie sie heute sind. Sein Einsatz für bessere Arbeitsbedingungen, für mehr Lohn, für einen Mindestlohn, der diesen Namen auch verdient und von dem eine Familie leben kann, ist deshalb glaubwürdig. Bevor er an seinem ersten Arbeitstag als Dezernent zu mir kam, war er bereits bei den Kolleginnen in der Telefonzentrale. Das ist Frank.

Frank, der Kollege: Man kann sich auf ihn verlassen, er setzt sich für andere ein, ist für sie da, hört ihnen zu und arbeitet im Team. Er kann mit Menschen umgehen, ist berechenbar und ehrlich. Und als Kollege im Dezernentenkreis konnte ich mich auf ihn verlassen. Wir haben diskutiert und auf Augenhöhe entschieden.

Frank, der Stratege: Nun, das wird ihm keiner absprechen wollen. Klares Denken, kompetente Analysen sind Grundlagen seines Erfolges. Ohne Strategie, ohne klare Vorstellungen zu inhaltlichen Positionen geht es nicht, bei Tarifverhandlungen oder Arbeitskämpfen, bei der Lösung von Zukunftsaufgaben.

Frank, der Kämpfer: Was er will, setzt er gnadenlos um. Er begeistert, reißt mit, gibt nichts verloren. Für ihn kommt es auf den Erfolg an. Deshalb ist er auch im guten Sinne des Wortes ein Agitator.

Frank, der Zuhörer: Passt das zu den vorangegangenen Bezeichnungen? Ja, denn im Zuhören liegt seine Stärke. Sich durch Gespräche zu informieren, die Argumente und die Existenzangst der Kollegin an der Supermarktkasse, den Stress des Busfahrers bei den Berliner Verkehrsbetrieben, die Belastungen der Krankenschwester oder des Altenpflegers oder des Lagerarbeiters beim Versandhandel direkt vor Ort zu hören, das macht ihn stark, bringt Vertrauen und macht glaubwürdig.

Frank ist einer aus der kommunalen Familie: Franks verschiedene berufliche Stationen, bei den Falken, der Grünen-Ratsfraktion in Hannover, als Gewerkschaftssekretär, als Wahlbeamter und als Vorsitzender unserer Gewerkschaft, hatten immer etwas mit den Menschen zu tun. Und wo leben die Menschen? In unseren Städten, dort arbeiten sie, verleben ihre Freizeit, nehmen Anteil am kulturellen und sportlichen Leben und spüren dort, wie die sozialen Lebensbedingungen sind.

Arme und Reiche, Junge und Alte, behinderte und nichtbehinderte Menschen, Menschen mit und ohne Migrationshintergrund leben hier zusammen. Und in den Kriegen sterben sie auch in den Städten. Deshalb ist Friedenspolitik nicht nur eine Angelegenheit des Staates, nein auch eine der Kommunen. Für Frank und uns in Hannover war das ein Markenzeichen, wie auch das Thema der Toleranz, das friedliche Zusammenleben aller Menschen. Auch der Kampf gegen Faschismus und Rechtsradikalismus war unser Thema. Und das wird es bleiben. Wir müssen den Anfängen wehren, uns wehren gegen die Populisten, die Feinde der Demokratie, die versuchen, mit ihren menschenverachtenden Parolen Hass und Zwietracht zu säen.

Frank war und ist ein Kämpfer für den Erhalt der kommunalen Daseinsvorsorge. Kommunale Energieversorgung, öffentlicher Personennahverkehr, kommunale Wohnungsbaugesellschaften, Sparkassen, Kultureinrichtungen, Wasserwirtschaft gehören wie ausreichende kommunale Finanzen zu den Grundbedingungen einer intakten und funktionsfähigen Kommune. Diese Aufgaben müssen in den Händen der Kommunen bleiben und sie müssen darüber in eigener Verantwortung entscheiden können. Frank sagt dazu: »Öffentliche Verwaltungen dürfen nicht in Abbruchunternehmen verwandelt werden.« Deshalb sind Gewerkschaften und Kommunen auch die geborenen Bündnispartner, wenn es um die Rechte der Städte und die Lebensbedingungen ihrer Einwohnerinnen und Einwohner geht.

Frank, der Freund: Mit dem Wort Freund muss man vorsichtig umgehen. Man hat nicht viele. Oft kann man sie an einer Hand zählen. Diejenigen, die Frank Freund nennen dürfen, und die, die er Freund nennt, können sich glücklich schätzen. Dass Frank Bsirske lange in Hannover gelebt hat, erfüllt Hannover mit Stolz. Er reiht sich ein in die Reihe der großen Gewerkschaftsführer, die aus Hannover kamen. Frank hat Zeichen gesetzt. Der Kampf geht weiter. Wir brauchen starke Gewerkschaften, denn ohne sie ist kein Staat zu machen.

Die Würde des Menschen – Sozialstaat und Gerechtigkeit

»Der entfesselte Kapitalismus hat uns in die tiefste Krise seit 80 Jahren geführt, Menschen in Unsicherheit gestürzt, ein erschreckendes Maß an sozialer Ungleichheit bewirkt. Wir müssen die verhängnisvolle Entwicklung umkehren. Es geht um nichts Geringeres als das, was ich die Rückgewinnung des Sozialen nenne: im betrieblichen Alltag, in der Wirtschaft, in der Politik und in der Gesellschaft.«

Frank Bsirske 2011

Klare Sicherungsziele notwendig

von Ute Klammer[1]

> I don't believe in charity
> I believe in solidarity
> Charity is so vertical. It goes from the top to the bottom.
> Solidarity is horizontal. It respects the other person.
> Eduardo Galeano[2]

Im Grundgesetz der Bundesrepublik Deutschland bildet das Staatsziel der »Menschenwürde« wie auch die Sozialstaatlichkeit die Grundlage der freiheitlich-demokratischen Grundordnung: Nach Art. 1 Abs. 1 GG ist die Menschenwürde unantastbar. Sie zu schützen ist die Verpflichtung aller staatlichen Gewalt, unabhängig ob Legislative, Exekutive oder Judikative. In Art. 20 Abs. 1 GG garantiert die Bundesrepublik ihren Bürgern neben den freiheitlich-demokratischen Grundrechten auch die Sozialstaatlichkeit: »Die Bundesrepublik Deutschland ist ein demokratischer und sozialer Bundesstaat.« Die Staatsziele Menschenwürde, Menschenrechte und Sozialstaatlichkeit genießen im Grundgesetz der Bundesrepublik Deutschland die Ewigkeitsgarantie des Art. 79 Abs. 3 GG. So besteht die Verpflichtung des Staates, das Existenzminimum zu gewährleisten (Art. 1 I GG in Verbindung mit dem Sozialstaatsprinzip aus Art. 20 I, 28 I GG). Dem Sozialstaat kommt in Deutschland somit alles andere als eine marginale Rolle zu, er ist Teil der »DNA« unseres Gemeinwesens – zumindest sollte er es sein. Doch was bedeutet diese »Garantie« durch die Verankerung im Grundgesetz in den gegenwärtigen Zeiten des gesellschaftlichen und politischen Wandels? (Wie) Kann der Sozialstaat den Ansprüchen strukturell und finanziell gerecht werden?

---

[1] Der Artikel beruht in Teilen auf früheren Arbeiten der Verfasserin, insbesondere Klammer 2018, Klammer/Leiber/Leitner 2017 und Brettschneider/Klammer 2016.

[2] Zitiert nach: Barsamian 2004: 146.

Gesundheit darf nicht vom Geldbeutel abhängen. Deshalb fordert ver.di mit einer Aktionswoche im Juni 2002 »Mehr bewegen. Für eine gesunde Reform«.

Bestandsaufnahme 1: Abbau und Umbau des Sozialstaats

Der Umbau des Sozialstaats, den wir in Deutschland seit Jahren erleben, ist kein auf Deutschland beschränktes Phänomen. Die europäische Wohlfahrtsstaatsforschung hat sich seit Jahren ausgiebig mit den Umbauprozessen der europäischen Sozialstaaten beschäftigt. Die Diagnose eines Endes des »goldenen Zeitalters« der europäischen Wohlfahrtsstaaten basiert dabei auf der Annahme, dass die Sozialstaaten in Europa auf die drei großen Herausforderungen – ökonomische Globalisierung, De-Industrialisierung und soziale Modernisierung – mit einem tief greifenden Wandel reagieren (z.B. Ferrera 2008; Häusermann/Palier 2008). Lange Zeit galt dabei der »Bismarcksche Sozialstaatstyp«, dem Deutschland zugerechnet wird, als vergleichsweise institutionell stabil und reformresistent (Esping-Andersen 1999). Diese These ist allerdings durch die Entwicklungen widerlegt worden. In den vergangenen Dekaden war in Deutschland in zentralen Feldern der Sozialpolitik ein teils grundlegender, teils inkrementeller Wandel zu konstatieren (Hinrichs 2010).

Ute Klammer

Vielfach sind sozialpolitische Reformen vor allem als Rückbau des Wohlfahrtsstaats wahrgenommen worden, so die Hartz-Reformen Anfang der 2000er Jahre, aber auch die Absenkung des Standardrentenniveaus in der Gesetzlichen Rentenversicherung oder die Budgetierung von Leistungen in der Gesetzlichen Krankenversicherung. Es geht jedoch um mehr, nämlich um einen tiefgreifenden Transformationsprozess des Sozialstaats, der teils als neosozialer Umbau der Sozialpolitik (Lessenich 2008), teils als Neujustierung des wohlfahrtsstaatlichen Arrangements (Kessl 2013) gefasst wurde. Die Diagnosen beschreiben Veränderungstendenzen, denen eine grundlegende Neudefinition der sozialpolitischen Zielsetzungen und ideologischen Grundüberzeugungen, auf denen der Sozialstaat ruht, zugrunde liegt.

Der Wandel kann durch drei zentrale Paradigmen beschrieben werden (Klammer u.a. 2017):

- Das Aktivierungs-Paradigma, das in erster Linie auf die (Re-)Integration in den Arbeitsmarkt abzielt, mittlerweile aber auch Einzug in andere Sozialleistungsbereiche gehalten hat und Anwendung auf Adressat*innen sozialstaatlicher Leistungen von der Kindheit bis ins Seniorenalter (»active ageing«) findet.
- Das Eigenverantwortungs-Paradigma, das die Verantwortung zur Vorsorge in Bezug auf die Gesundheit, die Erwerbsfähigkeit (»employability«) oder auch die Altersvorsorge auf das einzelne Individuum überträgt.
- Das Autonomie- bzw. Selbstbestimmungs-Paradigma, das den Adressat*innen sozialer Leistungen – zumindest dem Anspruch nach – vermehrt Wahl- und Mitbestimmungsmöglichkeiten im Sinne eines »shared decision-making« einräumt. Beispiele sind die eigenständige Wahl des privaten Altersvorsorgeprodukts oder der Krankenkasse, die Wahloption zwischen ambulanter oder stationärer Pflege oder persönliche Budgets für behinderte Menschen.

Eingebettet finden sich alle Prinzipien in eine Logik der Ökonomisierung und eine Debatte, bei der einerseits die Notwendigkeit sozialer Absicherung, andererseits ihre Finanzierbarkeit infrage gestellt wird. Kern der Umstrukturierung des Sozialstaats ist nicht zuletzt die Neujustierung von Gerechtigkeits- und Verteilungsprinzipien: Tendenziell wird die Leistungsgerechtigkeit gestärkt und das Solidarprinzip geschwächt (Leitner 2016). Soziale Sicherheit und Unterstützung durch die Solidargemeinschaft werden stärker an Voraussetzungen gebunden und müssen »verdient« werden (»deservingness«) – sofern sie für bestimmte Gruppen überhaupt (noch) zugänglich sind.

Bestandsaufnahme 2:
Entwicklungstendenzen von Einkommen und Vermögen

Die veränderten und selektiver gewordenen Arrangements sozialer Sicherung fallen zusammen mit Veränderungen in der Verteilung von Einkommen und Vermögen, die das sozialstaatliche Versprechen gleicher Teilhabechancen zusätzlich erschweren. Beginnen wir mit einem Blick auf die finanziellen Rahmenbedingungen. Die Wirtschaft verzeichnete in den vergangenen Jahren ein stetes Wachstum, die offizielle Arbeitslosigkeit lag nach Zahlen der Bundesagentur für Arbeit Ende 2018 mit unter 2,2 Millionen Personen und nur noch 4,8 Prozent auf einem Rekord-Niedrigstand, zugleich hat die Zahl der Erwerbstätigen mit rund 33,5 Millionen Personen ein Rekordhoch erreicht.

Auch die Zahl sozialversicherungspflichtiger Arbeitsplätze ist in den vergangenen Jahren wieder gewachsen. Die Erwerbsbeteiligung von Frauen und von älteren Beschäftigten hat zugenommen, das Rentenzugangsalter steigt (langsam) an. Doch die guten Nachrichten stehen seit längerer Zeit in einem spürbaren Kontrast zur Situation und zur Stimmung größerer Bevölkerungsteile. Auswertungen der volkswirtschaftlichen Gesamtrechnung weisen auf eine mögliche Ursache hin: Sie zeigen, dass ein zunehmender Teil des gesellschaftlichen Reichtums beim durchschnittlichen Bürger (Bürgerin) nicht mehr ankommt. So ist das Bruttoinlandsprodukt seit Mitte der 1990er Jahre zwar um über 70 Prozent gestiegen, die Bruttolöhne der Beschäftigten jedoch nur um gut 43 Prozent, die Nettolöhne noch weniger. Preisbereinigt sind Löhne und Gehälter in über 20 Jahren sogar nur um rund fünf Prozent gewachsen (Klammer 2018). Ein Großteil der Bevölkerung partizipiert somit nicht (mehr) am steigenden gesellschaftlichen Wohlstand.

Nach der Erhebung »Leben in Europa« waren in Deutschland 2017 rund 15,5 Millionen Menschen von Armut oder sozialer Ausgrenzung bedroht (Statistisches Bundesamt 2018a). Dies entsprach 19 Prozent der Bevölkerung. Im Zeitverlauf zeigt sich, dass vor allem die Erwerbslosen in den beiden letzten Dekaden von einer deutlichen Erhöhung des Armutsrisikos betroffen waren (Binder/Haupt 2018). Auch für junge Alleinlebende ist das Armutsrisiko stark gestiegen (Goebel u.a. 2015). Zwar stagniert das Niedriglohnrisiko seit etwa 2010 bei rund 22 bis 23 Prozent. Dies verdeckt jedoch, dass die absolute Zahl der Niedriglöhner weiter zugenommen hat. 2015 arbeiteten nahezu 7,7 Millionen Personen zu einem Stundenlohn von

Mit den Worten »sozial ungerecht und ökonomisch schädlich« kritisiert Frank Bsirske die »Agenda 2010« bei einer ver.di-Kundgebung im Juni 2004 in Freiburg.

weniger als 10,22 Euro. Wie Berechnungen des Instituts Arbeit und Qualifikation der Universität Duisburg-Essen zeigen, hat die Einführung des gesetzlichen Mindestlohnes in Deutschland im Jahr 2015 bisher nicht zu einer merklichen Verringerung des Anteils der Niedriglohnbezieher an allen Beschäftigten geführt. Allerdings hat sich die durchschnittliche Position der Niedriglöhner etwas gebessert, die »Niedriglohnlücke« – als Abstand zwischen durchschnittlichem Niedriglohn und Niedriglohnschwelle – ist kleiner geworden (Kalina/Weinkopf 2018).

Das Armutsrisiko von Personen mit Migrationshintergrund liegt nach Daten des Mikrozensus mehr als doppelt so hoch wie das Armutsrisiko von Personen ohne Migrationshintergrund (Statistisches Bundesamt 2018b). Menschen im Rentenalter sind bislang nicht überproportional von Einkommensarmut betroffen, allerdings ist das Armutsrisiko von Rentnern in den letzten zwei Jahrzehnten überproportional angestiegen und mit einem weiteren Anstieg ist zu rechnen. Bei keiner einzigen Risikogruppe ist das relative Armutsrisiko im Betrachtungszeitraum gesunken. Der Anteil der Bezieher*innen von Leistungen aus den Mindestsicherungssystemen liegt inzwischen bei neun bis zehn Prozent. Dies entspricht sieben bis acht Millionen Personen (BMAS 2017).

Hohe Einkommen und Vermögen sind bisher in allen in Deutschland verfügbaren Datenquellen schlecht abgebildet und untererfasst, auch wenn aktuelle Bemühungen auf eine bessere Erfassung sehr hoher Einkommen im sozio-ökonomischen Panel (SOEP) hinauslaufen. Dass die verfügbaren Einkommen und Vermögen sich in der deutschen Gesellschaft weiter auseinanderentwickeln, hat jedoch der 5. Armuts- und Reichtumsbericht (ARB) der Bundesregierung verdeutlicht. Besonders zeigen sich die ungleichen Lebensverhältnisse bei der Entwicklung des Vermögens: Während die Haushalte in der unteren Hälfte der Verteilung nur über rund 1 Prozent des gesamten Nettovermögens verfügen, besitzen die vermögensstärksten 10 Prozent der Haushalte mehr als die Hälfte des gesamten Nettovermögens (BMAS 2017).

Hierzu haben zunehmend große Volumina an Erbschaften und Schenkungen beigetragen. Bereits 2014 erhöhte sich das geerbte und geschenkte Vermögen deutlich und stieg auf rund 109 Milliarden Euro – dies entsprach einer Steigerung um 54,6 Prozent gegenüber dem Vorjahr. Aufgrund von Freibeträgen und den umfangreichen Steuerbefreiungen nach § 13a Erbschaftssteuer- und Schenkungssteuergesetz (ErbStG), die auf Betriebsvermögen, land- und forstwirtschaftliches Vermögen sowie Anteile an Kapitalgesellschaften gewährt werden, betrug der Wert der steuerpflichtigen Vermögensübergänge nur 33,8 Milliarden Euro; anteilmäßig mussten schließlich nur 11,3 Prozent des geerbten und 1,6 Prozent des geschenkten Vermögens als Steuern gezahlt werden. In den letzten Jahren umfassten Erbschaften und Schenkungen jeweils mehr als 100 Milliarden Euro (BMAS 2017). Es ist zu erwarten, dass diese Entwicklung in den kommenden Jahren die Ungleichheit der Lebensverhältnisse weiter vergrößern wird. Zur Finanzierung sozialer Aufgaben wird dieser gesellschaftliche Wohlstand bisher kaum herangezogen.

Bestandsaufnahme 3: Wahrnehmung sozialer Ungleichheit und Folgen für die Demokratie

Wilkinson/Pickett (2009) haben auf der Basis einer Metaanalyse vorliegender Studien vielfältige problematische gesellschaftliche Folgen von Armut, Prekarität und Ungleichheit zusammengetragen. Hierzu gehören: zunehmende Ängste, Unsicherheit, Bedrohung des sozialen Selbst, Mangel an Anerkennung, Verlust an Vertrauen, psychische Krankheiten, Drogenkonsum, Adipositas, ungleiche Bildungschancen, ungleiche Lebenserwartung, Gewalt und Kriminalität. Wer sich aufgrund des gesamten Lebenszusammenhangs in einer prekären Lebenslage befindet, hat wenig Chancen, das Leben aktiv zu gestalten, und erlebt sich als nicht handlungsmächtig. Doch oft ist, wie durch unterschiedliche Studien belegt, gar nicht die aktuelle eigene Situation maßgeblich, sondern die Sorge, den erreichten Lebensstandard nicht halten zu können, von Abstiegsprozessen bedroht und hiervor auch durch den Sozialstaat nicht (mehr) adäquat geschützt zu sein.

Inzwischen liegen mehrere Studien vor, die belegen, dass trotz des bestehenden Netzes sozialer Sicherung Unsicherheit und Zukunftssorgen bis weit in die Mittelschichten hinein verbreitet sind. So zeigte sich in einem für den 5. Armuts- und Reichtumsbericht erstellten Survey (Goette 2015), dass 44 Prozent der Befragten in Deutschland einen Anstieg der Armut wahrnehmen, 31 Prozent einen Anstieg des Reichtums. Zwei von drei Befragten sehen ein Risiko der Altersarmut; 50 Prozent glauben, den Armen werde in Deutschland genug abverlangt; zwei von drei Befragten meinen, Reiche sollen mehr abgeben.

Im Statista-Dossier »Armut in Deutschland« (2018) referierte Daten mehrerer Befragungen untermauern, dass ein Großteil der Bevölkerung erhebliche Ungerechtigkeiten bezüglich der Armut und Ungleichverteilung von Einkommen sieht und unzufrieden mit den politischen Bemühungen hinsichtlich dieser Aspekte ist. So sahen 70 Prozent der Befragten Armut im heutigen Deutschland als großes oder sehr großes Problem an; 82 Prozent gaben an, die Unterschiede zwischen Arm und Reich seien größer geworden. Der Frage, ob die gegenwärtigen Einkommensunterschiede zu groß seien, stimmten 60 Prozent voll und ganz zu und weitere 32 Prozent eher zu. Nur 37 Prozent waren der Auffassung, dass Hartz IV ausreichend sei für das, was man zum Leben braucht, und nur 39 Prozent fühlten sich für das Rentenalter genügend abgesichert. Zugleich sahen die Befragten klar die Regierung in der Pflicht, Maßnahmen zu ergreifen, um die Einkommensunterschiede zu reduzieren (stimme voll und ganz zu: 53 Prozent, stimme eher zu: 31 Prozent). Allerdings ist das Vertrauen in das politische Handeln begrenzt: Nur 28 Prozent der Befragten trauten der Bundesregierung zu, Altersarmut zu verhindern (Statista 2018).

Die jüngsten Wahlergebnisse dürften auch als Reaktion auf diese zunehmende Unzufriedenheit zu verstehen sein. Wahrgenommene Ausgrenzung, Prekarität und soziale Ungerechtigkeit stellen unmittelbare Gefährdungen für Demokratie und gesellschaftlichen Zusammenhalt dar: Zusammenhänge zur Zuwendung zu rechtspopulistischen Gruppierungen und Parteien sowie dem Rückzug aus der politischen Partizipation, insbesondere durch

Mit der Unia (Schweiz) und GPA-djp (Österreich) organisiert ver.di im November 2012 die Aktionswochen »Geld ist genug da. Zeit für (Steuer-)Gerechtigkeit«.

»Nichtwählen«, sind durch Studien belegt (u.a. Schäfer u.a. 2013). So wenden sich vor allem jene Personen vom Wählen ab, die sich stark benachteiligt fühlen und kaum an Einkommenszuwächsen beteiligt waren (Brenke/Kritikos 2017).

Was erwarten die Menschen vom Sozialstaat – was betrachten sie als gerecht?

Eine Auswertung vorliegender Studien zu den Erwartungen der Menschen an den Sozialstaat (Brussig u.a. 2019) macht deutlich: Es gibt eine überwältigende Zustimmung für die Zuständigkeit des Staates für die soziale Sicherung, die in der Bevölkerung der Bundesrepublik seit der Wiedervereinigung (1990) durchgängig bei mindestens 85 Prozent lag. Die Auffassung, dass der Staat zuständig dafür ist, grundlegende arbeitsmarktbezogene Risiken abzusichern, ist besonders hoch in der Alters- und Krankenversicherung, also bezogen auf das Risiko, aufgrund eines hohen Alters oder aufgrund von Krankheit nicht mehr arbeiten zu können.

Unterschiedliche demoskopische Umfragen zeigen zugleich recht stabil eine nur begrenzte Bereitschaft, neue Spielräume für die Finanzierung sozialstaatlicher Leistungen zu erschließen. Mehrheitlich werden einerseits Steuer- und Beitragserhöhungen wie auch eine höhere Staatsverschuldung abgelehnt, zugleich aber auch Kürzungen sozialstaatlicher Leistungen. Allerdings deutet sich eine Unterstützung für höhere Unternehmens- und Erbschaftssteuern bzw. für die Neueinführung einer Vermögenssteuer an.

Die Konstanz dieser Meinungen ist höher, als es die öffentliche Diskussion vermuten lässt. Wenn sich auch über die 1990er Jahre und die Jahre bis 2010 eine etwas rückläufige Unterstützung für den Sozialstaat feststellen lässt, so lag die Unterstützung doch stets bei mindestens 80 Prozent der westdeutschen Bevölkerung und in Ostdeutschland war sie durchgängig höher. Seit etwa 2012 steigt die Unterstützung für den Sozialstaat wieder an; in der westdeutschen Bevölkerung hat die Zustimmung mit ca. 90 Prozent inzwischen wieder das Niveau vom Anfang der 1990er Jahre erreicht und deckt sich nun etwa mit den Zustimmungsraten in der ostdeutschen Bevölkerung. Offensichtlich wird der Sozialstaat angesichts der Entwicklung der wahrgenommenen Ungleichheit als wichtige Unterstützung angesehen.

Eine Untersuchung dessen, was die Menschen in Deutschland im Sozialstaat als »gerecht« empfinden, haben kürzlich Wissenschaftler*innen des Deutschen Instituts für Wirtschaftsforschung (DIW) vorgelegt (Eisnecker u.a. 2018). Untersucht wurde, welche Gerechtigkeitsprinzipien von Wähler*innen unterschiedlicher Parteien aktuell favorisiert werden. In einigen Punkten sind die Ergebnisse wenig überraschend. So wird die gleiche Verteilung von Gütern und Lasten auf alle (Gleichheitsprinzip) von Unterstützer*innen der Linken positiver beurteilt als von Wähler*innen der Unionsparteien. Zugleich zeigen sich jedoch auch Übereinstimmungen: Anders als die zuweilen große mediale Aufmerksamkeit für Vorschläge eines »bedingungslosen Grundeinkommens« vermuten lassen würde, gibt es über alle Parteigrenzen hinweg eine hohe Zustimmung zu Verteilungsprinzipien, die dem (Vor-)Leistungsprinzip folgen.

Das Sozialstaatsprinzip scheint zudem aber auch dahingehend verankert zu sein, dass es eine hohe Zustimmung zum Bedarfsprinzip gibt: Wer bedürftig ist, dem soll zumindest ein minimaler Lebensstandard zugesichert werden. Hier zeigt sich deutlich die Erwartung, dass der Staat sowohl für eine verlässliche Mindestsicherung Sorge trägt, als auch die Organisation leistungsbezogener Versicherungssysteme übernimmt, die helfen, den Lebensstandard bei Eintreten der großen Risiken wie Arbeitslosigkeit und Alter zu sichern.

Welche Rolle kann der Sozialstaat zur Sicherung der »Würde des Menschen« spielen? – Das Beispiel Rentenversicherung

Wer den Sozialstaat entlang der Gerechtigkeitsvorstellungen der Menschen realisieren möchte, muss insofern weiterhin unterschiedlichen Gerechtigkeitsnormen folgen – der Sozialstaat kennt, wie wir spätestens seit Walzer (1992) wissen, verschiedene »Sphären der Gerechtigkeit«. Dem Grundgesetz folgend gilt es weiterhin, die »Würde des Menschen« sowohl durch die Bereitstellung eines soziokulturellen Existenzminimums als auch durch eine verlässliche, die vorherigen Leistungen und eingebrachten Beiträge berücksichtigende Absicherung zu sichern. Akzeptanzprobleme entstehen da, wo beide Prinzipien ineinander aufzugehen und zu verschmelzen drohen. Genau dies ist im Zuge der Hartz-Gesetze mit den Leistungen bei Arbeitslosigkeit geschehen, wo auch die langjährige Zahlung hoher Beiträge nicht mehr vor einem schnellen Verlust von einkommensbezogenen Leistungen und ggf. einem Absturz in Armut schützt. Ebenso ist dies bei der Rente eingetreten, wo es durch Leistungsniveaukürzungen im System der Gesetzlichen Rentenversicherung (GRV) und das politische Primat der Beitragssatzstabilität auch bei langjähriger Beitragszahlung zunehmend schwieriger geworden ist, einen GRV-Rentenanspruch oberhalb des Grundsicherungsniveaus aufzubauen.

Wenn angesichts der löchrigen Versicherungspflicht am Ende jedoch langjährige Beitragszahler nicht mehr als Menschen bekommen, die keine oder nur geringe Rentenbeiträge geleistet haben, so unterhöhlt dies die Vorsorgebereitschaft und delegitimiert das bestehende Rentensystem. Der im Februar 2019 vorgelegte Vorschlag des BMAS zur Einführung einer Grundrente bzw. »Respektrente«, die langjährigen Beitragszahlern (wie auch richtigerweise Personen, die langjährig unbezahlte, aber gesellschaftlich wichtige Fürsorgearbeit geleistet haben) im Alter eine eigenständige Rente oberhalb des Grundsicherungsniveaus garantieren soll, nimmt diese Debatte ernst. Auch wenn über die genauen Anspruchsvoraussetzungen und Verteilungswirkungen zu debattieren wäre, ist doch der Ansatz richtig, über stärker umverteilende Elemente im Niedrigeinkommensbereich nachzudenken, die keineswegs eine völlige Absage an das (ohnehin vielfach durchbrochene)

Äquivalenzprinzip bedeuten müssen, sondern lediglich eine Abschwächung in Richtung einer »Teilhabeäquivalenz«, wie sie auch für Alterssicherungssysteme anderer europäischer Länder kennzeichnend ist. Hierfür ist eine breite Finanzierungsbasis eine Grundvoraussetzung.

Allerdings kann die Lösung nicht allein darin liegen, das Kind zu retten, wenn es schon in den Brunnen gefallen ist. Die Respektrente zielt auf eine selektive nachträgliche Kompensation zugunsten ausgewählter »Normerfüller«. Ansätze zur Vermeidung und Begrenzung künftiger Altersarmut bzw. Grundsicherungsbedürftigkeit sollten vor allem an den vorgelagerten Ursachen ansetzen und präventiv ausgerichtet sein: »Der beste Schutz gegen Grundsicherungsbedürftigkeit und finanzielle Abhängigkeit im Alter ist eine ›gute‹ Erwerbsbiografie, in deren Rahmen ein Einkommen erzielt werden kann, das sowohl zur Bestreitung des aktuellen Lebensunterhalts als auch zum Aufbau ausreichender eigenständiger Rentenanwartschaften ausreicht. Um eine solche Biografie für möglichst viele Menschen in der Gesellschaft möglich zu machen, ist eine bessere Koordination und Verzahnung von Bildungs-, Arbeitsmarkt- und Beschäftigungs-, Familien- und Gesundheitspolitik im Rahmen einer übergreifenden ›sozialen Lebenslaufpolitik‹ notwendig. Die gesetzliche Rentenversicherung als zentrale Säule der deutschen Alterssicherung sollte in diesem Zusammenhang zu einer universellen Bürgerversicherung ausgebaut werden und wieder ein explizites sozialpolitisches (Mindest-)Sicherungsziel erhalten. Da die Vorleistungsabhängigkeit und Vorleistungsbezogenheit der GRV grundsätzlich beibehalten werden sollte, entspricht dem Mindestsicherungsziel der eigenständigen Existenzsicherung im Alter auch eine Mindestbeitragspflicht während der gesamten Erwerbsphase. Grundsatz ist, dass alle Bürgerinnen und Bürger dabei unterstützt und zugleich auch dazu angehalten werden, durch eigene Beitragsleistungen ein ausreichendes eigenständiges Alterseinkommen in der GRV aufzubauen.« (Brettschneider/Klammer 2016: 430f.)[3] Da ein präventives Konzept, wie es hier vorgeschlagen wird, erst langfristig wirksam werden kann, werden Maßnahmen der nachträglichen Kompensation unzureichender Alterseinkünfte – wie sie mit der »Respektrente« beabsichtigt ist – in der GRV für einen langen Übergangszeitraum notwendig bleiben.

---

[3] Die Weiterentwicklung der GRV zu einem universellen Alterssicherungssystem mit Mindestbeitragspflicht wurde schon Ende der 1990er Jahre als »voll eigenständiges System« propagiert (Rolf 1998).

Zum Schluss

»Gelingt es, der Freiheit, Gleichberechtigung, Gerechtigkeit und Solidarität – kurz: der Würde des Menschen – Geltung und Respekt zu verschaffen?«, fragte Frank Bsirske in seiner Grundsatzrede am 20.9.2011 auf dem 3. ver.di-Bundeskongress. Diese Frage hat auch acht Jahre später nicht an Bedeutung verloren. Vielfältige Vermarktlichungsprozesse haben in Deutschland – politisch gewollt oder zumindest billigend in Kauf genommen – die soziale Segregation vorangetrieben. Versuche, sie sozialpolitisch wieder »einzuhegen«, waren bisher nur vereinzelt von Erfolg geprägt. Auch wenn der Sozialstaat immer noch viele Härten abmildert, scheint er angesichts einer immer ungleicheren Primärverteilung zunehmend überfordert zu sein, soziale Teilhabe über Umverteilung (d.h. die »Sekundärverteilung«) sicherzustellen. Vorliegende Studien lassen keinen Zweifel: Die Zunahme von Ungleichheit wird von der Bevölkerung mehrheitlich als Ungerechtigkeit wahrgenommen. Negative Auswirkungen sozialer Ungleichheit zeigen sich im Hinblick auf den sozialen Zusammenhalt, auf die Demokratie, die Lebensführung, die Geschlechterverhältnisse, die Gesundheit, aber auch auf das Wirtschaftswachstum (WSI-Mitteilungen 2018; Groh-Samberg u.a. 2018a). Die Ungleichheit ist insofern mit drei Krisen verwoben, die nicht getrennt voneinander betrachtet werden können: einer Krise der sozialen Teilhabe, einer Krise der ökonomischen Stabilität und einer Krise der Demokratie (Bank/van Treeck 2015).

Nötig ist eine neue Adressierung normativer Fragen der sozialen Gerechtigkeit und der Solidarität bei der zukünftigen Gestaltung der sozialen Sicherung. Ein Sozialstaat, der der »Würde des Menschen« verpflichtet ist, wird weiter sowohl eine Antwort für Bedarfe derjenigen finden müssen, die sich dauerhaft in einer von Armut und sozialer Ausgrenzung bestimmten Lebenslage befinden, als auch Perspektiven einer solidarischen Absicherung »auf Augenhöhe« gegen die großen Lebensrisiken bieten (siehe das dem Beitrag vorgestellte Zitat). Dabei bedarf es klarer Sicherungsziele, denn »ohne eine direkte Adressierung normativer Fragen der sozialen Gerechtigkeit und der Solidarität werden sich [...] die ökonomischen Ungleichheiten, und damit auch die sozialen Spaltungen und intensivierten Statuskonkurrenzen, kaum reduzieren lassen« (Groh-Samberg u.a. 2018b: 346).

Literatur

Bank, J./van Treeck, T. (2015): Unten betrifft alle. Ungleichheit als Gefahr für Demokratie, Teilhabe und Stabilität, in: Aus Politik und Zeitgeschichte 10/2017, www.bpb.de/apuz/201654/ungleichheit-als-gefahr-fuer-demokratie-teilhabe-und-stabilitaet [2.12.2018].

Barsamian, D. (2004): Louder Than Bombs: Interviews from The Progressive Magazine, Cambridge, MA: South End Press.

Binder, B. /Haupt, A. (2018): Wohlstand für alle? Die Entwicklung einkommensschwacher Haushalte seit 2005, in: WSI-Mitteilungen 5/2018, S. 358-369.

BMAS (Hrsg.) (2017): Lebenslagen in Deutschland. Der 5. Armuts- und Reichtumsbericht der Bundesregierung, Berlin.

Brenke, K./Kritikos, A. (2017): Wählerstruktur im Wandel, DIW-Wochenbericht 29.

Brettschneider, A./Klammer, U. (2016): Lebenswege in die Altersarmut. Biografische Analysen und sozialpolitische Perspektiven, Sozialpolitische Schriften, Vol. 94, Berlin.

Brussig, M./Klammer, U./Lange, P. (2019): Einordnung gesellschaftspolitischer Debatten zur sozialen Ungleichheit (nicht veröffentlichte Expertise für das BMAS).

Bsirske, F. (2011): Grundsatzreferat auf dem 3. ver.di Bundeskongress am 20. September, www.verdi.de/++file++5073a20cdeb5011af9001988/download/ Protokollteil%2009%20-%20Di-20-09-2011_0900-1046.pdf, [20.5.2019].

Eisnecker, P./Adreiaans, J./Liebig, S. (2018): Was macht Gerechtigkeit aus? Deutsche WählerInnen befürworten über Parteigrenzen hinweg das Leistungs- und das Bedarfsprinzip, in: DIW aktuell, Nr. 17, 7.11.

Esping-Andersen, G. (1999): Social Foundations of Postindustrial Economies, Oxford.

Ferrera, M. (2008): The European Welfare State: Golden Achievements, Silver Prospects, West European Politics 1-2, S. 82-107.

Goebel, J./Grabka, M./Schröder, C. (2015): Einkommensungleichheit in Deutschland bleibt weiterhin hoch – junge Alleinlebende und Berufseinsteiger sind zunehmend von Armut bedroht, DIW-Wochenbericht 25, S. 571-586.

Goette, S. (2015): Wahrnehmung von Armut und Reichtum in Deutschland, Ergebnisse der repräsentativen Bevölkerungsbefragung »ARB Survey 2015«, BMAS (Hrsg.), Berlin.

Groh-Samberg, O./Hurch, N./Waitkus, N. (2018a): Statuskonkurrenzen und soziale Spaltungen. Zur Dynamik sozialer Ungleichheiten, in: WSI-Mitteilungen 5, S. 347-357.

Groh-Samberg, O./Hurch, N./Waitkus, N. (2018b): Dynamiken sozialer Ungleichheit, in: WSI-Mitteilungen 5, S. 346.

Häusermann, S./Palier, B. (2008): The politics of employment-friendly welfare reforms in post-industrial economies, Socio-Economic Review, S. 559-586.

Hinrichs, K. (2010): A Social Insurance State Withers Away. Welfare State Reform in Germany - Or: Attempts to Turn Around in a Cul-de-Sac, in: Palier, B. (Hrsg.), A Long Goodbye to Bismarck? The Politics of Welfare Reforms in Continental Europe, Amsterdam, S. 45-72.

Kalina, T./Weinkopf, C. (2018): Niedriglohnbeschäftigung 2016 – beachtliche Lohnzuwächse im unteren Lohnsegment, aber weiterhin hoher Anteil von Beschäftigten mit Niedriglöhnen, IAQ-Report 6.

Kessl, F. (2013): Soziale Arbeit in der Transformation des Sozialen. Eine Ortsbestimmung, Wiesbaden.

Klammer, U. (2018): Armut und Prekarität als politische Gefahr? In: Deutsche Rentenversicherung, Heft 4, S. 367-385.

Klammer, U./Leiber, S./Leitner, S. (2017): Leben im transformierten Sozialstaat: Sozialpolitische Perspektiven auf Soziale Arbeit. Überlegungen zur Zusammenführung zweier Forschungsstränge, in: Soziale Passagen, Jg. 9, H. 1, S. 7-21.

Leitner, S. (2016): Leistungs- und Bedarfsgerechtigkeit im Sozialstaat. Umverteilungsnormen im Wandel. In: Aulenbacher, B./Dammayr, M./Dörre, K./Menz, W./Riegraf, B./Wolf, H. (Hrsg.), Leistung und Gerechtigkeit, Weinheim und Basel.

Lessenich, S. (2008): Die Neuerfindung des Sozialen. Der Sozialstaat im flexiblen Kapitalismus, Bielefeld.

Rolf, G. (1998): Für eine Mindestbeitragspflicht aller Personen im Rahmen der gesetzlichen Rentenversicherung. Ein Wegweiser durch einen Reformpfad, in: Galler, H./Wagner, G./Krupp, H.-J. (Hrsg.): Empirische Forschung und wirtschaftspolitische Beratung, Festschrift für Hans-Jürgen Krupp zum 65. Geburtstag, Frankfurt a.M., S. 485–500.

Schäfer, A./Vehrkamp, R./Gagné, J. (2013): Prekäre Wahlen, Milieus und soziale Selektivität der Wahlbeteiligung bei der Bundestagswahl 2013, Bertelsmann Stiftung, Gütersloh.

Statista (2018): Dossier »Armut in Deutschland«, https://de.statista.com/statistik/studie/id/50108/dokument/armut-in-deutschland/ [15.11.2018].

Statistisches Bundesamt (2018a): Pressemeldung: 19,0% der Bevölkerung Deutschlands von Armut oder sozialer Ausgrenzung bedroht, www.destatis.de/DE/Presse/Pressemitteilungen/2018/10/PD18_421_634.html [1.12.2018].

Statistisches Bundesamt (2018b): Bevölkerung mit Migrationshintergrund – Ergebnisse des Mikrozensus. Fachserie 1 Reihe 2.2-2017, Wiesbaden.

Walzer, M. (1992): Sphären der Gerechtigkeit. Ein Plädoyer für Pluralität und Gleichheit. Frankfurt a.M.

Wilkinson, K./Pickett, R. (2009): Gleichheit ist Glück: Warum gerechte Gesellschaften für alle besser sind, Berlin.

WSI-Mitteilungen (2018): Dynamiken sozialer Ungleichheit (Schwerpunktheft), 5.

Mehr Lobby für die wirkliche Mitte

von Norbert Walter-Borjans

Würde ist mehr als ein Konjunktiv

Herbert Wehner, der knorrige Chef der SPD-Bundestagsfraktion in den 1970ern, soll denen, »die sich die Kreide, die sie täglich fressen, von der Großindustrie bezahlen lassen«, vorgeworfen haben, das Wort »Würde« nur noch als Konjunktiv zu kennen. In Wahrheit hat Wehner das nie gesagt, aber er hätte es so gesagt haben können. Diese Ansicht vertrat jedenfalls der unvergessene Kabarettist Dieter Hildebrandt. Aus seiner Feder stammt nämlich das obige Zitat. Es ist ein Satz aus der erfundenen Abschiedsrede Herbert Wehners vor dem Deutschen Bundestag. Ein Fake-Zitat also – aber eines mit Ansage.

Ob »Onkel Herbert« oder Dieter Hildebrandt – an der Aussagekraft dieser Tirade ändert das nichts. Die Würde von Mensch und Natur spielt bei der Einflussnahme von Wirtschaftslobbyisten auf die Politik eine nachrangige Rolle. Je globaler, desto anonymer sind »die Märkte«. Je anonymer, desto enger die Fokussierung der Akteure auf die Rendite als der einzigen Kenngröße für Erfolg und Misserfolg. Unter welchen Bedingungen sie weltweit zustande kommt, ist kaum zu ermitteln. Die meisten Shareholder interessiert es auch nicht.

Das freie Spiel der Kräfte ohne einen regelnden Staat läuft im Ergebnis immer auf das Recht des Stärkeren hinaus. Eigentlich ist das allen bewusst. Konsequenzen wurden aber meistens erst dann gezogen, wenn das Kind in den Brunnen gefallen war – nach Krisen, Kriegen, Katastrophen und Revolten. Es bleibt die Frage, wann wir anfangen, so nachhaltig zu agieren, dass wir nicht erst aus Schaden klug werden. Die bislang größte Katastrophe – Nazi-Herrschaft und Zweiter Weltkrieg – war im Westen Deutschlands Ausgangspunkt für einen Kurswechsel hin zum Zielbild einer sozialen Marktwirtschaft und dem entschiedenen Eintreten für die europäische Integration. Das alles auf der Grundlage einer Verfassung, deren erster Artikel mit dem Satz beginnt: »Die Würde des Menschen ist unantastbar.«

Dieser erste und die folgenden Artikel unseres Grundgesetzes, das auf bitteren Erfahrungen basiert, haben lange Zeit Wirkung gezeigt. Nach dem

Gegen soziale Ungerechtigkeit und die zunehmende Kluft zwischen Arm und Reich startet ver.di im August 2010 die bundesweite Kampagne »Gerecht geht anders«.

staatlichen Terrorregime war nicht etwa die Schwächung des Staates das Gebot der Stunde, sondern Rechtsstaatlichkeit und demokratische Kontrolle einer Rahmensetzung durch den Staat, die auf Solidarität und Gemeinwohl ausgerichtet war. Dafür gab es einen großen Konsens aller Demokraten und ein Grundvertrauen der Menschen in die neuen staatlichen Institutionen.

Entfesselte Märkte schaffen keinen Zusammenhalt

Wie wichtig ein vom Staat gesetzter Rahmen dafür ist, dass individuelles Eigeninteresse dem Wohl des Ganzen dient, hat sich in der Folgezeit immer wieder gezeigt. Weder der Wiederaufbau nach dem Krieg noch der tiefgreifende industrielle Strukturwandel im Westen der Republik in den 60er Jahren des vergangenen Jahrhunderts und danach waren Ergebnisse ungesteuerter Märkte, und der Aufbau von Verwaltung und Infrastruktur in

Norbert Walter-Borjans

den ostdeutschen Bundesländern nach 1989 war es auch nicht. Der Griff so manchen Hasardeurs aus dem Westen nach dem, was von maroder Wirtschaft der Ex-DDR Gewinn versprach, trug dagegen durchaus Kennzeichen entfesselter Marktwirtschaft. Das hat bei vielen der betroffenen Arbeitnehmerinnen und Arbeitnehmer nachhaltige Zweifel daran erzeugt, wie sozial Marktwirtschaft überhaupt sein kann und welchen Stellenwert menschliche Würde bei der Jagd nach Rendite letztendlich hat. Die Erfahrungen mit dem kontinuierlichen Wandel von Wirtschaft und Gesellschaft lehren uns jedenfalls immer wieder: Wenn jeder nur an sich denkt, ist zwar an alle gedacht – ein stabiles Gemeinwesen erwächst daraus aber nicht. Dazu bedarf es eines handlungsfähigen Staates, und den gibt es nicht für lau.

Nehmen wir als Beispiel den Strukturwandel im Ruhrgebiet, den ich aus jahrzehntelangem Erleben und aus langjähriger Begleitung in vielen verschiedenen Funktionen kenne. Der Wandel einer Region von Kohle und Stahl, in der ein blauer Himmel in den 1960er Jahren noch als ein illusionäres Wahlversprechen Willy Brandts galt, wäre ohne die Solidarität des Gesamtstaates, der vorher jahrzehntelang vom Reichtum des Reviers profitiert hatte, nie gelungen. Heute kann man mit Fug und Recht sagen, dass der Wandel im Vergleich zu anderen Industrieregionen mit vergleichbarer Ausgangslage, etwa mit Nordfrankreich, mit der belgischen Wallonie oder den Montanregionen Englands – vom »Rust Belt« in den USA ganz abgesehen – nicht trotz, sondern wegen der staatlichen Begleitung bisher besser gelungen ist als anderswo. Schon das hat viel Geld gekostet. Aber dieser Wandel ist nicht zu Ende. Es ist nicht zu übersehen, dass viele Menschen aus sicher geglaubten Strukturen herausgefallen sind und nicht ohne Brüche einen Platz in neu angesiedelten Branchen und Unternehmen fanden. Das gilt nicht nur für die unmittelbar Betroffenen – an den Folgen tragen Generationen von Menschen, die gern Steuerzahler wären, aber auf Leistungen der Allgemeinheit angewiesen sind. Diese Menschen wieder dauerhaft von Transferempfängern zu steuerzahlenden Arbeitnehmerinnen und Arbeitnehmern oder Unternehmerinnen und Unternehmern zu machen, erreicht man nicht durch das Diskreditieren staatlicher Unterstützung als »Sozialklimbim«, sondern durch den gezielten Einsatz öffentlicher Mittel, allem voran für Bildung, soziale Absicherung und Integration im weitesten Sinne. Selbstverständlich auch durch attraktive Standortbedingungen für Unternehmen, leistungsfähige Infrastrukturen und eine angemessen ausgestattete und bezahlte öffentliche Verwaltung.

In den Regionen, die früh weiter waren als andere, war auch die Verkehrsinfrastruktur schon früh besser ausgebaut als anderswo. Mit der Folge, dass hier auch der Sanierungsbedarf früher und massiver auftritt. Was für das Ruhrgebiet gilt, gilt auch für andere Regionen im Wandel. Im Osten sind die Straßen zwar mittlerweile vielerorts in einem beneidenswerten Zustand, aber die Brüche in den Biografien der Menschen sind teils noch massiver als im Westen. Was für den Westen gilt, gilt auch für den Osten. Die soziale Mobilität – die Chance, wenigstens in der nächsten Generation den sozialen Aufstieg zu schaffen – ist in Deutschland geringer als in vielen Industriestaaten. Dazu kommt das Lohn- und Gehaltsgefälle zwischen West und Ost. Auch die teils archaische Abdeckung mit Mobilfunk und Internet ist alles andere als eine Lappalie. Sie macht für viele die Abwanderung in die Städte zur Voraussetzung dafür, aus eigenem Antrieb unternehmerisch erfolgreich zu sein.

Die grundgesetzlich geforderte Angleichung der Lebensverhältnisse wird sich nicht von allein einstellen. Im Gegenteil: Der Zug in die Metropolen wird sich ohne aktives staatliches Handeln verstärken. In den ländlichen Regionen drohen Abwanderung und Überalterung, in den Städten Wohnungsnot, explodierende Mieten und Gentrifizierung mit schicken und teuren Quartieren einerseits und abgehängten Problemstadtteilen andererseits. Aber auch die Normalverdiener in den Gewinnerregionen haben kein Abonnement auf den Wohlstand. Womit heute ostdeutsche Bundesländer und Strukturwandelregionen des Westens kämpfen, das kann infolge des Wandels der Mobilität morgen die Standorte der Automobilindustrie und ihrer Zulieferer treffen. Für die Braunkohleregionen ist der Wandel schon beschlossene Sache. Dazu kommt, dass sich weder die Veränderungen im Altersaufbau der Bevölkerung noch Zuwanderung und Integrationserfordernisse ignorieren oder wegbeschließen lassen. Die voraussehbaren Umbrüche im Zuge der Digitalisierung werden tief in Schichten hineinwirken, die lange glaubten, Strukturwandel träfe nur gering qualifizierte Jobs. Staatliches Handeln ist so nötig wie eh und je – und mit ihm die staatliche Handlungsfähigkeit.

Ist Gemeinsinn unmodern?

Doch etwas ist anders als in den Jahren des Wiederaufbaus. Das Bewusstsein, dass es nur gemeinsam geht, ist erkennbar geringer ausgeprägt, und die Erwartung, dass Staat und Politik zu liefern haben, ist ungleich größer, während von einem Grundvertrauen in die staatlichen Institutionen keine Rede sein kann. Zu der Erosion des Vertrauens haben nicht nur enttäuschende Politiker beigetragen, sondern auch Kreise, die sich von einer Distanzierung der Menschen vom Staat mehr Individualität versprochen haben und jetzt besorgt feststellen, dass viele nicht etwa keinen Staat, sondern einen anderen Staat wollen.

In der Umfrage-Demokratie wird regelmäßig ermittelt, wo die Defizite liegen, die der Staat bitteschön abzustellen habe. Es wird bemängelt, wofür alles Geld fehlt, um im selben Atemzug zu fordern, dass der finanzielle Beitrag der Bürger*innen zu ihrem Gemeinwesen zu senken sei. Die lautesten Forderungen erheben dabei nicht die Klein- und Mittelverdienerhaushalte, sondern die Interessenvertreter der oberen 10 Prozent und deutlich darüber, die sich wahlweise als »die Mitte«, »die Leistungsträger« oder »die Fleißigen« verstehen. Das kommt auch bei denen in der wirklichen Mitte der Gesellschaft an, die sich zu Recht auch für fleißige Leistungsträger halten: Lehr- und Pflegekräfte, Polizisten und Feuerwehrleute, Beschäftigte in den öffentlichen Verwaltungen und im Transportgewerbe für Personen und Güter. Allerdings sind sie bei näherem Hinsehen von der Wirtschaftslobby gar nicht gemeint. Die Forderungen für die gefühlte Mitte richten sich an ein deutlich besser verdienendes Publikum. Der Verzicht auf »soziale Wohltaten«, der bei einem Absinken staatlicher Einnahmen unumgänglich wäre, träfe allerdings tatsächlich die wahre Mitte der Gesellschaft, die eher mit einem Haushaltseinkommen von 40.000 Euro und weniger als mit einem von 120.000 Euro im Jahr auskommen muss. Das Ergebnis ist ernüchternd: In der robusten Wachstumsphase der deutschen Wirtschaft sind vor allem die verfügbaren Einkommen an der Spitze der Verdienstskala gewachsen, während es im unteren Bereich Einbußen gab. »Erst muss erwirtschaftet werden, bevor verteilt werden kann.« Das leuchtet ein. Die Zahlen zeigen aber, dass in den letzten Jahrzehnten enorm viel erwirtschaftet worden ist – von vielen, allerdings vor allem für Wenige. Es wäre besser gewesen, wenn schon beim Erwirtschaften besser verteilt worden wäre. Eine faire Entlohnung aller Leistungsträger von Anfang an wäre auch würdiger als das anschließende Umverteilen, bei dem der Staat den einen etwas nehmen muss, um es anderen geben zu können. Angesichts der Schiefe, dass 5 Prozent so viel besitzen wie die übrigen 95 Prozent, ist eine stabilitätssichernde Verteilungskorrektur ohne steuerliche Umverteilung aber nicht mehr zu bewerkstelligen. Es bedarf einer deutlichen Verschiebung des finanziellen Beitrags von Klein- zu Großverdienern und -vermögenden.

Starke Schultern tragen mehr als schwache

Noch einmal zurück in die Jahre des Wiederaufbaus nach dem Krieg – oder genauer gesagt nach den Kriegen: Schon der Erste Weltkrieg hatte zu der Erkenntnis geführt, dass die Reparatur der materiellen und immateriellen Schäden es erforderte, starken Schultern einen größeren Beitrag zuzumuten als schwachen. Mit steigendem Einkommen sollte nicht nur der Steuerbetrag zunehmen, sondern auch der Anteil, der vom Einkommen an die Allgemeinheit abzugeben ist. Hinter der Steuerprogression stand der Gedanke, dass jemand – auf heutige Einkommensverhältnisse übertragen – mit 9.000 Euro im Monat eher in der Lage ist, auf 3.000 Euro für das Gemeinwesen zu verzichten, als jemand mit 900 Euro auf 300 Euro. Diesen Gedanken hatte nicht etwa ein Sozialist im Steuerrecht des Deutschen Reichs verankert, sondern der konservative Zentrumspolitiker Matthias Erzberger – nach dem Ersten Weltkrieg, im Jahr 1920.

Nach dem Zweiten Weltkrieg mit einem ungleich höheren Bedarf an materiellen Wiederaufbauleistungen und gesellschaftlicher Aussöhnung blieb die Progression Leitfaden der Einkommensbesteuerung. Ob unter der Kanzlerschaft Konrad Adenauers, Ludwig Erhards, Willy Brandts oder Helmut Schmidts – das Festhalten an der progressiven Besteuerung der Einkommen und bis 1997 auch die Besteuerung großer Vermögen stand nie ernsthaft zur Debatte. Zu Zeiten Helmut Kohls erreichte der sogenannte Spitzensteuersatz zeitweilig die Marke von 56 Prozent. Bis zum Ende der 1990er Jahre waren für Single-Einkommen ab gut einer Viertelmillion Euro im Jahr in heutigen Preisen bzw. einer halben Million für Verheiratete Steuersätze von mehr als 50 Prozent die Regel – bezogen auf das ganze Einkommen! Heute beginnt für einen Single bei 260.000 Euro der Reichensteuersatz von 45 Prozent, aber nur für den darüber hinausgehenden Teil des Einkommens. Die Vermögenssteuer wird gar nicht mehr erhoben.

Nicht, dass die Begüterten je von der Progression begeistert gewesen wären. Widerstand gegen die überproportionale Beteiligung hoher Einkommen gibt es seit Erzbergers Zeiten. An dem Grundprinzip selbst zu rütteln, wagte aber keine parlamentarische Mehrheit. Deshalb zielten die Angriffe nicht auf die Abschaffung, sondern auf das Schleifen der Progression – auf die Senkung des Spitzensteuersatzes, auf die Abschaffung beziehungsweise gegen die Wiederbelebung der Vermögenssteuer, gegen die Besteuerung riesiger Erbschaften. Zusammen mit der Erhöhung von Verbrauchssteuern und vor allem der Mehrwertsteuer wurde daraus am Ende eine prozentuale Belastung der Einkommen, die nicht von »niedrig« nach »hoch« anstieg, sondern Kleinsteinkommen fast so stark besteuert wie Top-Verdienende – erst recht, wenn man die Möglichkeiten der Letztgenannten mit in Betracht zieht, ihren Steueranteil geschickt zu mindern. Die Steuerpolitik hat einen unübersehbaren Anteil an der Umverteilung von unten nach oben.

Aus Fehlern lernen

Dass Sozialdemokraten zusammen mit den Grünen dazu wesentlich beigetragen haben, gehört nicht zu den angenehmsten Feststellungen im Beitrag eines Sozialdemokraten für einen Gewerkschaftsboss mit grünem Parteibuch. Aber es gehört zur Wahrheit dazu. Es ist, was die dahinterstehende Absicht anging, teilweise erklärbar. Vor 15 Jahren sahen viele Handlungsdruck, Deutschland als dem »kranken Mann Europas« wieder auf die Beine zu helfen. Dafür, wie man das macht, haben die Wirtschaftsverbände immer ein einfaches Rezept parat: die Entlastung der Wirtschaft und die Freisetzung unternehmerischer Initiative durch finanzielle Anreize – allen voran durch die Senkung von Steuern für die Anbieter von Waren und Dienstleistungen. Ob das Rezept, das damals gegen die Wachstumsschwäche verabreicht wurde – von Hartz IV bis zur radikalen Senkung des Einkommensteuerspitzensatzes und der Körperschaftssteuer – überhaupt wirksam und, wenn ja, in dieser Dosierung notwendig war, wird bis heute hitzig debattiert. Eines darf in Anlehnung an die Behandlung einer Krankheit jedenfalls behauptet werden: Wenn ein Gebrechen über ein Jahrzehnt zurückliegt und die Medikation mit erkennbaren, gerade auch entwürdigenden Nebenwirkungen verbunden war, ist die Warnung, man verliere seine Glaubwürdigkeit, wenn man an der Arznei oder ihrer Dosierung etwas ändere, schlicht absurd. Im Gegenteil: Dann gibt es dringenden Korrekturbedarf. Anderenfalls müssten sich Sozialdemokraten und Grüne sagen lassen, sie lehnten es immer noch ab, gut Gemeintes und anfangs vielleicht auch Wirksames auf die damit verbundenen Nebenwirkungen zu überprüfen und die notwendigen Konsequenzen zu ziehen.

Lackmustest für die demokratische Linke

Die Kompetenz dazu liegt immer noch auf der linken Seite des politischen Spektrums. Alle anderen negieren ja Fehlentwicklungen und Reformbedarf hin zu einem Abbau der Ungleichheit und damit wieder zu einer stärkeren Progression. Ihre Vorschläge erschöpfen sich darin, die finanzielle Beteiligung großer und größter Einkommen und Vermögen mit allen Rechentricks schon heute als überhöht darzustellen, nach weiteren Steuersenkungen zu rufen und das der Mehrheit obendrein als Entlastung »der Mitte« schmackhaft zu machen. Und nicht nur die Kompetenz liegt links, auch der Beleg für entschlossenes Handeln ist dort verortet. Von Nordrhein-Westfalen zusammen mit anderen rot-grün und rot-rot regierten Bundesländern ausgegangene Gesetzesinitiativen, vor allem aber Ermittlungserfolge gegen Steuerbetrug und Steuertrickserei belegen das nachprüfbar – übrigens mit einem Gewinn für das Gemeinwesen insgesamt und nicht nur für eine bestimmte Wählerschaft.

Aber die demokratische Linke steht vor einem Lackmustest. Setzt sie bei der Glaubwürdigkeit an, die sie in Sachen Bekämpfung des Betrugs an der Allgemeinheit erlangt hat, und unternimmt sie weitere unbedingt notwendige konsequente Schritte gegen Steuerflucht und für mehr Verteilungsgerechtigkeit, oder lässt sie sich von mächtigen Lobbyverbänden und ihren subtilen Methoden der Einflussnahme auf die Politik einschüchtern? Am Wollen mangelt es nicht. Es mangelt am Mut, die staatliche Einnahmeseite zu einem offen diskutierten Politikfeld zu machen. Der allergrößte Teil der politischen Akteure fremdelt mit diesem Thema. Wo eben möglich, geht man der Beschäftigung mit Steuern und deren Wirkung genauso aus dem Weg wie die übergroße Mehrheit der Bevölkerung. Die Finanzierung des Gemeinwesens ist für viele kein Thema für die politische Bühne – wie etwa Mindestlöhne, Renten, Mieten, Bildung, Sicherheit oder Infrastruktur. Das Politikfeld der staatlichen Einnahmeseite fristet eher eine Existenz hinter der Bühne und verursacht störende Nebengeräusche. Am besten fänden viele in der Politik es, die staatliche Einnahmenseite würde lautlos dafür sorgen, dass die Finanzierung der Themen auf der öffentlichen Bühne sichergestellt ist.

Lange Zeit ist das dadurch gelungen, das notwendige Kapital über Kredite zu mobilisieren. Schulden hatten zwar keinen guten Ruf, aber sie erzeugten weitaus weniger Widerstand als Steuern. In den 70er und 80er Jahren des vergangenen Jahrhunderts hat die immer wieder versuchte Verteufelung staatlicher Verschuldung kaum Früchte getragen – unabhängig davon, ob es gut begründbare Investitionskredite oder Konsumtivschulden ohne adäquaten Nutzen in der Zukunft waren. Steuererhöhungen waren immer das heiklere Thema. Erst die Finanzkrise hat die Staatsverschuldung in den Mittelpunkt gerückt, dann aber geradezu panische Reaktionen ausgelöst. Die 2009 ins Grundgesetz aufgenommene Schuldenbremse ist dafür ein Beispiel. Ohne Ansehen der Verwendung von Krediten, etwa für Investitionen in jahrelang nutzbare Verkehrswege, die in jedem Unternehmen als Begründung für eine Kreditfinanzierung genügen würden, wurde dieser Teil der Einnahmenerzielung schlicht versperrt.

Die wahren Restriktionen des Verbots, neue Kredite aufzunehmen, konnten dabei noch gar nicht deutlich werden, weil die ersten zehn Jahre mit der Schuldenbremse unter völlig untypischen Bedingungen verliefen. Untypisch gut für Deutschland, weil die Schwäche anderer für immer neue Exportrekorde sorgte und uns als einem der wenigen als sicher empfundenen Häfen ein enormes Angebot an billigem Kapital bescherte. Davon durch Aufnahme zusätzlicher Kredite Gebrauch zu machen und zu investieren, wurde skandalisiert. Stattdessen sonnt sich der öffentliche Gesamthaushalt in der Illusion endlos sprudelnder Geldquellen, während sich die soziale und regionale Unwucht verschärft. Wer Geld hat, legt es in Immobilien an und profitiert von enormen Wertzuwächsen. Wer trotz hohen Einsatzes im Job zur Miete wohnt, muss einen immer größeren Teil seines Einkommens an den Wohnungseigentümer überweisen.

Das Gebot, dagegen anzusteuern, entspringt nicht einem billigen Neidkomplex, wie das gern dargestellt wird. Es ist die Voraussetzung für den Zusammenhalt der Gesellschaft, ohne den auch Wohlstand irgendwann nicht mehr unbeschwert zu genießen ist.

Sicherheit im Wandel – aktueller denn je

Der wirtschaftliche, soziale, klimatische und kulturelle Wandel hat ein Tempo angenommen, das uns ahnen lässt, dass wir augenblicklich erst die Vorboten der kommenden Verwerfungen erleben. Damit geht eine wachsende Verunsicherung einher – bis weit in Kreise der Bevölkerung hinein, die Arbeit und achtbares Einkommen haben. Für »Sicherheit im Wandel« zu sorgen, ist heute ein noch drängenderer Auftrag an Politik und Gesellschaft als vor knapp zwei Jahrzehnten, als die SPD das zum Leitmotiv erhob. Was wird aus meinem Job, wie entwickelt sich die Miete, welche Perspektiven haben unsere Kinder, worauf kann ich zählen, wenn ich krank, alt oder pflegebedürftig werde? Das sind hoch aktuelle Fragen, auf die Politik Antworten geben muss. Antworten, die Geld kosten werden und eine gerechtere Beteiligung der Kreise erfordern, die sich zunehmend von Mitverantwortung befreit haben und denen ganze Steuervermeidungsindustrien zu Diensten sind. Und noch etwas: Kalkulierbarkeit des Lebens im Wandel macht nicht an Grenzen halt. Es wird keine Kalkulierbarkeit geben, wenn wir nicht auch mit dafür sorgen, das Leben der Menschen in anderen Ländern kalkulierbarer zu machen – in Europa und weltweit. Wer die Lösung im nationalen Egoismus sucht, wird scheitern.

Die Gewerkschaften sind wichtiger Teil des dringend nötigen Erneuerungsprozesses. Wir brauchen mehr Lobby für die wirkliche Mitte der Gesellschaft. Sonst verschärft sich das Ungleichgewicht der Interessenvertretung immer mehr zu denen, die nur den Wohlstand einer Minderheit im Auge haben und erkennbar immer härter jede Flamme austreten, die ihrer kurzsichtigen Interessenpolitik gefährlich werden könnte. Wir erleben das beim Versuch, missliebigen NGOs die Gemeinnützigkeit abzusprechen, wir erleben es beim Trommelfeuer gegen öffentlich-rechtliche Medien. Wir erleben das bei der Diskreditierung einer jungen Aktivistin für den Klimaschutz bis hin zur inszenierten Empörung über die Ideen eines Juso-Vorsitzenden, weil sich die immer weiter davon eilenden Gewinner bewusst sind, dass die Vernachlässigung von Werten und Würde den Bogen überspannen könnte. Die Flucht in die Attacke ist Zeichen von Nervosität, aber keine Lösung.

Wem es ernst ist mit der Würde jedes/jeder Einzelnen, muss dafür sorgen, dass Märkte wieder als Instrument und nicht als Religion begriffen werden, und dass soziale Marktwirtschaft nicht das ist, was selbsternannte Initiativen darunter verstehen, sondern den Eigennutz mithilfe demokratisch aufgestellter Regeln in den Dienst des Gemeinwohls stellen.

Hartz IV und das Märchen von des Kaisers neuen Kleidern

von Peter Bofinger

Nikolaus Piper von der »Süddeutschen Zeitung« bringt es auf den Punkt: »Vor fast 13 Jahren hat die SPD unter Gerhard Schröder die Agenda 2010 durchgesetzt. Für das Land brachte sie einen sensationellen Erfolg – noch nie seit der Wiedervereinigung waren in Deutschland so viele Menschen in Arbeit wie heute.« (Süddeutsche Zeitung 2019) Die meisten Politiker, Ökonomen und Publizisten sehen das heute genauso: Die Agenda 2010 hat Deutschland, das damals weithin als der »kranke Mann Europas« angesehen worden war, wieder zum weltweit bewunderten wirtschaftlichen »Superman« gemacht. Und natürlich wird deshalb allen anderen Ländern in Europa geraten, es doch genauso zu halten wie damals Bundeskanzler Gerhard Schröder (SPD). Man müsse nur den Mut zu solchen Strukturreformen haben und schon gehe alles wie von selbst.

Auf den ersten Blick kann man sich dieser Diagnose kaum entziehen. Die Arbeitslosigkeit, die im Jahr 2005 einen Rekordstand von fast fünf Millionen arbeitslos Gemeldeten erreicht hatte, ist seit der Umsetzung der Hartz-Reformen eindrucksvoll zurückgegangen: In Deutschland insgesamt belief sich der Rückgang auf rund 2,5 Millionen, in West-Deutschland waren es rund 1,5 Millionen und in Ost-Deutschland rund eine Million. Aber zeitliche Koinzidenz ist ja aus wissenschaftlicher Sicht noch kein Beweis für Kausalität. In der Wissenschaftstheorie wurde deshalb schon in der Scholastik vor dem Fehlschluss »Post hoc, ergo propter hoc« gewarnt, also vor der Logik, weil ein Ereignis auf ein anderes folge, sei es auch dessen Ursache.

Für die Beurteilung einer arbeitsmarktpolitischen Reformmaßnahme bietet es sich zunächst an, die Effekte konjunktureller Schwankungen auszublenden. Man sollte also Zeitpunkte vergleichen, die eine vergleichbare gesamtwirtschaftliche Kapazitätsauslastung (»Output-Lücke«) aufweisen. In dieser Hinsicht stellt das Jahr 2005 eine wenig geeignete Vergleichsbasis dar, da es – nach Schätzung der OECD – durch eine ausgesprochen negative Output-Lücke (-1,7 Prozent) gekennzeichnet ist. Zwei in dieser Hinsicht

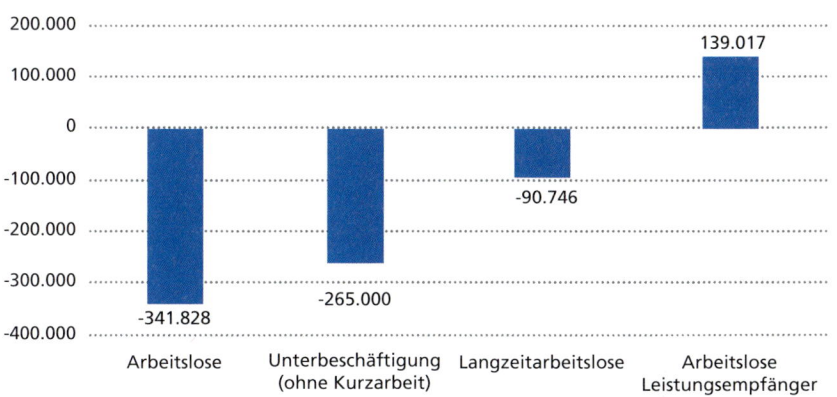

Quelle: Eigene Berechnungen, Bundesagentur für Arbeit

recht vergleichbare Jahre sind demgegenüber das Jahr 2001 und das Jahr 2016 mit einer Output-Lücke von 0,4 beziehungsweise 0,5 Prozent.

Bei einer Analyse der deutschen Arbeitsmarktentwicklung in den 2000er Jahren ist zusätzlich zu berücksichtigen, dass Ost-Deutschland damals noch immer unter dem wirtschaftlichen Schock der deutschen Einheit stand. Vor allem der Einbruch der ostdeutschen Industrie hatte zu einer hohen transformationsbedingten Arbeitslosigkeit geführt. Wenn man die damit einhergehenden Sondereffekte ausschließen möchte, liegt es nahe, sich auf die Entwicklungen in West-Deutschland zu konzentrieren.

Beim Vergleich der Arbeitslosigkeit in West-Deutschland im Jahr 2001 mit der Situation im Jahr 2016 zeigt sich ein interessanter Befund (siehe Schaubild 1). Die Anzahl der arbeitslos Gemeldeten ist lediglich um rund 342.000 gesunken, die Unterbeschäftigung, die arbeitsmarktpolitische Maßnahmen mit einbezieht, um 265.000. Bei den Langzeitarbeitslosen, auf die die Hartz-Reformen in erster Linie anzielten, beträgt der Rückgang sogar nur noch rund 90.000. Besonders bemerkenswert ist die Entwicklung der Anzahl von Arbeitslosen, die auch einen Leistungsanspruch aufweisen. Hier sollte man erwarten, dass sich die Einschränkung der Leistungen, die Hartz IV vor allem für qualifiziertere Arbeitslose mit sich brachte, besonders starke Effekte aufweist. Tatsächlich wiesen im Jahr 2016 mehr Arbeitslose einen Leistungsanspruch auf als in der Phase vor der Einführung der Hartz-Re-

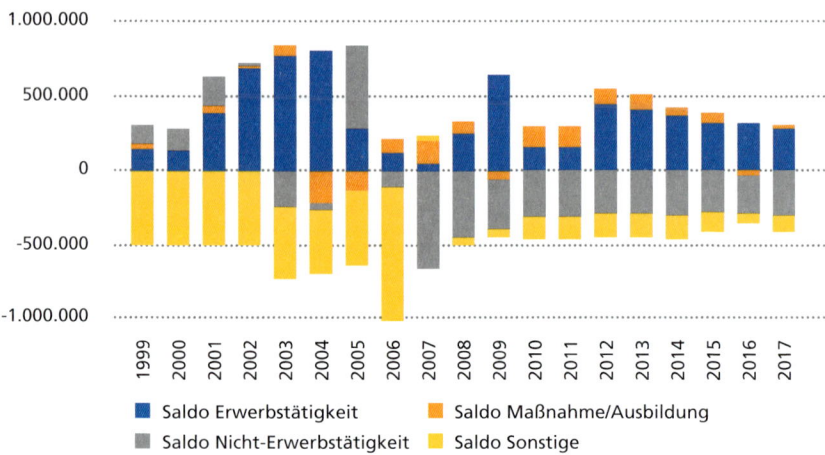

Schaubild 2: Ströme am deutschen Arbeitsmarkt (positives Vorzeichen: Arbeitslosigkeit steigt)

Legende:
- Saldo Erwerbstätigkeit
- Saldo Maßnahme/Ausbildung
- Saldo Nicht-Erwerbstätigkeit
- Saldo Sonstige

Quelle: Eigene Berechnungen auf Basis der Daten der Bundesagentur für Arbeit

formen. Von einem durch die Hartz-Reformen ausgelösten Arbeitsmarktwunder ist also nicht viel zu erkennen.

Ein ähnlich ernüchterndes Bild zeigt sich auch, wenn man die Ströme auf dem Arbeitsmarkt in der Zeit nach dem Jahr 2005 betrachtet. Für die meisten Ökonomen ist der Rückgang der Arbeitslosigkeit vor allem in der zweiten Hälfte der 2000er Jahre darauf zurückzuführen, dass Arbeitslose unter dem Druck verminderter Ansprüche auf Arbeitslosengeld eher bereit gewesen seien, einen Job anzunehmen. Die Stromgrößen zeigen jedoch ein völlig anderes Bild (siehe Schaubild 2).

Der in der Phase von 2005 bis 2010 besonders ausgeprägte Rückgang der Arbeitslosigkeit in West-Deutschland ist in erster Linie auf das Ausscheiden von Arbeitnehmern aus der Erwerbstätigkeit oder aus der Arbeitslosenstatistik (Saldo Sonstige) zurückzuführen. Letzteres dürfte nicht zuletzt damit zusammenhängen, dass für viele arbeitslos Gemeldete nach Einführung von Hartz IV kein Leistungsanspruch mehr gegeben war, weil in ihrer Bedarfsgemeinschaft ein ausreichendes Haushaltseinkommen vorhanden war. Der Saldo der Erwerbstätigkeit, also der Menschen, die von Erwerbstätigkeit in die Arbeitslosigkeit wechselten, und der Menschen, die von Arbeitslosigkeit in die Erwerbstätigkeit wechselten, weist durchgängig ein positives Vorzeichen auf. Das bedeutet, dass es von diesen Strömen per Saldo sogar zu einem Anstieg der Arbeitslosigkeit gekommen ist.

Der Befund, dass von den Hartz-Reformen keine erkennbaren Effekte auf den westdeutschen Arbeitsmarkt ausgegangen sind, ist nicht erstaunlich, wenn man sich einmal die Diagnose vor Augen hält, von der sich Anhänger dieser Maßnahme haben leiten lassen. Wenn man glaubt, dass man mit einer Reduktion der Unterstützungsleistungen einen erheblichen Teil der Arbeitslosigkeit abbauen konnte, unterstellt man damit implizit, dass der größte Teil der Arbeitslosen des Jahres 2005 sich letztlich freiwillig für die Arbeitslosigkeit entschieden hat. Man unterstellt, dass von ihnen die Nicht-Erwerbstätigkeit attraktiver eingeschätzt wurde als die Erwerbstätigkeit. Dass diese Einschätzung eine grobe Fehldiagnose darstellte, kann unmittelbar erkannt werden, wenn man die damalige Anzahl der Arbeitssuchenden und der offenen Stellen gegenüberstellt. Im März 2005, dem Höhepunkt der Beschäftigungskrise, standen für rund 5,3 Millionen arbeitslos Gemeldete gerade einmal rund 200.000 offene Stellen zur Verfügung.

Es spiegelt das verzerrte Menschenbild der herrschenden Ökonomie, wenn viele Wissenschaftler ernsthaft glauben, eine Massenarbeitslosigkeit, wie sie vor allem in den Jahren 2004 und 2005 zu beobachten war, sei überwiegend freiwilliger Natur. Aber es ist auch nicht völlig überraschend, da in den Standard-Lehrbüchern der Makroökonomie das Phänomen der konjunkturellen Arbeitslosigkeit nicht analytisch behandelt wird. In den komplexeren DSGE-Modellen[1] ist Arbeitslosigkeit ebenfalls immer nur freiwilliger Natur.

Die Vorstellung, dass eine Reduktion der Leistungen für Langzeitarbeitslose in der Lage sei, einen grundlegenden Wechsel am Arbeitsmarkt zu erreichen, kann man auch dadurch relativieren, dass man die Leistungen für Langzeitarbeitslose im internationalen Vergleich betrachtet (siehe Schaubild 3). Hierbei zeigt sich, dass die Leistungen in Deutschland auch nach der Einführung von Hartz IV relativ hoch sind. Demgegenüber erhalten Langzeitarbeitslose in Italien und Griechenland überhaupt keine Leistungen. So gesehen müsste der Arbeitsmarkt in diesen Ländern in allerbester

---

[1] DSGE (Dynamic Stochastic General Equilibrium)-Modelle beruhen meist auf der Annahme rationaler Erwartungen. Sie leiten individuelles Verhalten aus Optimierungen der Haushalte und Unternehmen her und beschreiben allgemeine Gleichgewichte; zu Recht wird kritisiert, dass sie sich nur für »Schönwetterperioden« des ökonomischen Geschehens eignen.

Peter Bofinger   **157**

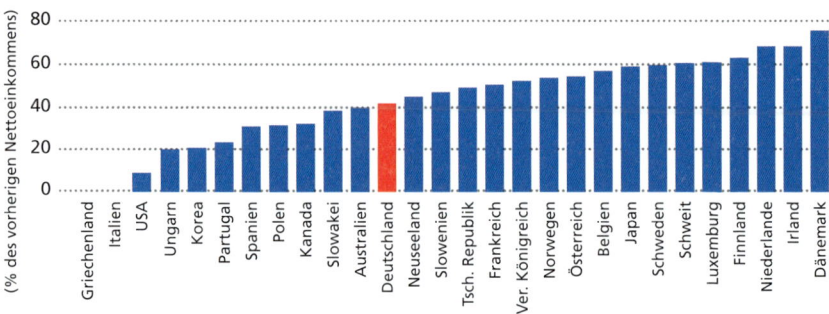

Schaubild 3: Leistungsanspruch nach fünf Jahren Arbeitslosigkeit (Ledige ohne Kind mit 67 Prozent des Durchschnittseinkommens)

Quelle: OECD, Going for Growth Statistics

Verfassung sein. Umgekehrt kann man jedenfalls für diese Länder eine solche »Strukturreform« nicht mehr als die große Lösung für ihre Beschäftigungsprobleme anpreisen.

Wie lässt sich dann die Wunderheilung Deutschlands in der zweiten Hälfte der 2000er Jahre erklären? Eine einfache Antwort besteht darin, dass die Diagnose des »kranken Mannes« völlig unzutreffend gewesen war. Viele Beobachter hatten damals ein verzerrtes Bild der wirtschaftlichen Situation des Landes, weil sie die temporären negativen Effekte der deutschen Einheit auf die Arbeitslosigkeit und die sozialen Sicherungssysteme für dauerhaft einschätzten. Dass man zu der damaligen Zeit auch zu einer anderen Diagnose kommen konnte, verdeutlicht mein im Jahr 2004 erschienenes Buch mit dem Titel »Wir sind besser als wir glauben« (Bofinger 2004), das bewusst als Antithese zu dem Untergangsszenario in Hans-Werner Sinns Buch »Ist Deutschland noch zu retten?« (Sinn 2003) geschrieben wurde.

Bei der rezessiven Entwicklung der deutschen Wirtschaft in der ersten Hälfte der 2000er Jahre ist zudem eine ausgeprägte Lohnzurückhaltung in dieser Phase zu berücksichtigen. Sie hat dazu geführt, dass die Binnennachfrage preisbereinigt von 2000 bis 2005 um knapp zwei Prozent geschrumpft ist, was wesentlich zu der hohen negativen Output-Lücke im Jahr 2005 beigetragen hat. Damit unterschied sich die gesamtwirtschaftliche Entwicklung Deutschlands fundamental von der Situation vergleichbarer Volkswirtschaften (siehe Schaubild 4). Die Lohnzurückhaltung hat damit zunächst einmal die wirtschaftliche Dynamik in Deutschland ausgebremst. Mit der

Schaubild 4: Veränderung der Inlandsnachfrage im Zeitraum 2000 bis 2005 (Jahresdurchschnitt)

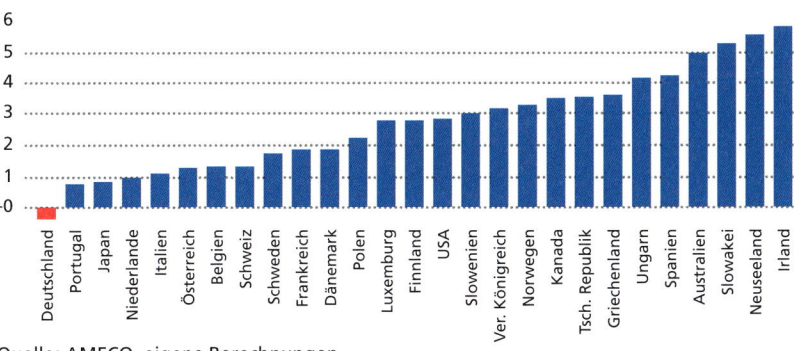

Quelle: AMECO, eigene Berechnungen

Abkehr von der Lohnzurückhaltung in der zweiten Hälfte der 2000er Jahre und durch positive außenwirtschaftliche Impulse ist es dann wieder zu einer stabileren Wachstumsentwicklung in Deutschland gekommen.

Was folgt aus dieser Analyse? Zum einen zeigt sich, dass sich bei der Geschichte von der Wunderheilung Deutschlands durch Gerhard Schröders Agenda-Politik eine ähnliche Suggestivkraft entfaltet hat wie bei Hans-Christian Andersens Märchen von des Kaisers neuen Kleidern. Wirtschaftspolitisch ergibt sich daraus zum anderen, dass es keinen Grund gibt, Arbeitslose, die nach einem Jahr keinen neuen Arbeitsplatz finden, direkt in den Status eines Hartz IV-Empfängers abgleiten zu lassen. Zumindest für Arbeitnehmer, die über einen längeren Zeitraum (20 bis 30 Jahre) durchgängig beschäftigt waren, sollte wieder eine Zwischenlösung wie die Arbeitslosenhilfe geschaffen werden. Das bisher bezogene Einkommen sollte nicht nur bei den Leistungen, sondern auch bei der Zumutbarkeit einer neuen Tätigkeit berücksichtigt werden.

Literatur:

Bofinger, P. (2004): Wir sind besser als wir glauben, München.

Sinn, H.-W. (2003): Ist Deutschland noch zu retten?, Berlin.

Süddeutsche Zeitung (2019): Erfolge der Hartz-Reform werden vergessen (Kommentar Nikolaus Piper), 11. Februar, www.sueddeutsche.de/wirtschaft/contra-soziale-wende-erfolge-der-hartz-reform-werden-vergessen-1.4325086 [12.6.2019].

Leistungsgerechtigkeit für wen?

von Marcel Fratzscher[1]

Sie kennen das Argument: In diesen wirtschaftlich guten Zeiten müsse man nun endlich mal die Leistungsträgerinnen und Leistungsträger entlasten, damit ihre Leistung angemessen gewürdigt wird. Klingt überzeugend. Nur: Wer sind denn die sogenannten Leistungsträger unserer Gesellschaft? Meist sind diejenigen gemeint, die hohe Steuern zahlen und somit die Finanzierung unseres starken Sozialstaats ermöglichen.

Das ist jedoch eine verzerrte Wahrnehmung von gesellschaftlicher Leistung. Um eine sinnvolle Debatte über Gerechtigkeit führen zu können, brauchen wir einen Diskurs über die Frage, was für uns als Gesellschaft eigentlich Leistung bedeutet. Dabei sollte es weniger um die Verteilung von Einkommen gehen.

In Deutschland wird heftig über Gerechtigkeit gestritten. Die ARD widmet der Debatte im November 2018 eine ganze Themenwoche, eine Volkspartei hatte es als Kernthema in ihrem Bundestagswahlkampf und auch sonst steht das Thema der Verteilung im Mittelpunkt vieler Grundsatzdebatten in Deutschland – von Diskussionen über Rente und Geflüchtete bis hin zu Erben und Wohnen.

Nur, was bedeutet Gerechtigkeit? Viele Diskussionen dazu sind von Anfang an zum Scheitern verurteilt, weil die Diskutanten völlig unterschiedliche Verständnisse von diesem Konzept haben. Den einen geht es um die Gleichheit von Einkommen und Vermögen (Gleichheitsprinzip), den anderen darum, dass die unterschiedlichen Ansprüche einzelner Gruppen und Individuen befriedigt werden (Anspruchsprinzip). Wiederum andere verbinden Gerechtigkeit mit der Frage, ob Menschen für ihre gesellschaftliche Leistung belohnt werden (Leistungsprinzip), oder ob Menschen ihre Grundbedürfnisse decken können (Bedarfsprinzip).

Die positive Botschaft ist: Laut einer Studie meiner DIW Berlin-Kolleginnen und Kollegen Stefan Liebig, Philipp Eisnecker und Jule Adriaans ha-

---

[1] Aus: Zeit Online vom 16. November 2018, www.zeit.de/wirtschaft/2018-11/gerechtigkeit-sozialstaat-demokratie-steuern-leistungstraeger-gleichheitsprinzip/komplettansicht [2.7.2019].

Mit Streiks und Demonstrationen 2009 setzen sich Beschäftigte der Sozial- und Erziehungsdienste für einen Gesundheitstarifvertrag und bessere Bezahlung ein.

ben wir Deutschen einen ungewöhnlich starken Konsens darüber, worum es uns bei Gerechtigkeit geht: um Leistung und um Bedürfnisse. Eine gerechte Gesellschaft ist also eine, in der Leistung honoriert wird und gleichzeitig alle Menschen ihre Grundbedürfnisse befriedigen können. Dagegen spielen Gleichheit und Ansprüche eine deutlich untergeordnete Rolle für die Deutschen. Diese Präferenzen sind bei Wählerinnen und Wählern der verschiedenen Parteien ähnlich.

Und dennoch: Die Mehrheit in unserem Land empfindet die Gesellschaft als ungerecht. Manche behaupten, solche Umfragen seien falsch, oder die Menschen seien verwöhnt, da es Deutschland wirtschaftlich so gut wie selten in den vergangenen 40 Jahren geht. Schließlich sagt die Mehrheit der Deutschen, es gehe ihnen selbst wirtschaftlich gut. Es ist jedoch kein Widerspruch, dass es einem persönlich gut geht, man aber gleichzeitig die Gesellschaft als ungerecht empfindet. Dies zeigt vielmehr, dass Solidarität vielen Deutschen wichtig ist. Sie wollen in einer Gesellschaft leben, in der es allen einigermaßen gut geht und Leistung honoriert wird.

Um in der Debatte um Gerechtigkeit voranzukommen, brauchen wir daher ein Verständnis davon, wer denn die Leistungsträger unserer Gesell-

Marcel Fratzscher

schaft sind. Sind es die Besserverdiener, die hohe Einkommenssteigerungen in den vergangenen 20 Jahren hatten und daher einen immer höheren Anteil aller Steuern zahlen? Oder sind es der Altenpfleger und die Kita-Erzieherin, die eine enorme Verantwortung für unsere Gesellschaft übernehmen, trotz eines vergleichsweise geringen Einkommens und erheblicher körperlicher und psychischer Belastung?

20 Prozent der Beschäftigten in Deutschland arbeiten im Niedriglohnbereich. Das sind fast doppelt so viele wie in Frankreich oder Skandinavien. Frauen erhalten in Deutschland 21 Prozent weniger Lohn für ihre Arbeit als Männer. Eine Lohnlücke, die deutlich größer ist als in den meisten europäischen Ländern. Heißt das folglich, dass Deutschland doppelt so viele Menschen hat, die wenig Leistung durch ihre Arbeit erbringen, und dass Frauen in Deutschland besonders wenig leisten? Oder ist es nicht vielmehr so, dass ihre Leistung nicht angemessen honoriert wird?

Ähnliches gilt für die Frage, ob Menschen in Deutschland die Grundbedürfnisse ihres Lebens decken können. Mehr als jede vierte Alleinerziehende, meist Mütter, sind von Armut bedroht – deutlich mehr als in vergleichbaren Ländern. Tendenz steigend. Es sind darüber hinaus vor allem alleinstehende Frauen, die im Alter von Armut bedroht sind. Das Armutsrisiko, gemessen an der sogenannten Armutsrisikoquote, ist in den letzten 15 Jahren des Wirtschaftsbooms deutlich angestiegen.

Diese Zahlen und Beispiele zeigen, dass die wahrgenommene Ungerechtigkeit in Deutschland uns nicht überraschen sollte. Dabei geht es den Menschen meist nicht um Neid, also darum, den sogenannten Leistungsträgern ihren Erfolg und ihr gutes Einkommen nicht zu gönnen. Es geht vielmehr darum, dass die Leistung vieler Menschen mit geringem Einkommen, Vermögen und Chancen nicht ausreichend honoriert und respektiert wird.

Das sollte die Politik bedenken, wenn sie sich mal wieder über die Abschaffung des Solidaritätszuschlags (Kostenpunkt 18 Milliarden Euro, wovon 62 Prozent dem einkommensstärksten Zehntel zugutekommen würden), die Grundsteuer für Immobilieneigentümer, das Baukindergeld oder den Spitzensteuersatz streitet. Zielführender wäre eine ehrliche Debatte darüber, wie Leistung besser honoriert und Bedürfnisse in unserer Gesellschaft gedeckt werden können. Das würde zu einem wirklichen Fortschritt in der Diskussion um Gerechtigkeit führen.

Gewerkschaftliches Urgestein

von Robert Habeck und Beate Müller-Gemmeke

Protestkundgebung an der Uniklinik Bonn im März 2006 während des langen Tarif-
konflikts im öffentlichen Dienst um Tarifbindung und Arbeitszeitverlängerung

Unser Sozialstaat ist zwar solidarisch organisiert, wer wenig verdient, wird
trotzdem im Krankenhaus operiert, wenn es notwendig ist, oder bekommt
Pflegeversicherungsleistungen im Alter. Doch wer zu wenig verdient, braucht
schon im Arbeitsleben aufstockende Hilfe aus Steuergeldern, und da Rente
und Arbeitsleben auf das Engste verknüpft sind, ist auch die Rente viel zu
klein für ein würdevolles Leben im Alter. So wird das System der sozialen
Absicherung durch Niedriglöhne immer mehr infrage gestellt. Auf dieses
Problem hat Frank Bsirske, der langjährige Chef von ver.di, schon früh vorausschauend und kämpferisch hingewiesen.

Um hier endlich etwas zu ändern, um prekäre Beschäftigung zurückzu-
drängen und allen Menschen ein Leben in Würde zu ermöglichen, brauchen
wir die Politik und die Gewerkschaften. Das heißt, unser Tagesgeschäft und

163

das von ver.di greifen hier Hand in Hand. Denn einerseits brauchen wir endlich neue soziale Leitplanken, und die muss die Politik setzen – beispielsweise bei der Leiharbeit, den sachgrundlosen Befristungen, bei Minijobs und der Arbeit auf Abruf. Die politischen Rahmenbedingungen müssen wir so ändern, dass die Gewerkschaften gestärkt werden und es verstärkt zu kollektiven Tarifvereinbarungen kommt, denn gerade im Niedriglohnsektor ist die Tarifbindung äußerst gering.

Für gerechte Löhne brauchen wir vor allem eine starke Tarifpartnerschaft. Und dafür hat Frank Bsirske sein Gewerkschaftsleben lang gekämpft. Bei der Post beendete ver.di unlängst die tarifliche Zweiklassengesellschaft. Beim Sicherheitspersonal auf den Flughäfen gelang es der Gewerkschaft dieses Jahr, die Stundenlöhne in Ost und West endlich anzugleichen, bis 2021 steigen sie bundeseinheitlich auf 19 Euro an. In den Tarifverhandlungen für die Beschäftigten im öffentlichen Dienst der Länder erzielte ver.di eine Anhebung der Gehälter im Gesamtvolumen von 8 Prozent – das beste Ergebnis seit Jahren. Und die Flugbegleiter*innen beim Billigflieger Ryanair erhalten dank ver.di erstmals überhaupt einen Tarifvertrag.

Sein letztes Jahr bei ver.di ist von Erfolgen gekrönt, die sich sehen lassen können. Von ihrer Gründung an lenkte Bsirske die Geschicke der Gewerkschaft, die in Deutschland am breitesten aufgestellt ist. Seit 2001 versucht er Systemlogistiker und Verkäuferinnen, Müllmänner und Kindergärtnerinnen, Schauspieler, Klofrauen und Wachleute zusammenzuführen. Das ist einer der schwersten Jobs, den Gewerkschaften zu vergeben haben. Und er meisterte ihn wirklich gut. In seinen Anfangsjahren wetterte er gegen Rot-Grün unter Bundeskanzler Gerhard Schröder (SPD) und entlarvte schon damals das neoliberale Potenzial dieser Politik. Der Mann mit dem grünen Parteibuch nahm kein Blatt vor den Mund und übte schonungslos Kritik an seiner Partei, wenn er es für angebracht hielt. Damit forderte er uns immer wieder. Doch solchen Streit braucht eine Partei, um zu wachsen. Und gleichzeitig waren wir uns seiner Unterstützung immer sicher.

Der Job als ver.di-Chef machte Frank Bsirske im Laufe der Jahre zum streitbaren gewerkschaftlichen Urgestein. Und als solches mischte er sich überall dort ein, wo er Ungerechtigkeit aufspürte und wo die Würde der Menschen angetastet wurde. Beim Lohndumping etwa. Die grundsätzliche politische Antwort auf zu niedrige Löhne ist heute der gesetzliche Mindestlohn. Bsirske ist einer von jenen, die den Mindestlohn auf die politische Agenda hievten, als dieser bundesweit noch höchst umstritten war. Denn per Definition ist der Mindestlohn der niedrigste gesetzlich zulässige Lohn. Diese Lohnuntergrenze stabilisiert gleichzeitig unser Tarifvertragssystem. Denn tarifliche Löhne im unteren Bereich müssen teilweise nachziehen oder steigen durch den Mindestlohn schneller und stärker an – und das ist gut so. Doch der Mindestlohn ist in unserem Land auf viel zu niedrigem Niveau gestartet, und auch die heutigen 9,19 Euro pro Stunde sind wenig Geld. Daher muss er deutlich erhöht werden. Frank Bsirske ist der gleichen Meinung. Denn ein echter Mindestlohn muss vor Armut schützen.

Auch die typischen Frauenberufe hatte Bsirske im Blick. Seine Dienstleistungsgewerkschaft führte immer wieder harte Tarifverhandlungen, um diese Berufe besser zu stellen. Die Tarifverhandlungen zur Aufwertung der Sozial- und Erziehungsberufe sorgten in unserer Gesellschaft für eine breite öffentliche Debatte. Und die ist bitter nötig. Denn gerade die Erziehungs- und Pflegeberufe, die unsere Gesellschaft immer nötiger braucht, werden viel zu schlecht bezahlt und ausgestattet. ver.di sorgte außerdem mit einer großen Aktion dafür, dass die Öffentlichkeit erfuhr, wie viel Personal an unseren Krankenhäusern fehlt. Denn um den absehbaren Mangel an Fachkräften in Krankenhäusern, Altenpflege und Kitas ausgleichen zu können, müssten Attraktivität und Ansehen der Pflege- und der Erziehungsberufe endlich steigen. Und auch das geht nur mit einer deutlich besseren Bezahlung und einem besseren Personalschlüssel.

Bsirske kümmert sich ums Detail und gleichzeitig kann er auch die große Linie. Mal waren es die Bosse, mal waren es Banker oder die Liberalen, an denen er sich zu Recht abgearbeitet hat. Mal wollte er ran an die Apples, Googles und Ikeas der Welt, um deren Gewinne in Deutschland zu besteuern. Ein andermal monierte er, bei uns werde »Reichtumspflege« getrieben, und meinte damit zu niedrige Erbschaftssteuern und zu niedrige Steuern für Reiche. Und wenn ihn etwas so richtig ärgerte, dann konnte der Gewerkschaftsboss auch schon einmal grober werden. Während der Finanzkrise geriet er einmal so in Rage, dass er während einer ver.di-Veranstaltung beide Mittelfinger seiner Hände in die Höhe reckte. Da ging es um die Banker der Hypo Real Estate. Die hatten sich mit hohen Rentenansprüchen verabschiedet, während der Staat für den Fortbestand der Bank bürgen musste. »Das ist unmoralisch, das ist unanständig, das muss geächtet werden«, sagte Frank Bsirske damals.

Lautstark ist er, dieser Gewerkschaftsmann. Und konsequent, auch in seiner Analyse: Den Crash an der Wall Street sah Bsirske als Bankrotterklärung des herrschenden wirtschaftspolitischen Leitbildes, wonach sich der Staat raushalten soll und die Wirtschaft sich selbst reguliert. Mit diesem Crash entlarvte sich die These von den Selbstheilungskräften des Marktes als Legende. Und das bekam auch Europa zu spüren. Auf die Eurokrise und die rasant wachsenden Staatsschulden in vielen Ländern reagierte ver.di im Bündnis mit anderen Gewerkschaften, Sozialverbänden und Nichtregierungsorganisationen mit der Forderung nach einer Reichensteuer, gemeint war die dauerhafte Wiedereinführung der Vermögenssteuer und eine einmalige Vermögensabgabe. Denn die Antwort der Politik auf die Eurokrise waren Privatisierungen und verordnete Sparprogramme bei den Sozialsystemen, Löhnen und Mindestlöhnen. Es gilt vor allem, die Einnahmeseite der Staaten zu konsolidieren, neue Steuereinkommen zu stärken und Steuerhinterziehungen den Kampf anzusagen.

Denn Sparen allein ist der falsche Weg. Es hilft der Wirtschaft nicht und es frustriert die Menschen. Wachsende Armut und Verunsicherung in den Eurostaaten der Krise hat längst dazu geführt, dass viele Menschen sich von Europa abwenden und in einfachen nationalstaatlichen Ideen die Lösungen ihrer Probleme suchen.

Nicht nur, aber auch in Europa geht es Bsirske daher um die Rückgewinnung des Sozialen im betrieblichen Alltag, in der Wirtschaft, in der Politik und in der Gesellschaft. Letztlich geht es ihm und uns um die Frage: In was für einer Gesellschaft wollen wir leben? Und welche Aufgaben müssen Staat und Politik wahrnehmen, damit die Gesellschaft nicht zerbricht? Wichtig für diesen sozialen Zusammenhalt ist vor allem die Glaubwürdigkeit unserer Politik. Artikel eins unseres Grundgesetzes schreibt fest, dass die Würde des Menschen unantastbar ist. Das heißt auch: Jegliche Erwerbsarbeit hat ihren Wert und muss fair entlohnt werden. Wirtschaft ist kein Selbstzweck. Um unsere Gesellschaft gerechter und lebenswerter zu machen, brauchen wir eine nachhaltige Arbeitswelt, von der die Menschen profitieren und die auch nachfolgende Generationen im Blick hat. Nur so schaffen wir mehr Solidarität und mehr echten Zusammenhalt. Dafür trat Frank Bsirske sein gesamtes Gewerkschafterleben lang ein. Er ist ein gewerkschaftliches Urgestein, eines der wenigen grünen gewerkschaftlichen Gesteine, die es in unserer Republik überhaupt gibt. Und darauf sind wir stolz. Jetzt macht dieser streitbare grüne Gewerkschafter seinen Platz für Jüngere frei. Das ist sicher gut so. Trotzdem werden wir ihn vermissen.

Weitsichtiger Brückenbauer

von Annegret Kramp-Karrenbauer

Frank Bsirske in den Leipziger Messehallen beim 2. ver.di-Bundeskongress 2007, der unter dem Motto »Gerechtigkeit, Würde, Solidarität« steht

Wenn Frank Bsirske in diesem Jahr nach 18 Jahren die ver.di-Kommandobrücke verlässt, dann könnte ich natürlich von den Erfahrungen meiner Partei berichten, wie man mit einem Führungswechsel nach 18 Jahren Amtszeit umgeht. Ich könnte darüber berichten, wie Raum für Neues entsteht und gleichzeitig große Verdienste bleiben, die Orientierung bieten. Ich könnte darüber berichten, wie das Erbe einer erfolgreichen Amtszeit mit Leben gefüllt wird und wie neue Antworten aus diesem Erbe gegeben werden.

Über all das könnte ich an dieser Stelle berichten. Ich will aber über etwas anderes schreiben: über eine Gemeinsamkeit im Wertegerüst der Gewerkschaftsbewegung und der deutschen Christdemokratie. Es ist jetzt über 70 Jahre her, dass unser Land nach dem Zweiten Weltkrieg vor der Aufgabe stand, auf den moralischen und politischen Trümmern einer menschenverachtenden Diktatur etwas Neues aufzubauen. Hinter unserem Land lagen Krieg und Zerstörung mit Millionen Toten. Unser Land hat über die ganze Welt unfassbares Leid gebracht. Aus Deutschland heraus wurde mit der Shoah das wohl größte Menschheitsverbrechen überhaupt begangen. Es ist für uns heute kaum noch vorstellbar, wie sich ein ganzes Land mit dieser Schuld konfrontiert sah.

Und genau in dieser Situation kamen in ganz Deutschland Frauen und Männer zusammen, um die richtigen Lehren zu ziehen. Da kamen Frauen und Männer zusammen, um an die Tradition der Gewerkschaften aus dem Kaiserreich und der Weimarer Republik anzuknüpfen. Aber sie knüpften nicht einfach unreflektiert an diese Traditionen an. Sie erkannten, dass die Zersplitterung von Arbeitnehmerinteressen dem Gewerkschaftsgedanken schadete. Noch vor Kriegsende wurde im März 1945 in Aachen eine neue Gewerkschaft gegründet. Die Gründungsmitglieder von damals hatten dabei eine geeinte Arbeiterbewegung im Sinne; dabei setzten sie auf das Gemeinsame und nicht auf das Trennende.

Es folgten weitere Gründungen und Zusammenschlüsse. Im Ergebnis entwickelte sich daraus 1949 der Deutsche Gewerkschaftsbund als demokratischer Dachverband der Gewerkschaften. Dies war leider nur in der erst kurz zuvor gegründeten Bundesrepublik möglich. In der sozialistischen DDR war an eine freie und demokratische Gewerkschaft nicht zu denken.

Als Vorsitzende der CDU Deutschlands finde ich diesen Weg der Gewerkschaften nach 1945 deshalb besonders spannend, weil ich deutliche Parallelen zur Gründung meiner Partei entdecke. Auch die Gründung der CDU geht auf Frauen und Männer zurück, die bereits in den letzten Kriegstagen überall in Deutschland zusammenfanden, um Lehren aus der Barbarei der Nationalsozialisten zu ziehen. Auch sie setzten darauf, das Verbindende über das Trennende zu stellen. Der Zersplitterung des Parteiensystems in der Weimarer Republik wollten sie eine integrative Kraft aus der Mitte heraus entgegensetzen und dabei altbewährte Frontstellungen überwinden: Katholiken und Protestanten, Unternehmer und Arbeitnehmer, Angestellte und Arbeiter, Akademiker und Handwerker, Stadtbürger und ländliche Milieus. Die Christdemokratinnen und Christdemokraten der ersten Stunde wussten, dass die Unfähigkeit der demokratischen Auseinandersetzung aus der Mitte heraus zu Verhärtung, Unversöhnlichkeit und schließlich Totalitarismus führt.

Eine zweite Parallele ist das Phänomen der Graswurzelbewegung. So wie es in ganz Deutschland unabhängig voneinander Gewerkschaftsgründungen gab, so spiegelt auch die Gründung der CDU eine sehr föderale Entwicklung wider. Stand bei den Gewerkschaften am Ende dieser Entwicklungen 1949 die Gründung des DGB, so kam es bei meiner Partei 1950 zur Bündelung aller Ebenen in der Bundes-CDU. Diese föderalen Gründungsgeschichten prägen sowohl den DGB als auch die CDU bis heute. Es ist eine Absage an Zentralismus und sichert die richtige Balance zwischen Autonomie und gemeinsamer Stärke.

Aber weder eine föderale Struktur noch eine das Trennende überwindende Bewegung reichen aus, um die geistigen Grundlagen sowohl der deutschen Gewerkschaftsbewegung als auch der deutschen Christdemokratie zu erklären. In meiner Partei stellte von Beginn an das Bekenntnis zum christlichen Menschenbild die alles überwölbende und alle Mitglieder verbindende Idee dar. Bei den Gewerkschaften war und ist es das Verständnis der Lebensmöglichkeit eines jeden Einzelnen.

Der erste DGB-Vorsitzende Hans Böckler sagte bei der Gründung des DGB vor 70 Jahren: »Es muss möglich sein, einen gerechten Ausgleich der verschiedenen Interessen herbeizuführen – derart, dass auch dem Letzten unseres Volkes die Lebensmöglichkeit gegeben ist.«

Der Blick auf jeden Einzelnen, auf seine Chancen, auf seine Entfaltungsmöglichkeiten, auf seine Talente und Stärken – das war vor über 70 Jahren die gemeinsame Antwort vieler in Deutschland auf die totalitären Schreckenserfahrungen im Nationalsozialismus, der das Individuum hinter seinem totalitären Anspruch verschwinden ließ. Nirgendwo wurde diese Lehre in schönere Worte gekleidet als in Artikel 1 unseres Grundgesetzes: »Die Würde des Menschen ist unantastbar.« Sowohl die deutsche Gewerkschaftsbewegung als auch die deutsche Christdemokratie haben aus diesem Grundsatz heraus unser Land in den vergangenen sieben Jahrzehnten geprägt. Drei Dinge möchte ich nennen, die sich unmittelbar aus der Menschenwürde ergeben.

Erstens: Die unantastbare Menschenwürde gewährt ausnahmslos jedem Freiheit. Freiheit ist aber nur dann echte Freiheit, wenn sie nicht zulasten der Freiheit eines anderen geht. Deshalb gehören Freiheit und Verantwortung zusammen. Das sind keine Gegenpole, sondern miteinander verschränkte Ebenen. Das Zusammendenken von Freiheit und Verantwortung ist die Grundlage unseres Gemeinwesens; hieraus erwächst die Soziale Marktwirtschaft, die nicht nur ein Wirtschaftsmodell, sondern vor allem ein Gesellschaftsmodell ist. Freiheit und Verantwortung spiegeln sich wider in der Sozialpartnerschaft, in der Mitbestimmung, in Arbeitnehmerrechten genauso wie in unternehmerischer Freiheit.

Zweitens: Die unantastbare Menschenwürde setzt auf die Selbstentfaltungskräfte des Einzelnen. Jede und jeder muss die echte Chance haben, das Beste aus ihrem oder seinem Leben zu machen. Da spielt Bildung natürlich eine große Rolle. Da spielt natürlich auch der Wert der Arbeit eine große Rolle – verbunden mit fairen Löhnen und gesetzlichen Mindeststandards. Arbeit ist ein Wert an sich und ist ganz eng mit Würde verknüpft. Deshalb sind Ideen wie ein bedingungsloses Grundeinkommen genauso schädlich wie ausbeuterische oder sittenwidrige Arbeitsbedingungen.

Drittens: Die unantastbare Menschenwürde kann sich nur in einer Gesellschaft verwirklichen, die den Kompromiss und fairen Interessenausgleich wertschätzt. Wenn Positionen nur noch unversöhnlich gegenüberstehen, wenn es bei jeder Frage um alles oder nichts geht, wenn es keinen gegenseitigen Austausch gibt, dann kommt unweigerlich die Würde irgendjemandes unter die Räder. Deshalb gehören Menschenwürde und Demokratie zusammen. Und die Menschenwürde zu verteidigen, heißt dann auch, die demokratische Streitkultur aus der Mitte heraus zu verteidigen, zu der unweigerlich immer auch das Ringen um einen fairen Interessausgleich gehört. Dort, wo nicht mehr miteinander um beste Lösungen gerungen wird, wo es nur noch um die blinde Durchsetzung einzelner Interessen geht, da bekommt Demokratie Risse, da wird die Menschenwürde infrage gestellt.

Wenn ich auf das Wirken von Frank Bsirske zurückschaue, dann sehe ich bei all seinem leidenschaftlichen Kampf für Arbeitnehmerinteressen diese drei Punkte verwirklicht. Er ist ein glühender Verfechter der Sozialpartnerschaft als Ausdruck des Zusammendenkens von Freiheit und Verantwortung in der Sozialen Marktwirtschaft. Er ist ein überzeugter Vorkämpfer für würdevolle Arbeitsbedingungen in wahrlich nicht einfachen Branchen. Er ist ein weitsichtiger Brückenbauer, dem es gelungen ist, fünf Einzelgewerkschaften mit unterschiedlichen Interessen unter dem Dach von ver.di zusammenzubringen, und dabei immer auf einen fairen Austausch und Ausgleich gesetzt hat.

Bei allen immer mal wieder auftretenden Meinungsverschiedenheiten zwischen der CDU und den Gewerkschaften gibt es ein einigendes Band und ein gemeinsames Grundverständnis davon, auf welchen Grundlagen der Zusammenhalt in unserem Land fußt. Deshalb muss es darum gehen, gemeinsam diese Grundlagen zu verteidigen.

Diese Grundlagen zu verteidigen, ist in einer Welt, die immer schneller zusammenrückt und die gleichzeitig durch einen rasanten technologischen Fortschritt verändert wird, eine ganz besondere Herausforderung. Unsere gemeinsamen Werte, die sich aus der Menschenwürde ableiten, unsere Soziale Marktwirtschaft, die bewährte Sozialpartnerschaft, unsere Art zu leben – all das ist einem knallharten Systemwettbewerb ausgesetzt. Uns muss es gelingen, unser Land und Europa so stark zu machen, dass wir Einfluss haben und Gehör finden. Das ist ein gemeinsamer Auftrag – für Politiker genauso wie für Gewerkschafter, für Unternehmer genauso wie für Arbeitnehmer, für die jüngere Generation genauso wie für die Älteren.

Es kann uns nicht egal sein, wie sich unser Land weiterentwickelt. Da gibt es durchaus unterschiedliche Auffassungen. Aber unterschiedliche Auffassungen gehören dazu, unterschiedliche Interessen sind das Normalste überhaupt. Und deshalb müssen uns diese Unterschiede Ansporn sein, leidenschaftlich zu debattieren. Und gleichzeitig dürfen wir niemals einen Zweifel daran lassen, dass am Fundament unseres Zusammenhalts – der unantastbaren Menschenwürde – nicht zu rütteln ist.

Als Vorsitzende der CDU Deutschlands möchte ich ver.di und ganz besonders Frank Bsirske danken, dass wir in den vergangenen Jahren genau ein solches Verhältnis gepflegt haben – leidenschaftliches Ringen um die richtigen Lösungen, Wertschätzung des Kompromisses als Ausdruck unserer demokratischen Grundhaltung, Zusammenstehen in der Verteidigung unserer Grundwerte. Dass wir genau hieran auch in den kommenden Jahren anknüpfen, das wünsche ich sowohl ver.di als auch der CDU.

Mit der ihm eigenen Hartnäckigkeit

von Andrea Nahles

Im ersten Artikel des Grundgesetzes steht, die Würde des Menschen ist unantastbar. Meistens gelesen als Auftrag gegen den in Deutschland verbrecherisch gewordenen Nationalismus; im Sinne von Johannes Rau, der einst meinte, es hieße eben nicht die Würde der Deutschen. Doch ist der Auftrag des Grundgesetzes zur Menschenwürde umfassender. Vor 70 Jahren leiteten die Verfassungsväter und -mütter besonders das Sozialstaatsgebot, in der politischen Praxis natürlich immer umstritten, hieraus ab. Für Gewerkschaften und SPD ist der handlungsfähige und gerecht finanzierte Sozialstaat das Herzstück einer Gesellschaft, die sich eben nicht bloß zur marktförmigen Demokratie erklärt, sondern die als soziale Demokratie unter Solidarität mehr als Armenfürsorge, eben soziale Bürgerrechte versteht.

Die gesellschaftliche Realisierung der Grundwerte der Französischen Revolution: Freiheit, Gerechtigkeit und Solidarität (Brüderlichkeit) bestimmte seit der Industrialisierung die gemeinsame Agenda der Arbeiterbewegung, von SPD und Gewerkschaften. Heute ist es wieder an der Zeit, dass wir uns erneut und mehr mit dem politisch-sozialen Grundwert der Solidarität beschäftigen.

Gemeinsamer Grundwert Solidarität

In der Geschichte der europäischen Arbeiterbewegung, der Gewerkschaften wie der Sozialdemokratie, hat kein Begriff eine solch mobilisierende Kraft entfaltet wie die »Solidarität«. Diese war nicht nur als allgemein menschliche Solidarität Ziel der Bewegung. Durch Solidarität untereinander und durch solidarische Strukturen in der Arbeiterkultur wurde die Bewegung als Lebensform im Alltag stark und entwickelte reformpolitische Tagesforderungen, die auf eine Wiederherstellung ihrer Würde und auf konkrete soziale Verbesserungen der Lage der arbeitenden Menschen abzielten.

Der Sozialstaat ist dabei der von Gewerkschaften und Sozialdemokratie gemeinsam erkämpfte Kern der Domestizierung des Kapitalismus. Umfragen bestätigen uns immer wieder, dass sich eine Mehrheit der Menschen,

In einer Menschenkette gegen Rassismus, für Menschenrechte und Vielfalt am 18. Juni 2016 in Bochum

etwa zwei Drittel der Befragten, nach einer solidarischeren Gesellschaft sehnt; auch deshalb habe ich hin und wieder davon gesprochen, die soziale Marktwirtschaft hin zu einer »solidarischen Marktwirtschaft« zu erneuern.

In der Arbeiterbewegung war Solidarität das Wissen, dass alle Menschen miteinander verbunden sind. Durch die ökologischen Herausforderungen kommen jetzt noch die zukünftigen Generationen hinzu. Es ging und geht um Verantwortung und Engagement füreinander, um Würde und Anerkennung des anderen, um Vertrauen und Empathie, man kann auch sagen Nächstenliebe, um gegenseitige Hilfe über das hinaus, was Recht und Gesetze von uns verlangen.

Durch den Neoliberalismus ist der Grundwert Solidarität, auch aus den eigenen Reihen, diskreditiert und attackiert worden, individuelle Eigenverantwortung und entfesselter Wettbewerb waren die Parolen. Gerade im Rückblick haben die Gewerkschaften mit ihrer Kritik mehr Recht gehabt als manche überzogene Modernisierungsmode in der SPD. Erinnern wir uns an

Andrea Nahles

die verdrehte Logik, die damals den Reformen zugrunde lag, vor allem diejenigen in den Blickpunkt zu rücken, die Sozialleistungen missbrauchen. Solidarität heißt hingegen, wegzukommen vom Ansatz der Vorverurteilung, des Misstrauens und der Sanktionitis, den Sozialstaat aus dem Blickwinkel derjenigen zu gestalten, die Hilfen brauchen und Rechtsansprüche darauf haben.

Solidarität muss sich auf vielen politischen Handlungsfeldern bewähren: Europäisch und global, in Wirtschaft und Sozialem, in der Integration und in der Solidarität mit den kommenden Generationen – und natürlich im Sozialstaat als Kernbestand institutioneller Solidarität. Bei Letzterem hat die SPD unter dem Motto Solidarität, Zusammenhalt, Menschlichkeit einen breiten Erneuerungsprozess begonnen, mit neuen Grundsätzen für den Sozialstaat der Zukunft.

Schutz vor den Risiken des Lebens

Es gibt keine allgemeingültige Definition für den Begriff des Sozialstaates. Leitlinien des deutschen Sozialstaates sind von jeher die Prinzipien der Solidarität und der Subsidiarität. Die Menschen sollen ausreichenden Schutz vor den großen Lebensrisiken Armut und Altersarmut, Krankheit und Arbeitslosigkeit erhalten. Die Sicherheit ist ein menschliches Grundbedürfnis. Das gilt für die äußere und innere Sicherheit – in Frieden leben, sicher an Leib und Leben. Es gilt aber in gleichem Maße für die soziale Sicherheit. Diese Sicherheit zu garantieren, bleibt Kernaufgabe unserer Politik.

Die SPD will die Sicherungssysteme, die im Wesentlichen aus Beiträgen aus Erwerbsarbeit finanziert werden, wieder stärken. Insbesondere muss die Schutzfunktion für die Arbeitnehmerinnen und Arbeitnehmer wieder ausgebaut werden. Damit sorgen wir dafür, dass weniger Menschen überhaupt in die steuerfinanzierte Grundsicherung kommen.

Deshalb wollen wir die Lebensleistung wieder stärker anerkennen, wenn Menschen in die Arbeitslosigkeit fallen, indem wir vorschlagen, die Bezugsdauer des Arbeitslosengeldes I für langjährig Versicherte zu verlängern. Der Respekt vor dem Wert der Arbeit misst sich auch an der Bewertung der Arbeit im Alter. Frank Bsirske hat völlig zu Recht in den letzten Jahren immer wieder darauf hingewiesen, dass der Paradigmenwechsel in der Alterssicherungspolitik – das Ziel der Beitragssatzstabilität steht mindestens gleichrangig mit dem Ziel der Lebensstandardsicherung – zu einer massiven Zunahme der Altersarmut führen wird, wenn nicht rechtzeitig gegengesteuert wird. Wer sein Leben lang gearbeitet hat, darf im Alter nicht in Armut fallen. Die Grundrente wird keine Sozialleistung sein, sondern Rechtsanspruch ohne Prüfung der Bedürftigkeit. Es geht auch darum, endlich die Grundlage für eine eigenständige Alterssicherung von Frauen zu schaffen.

Erneuerter Sozialstaat der Zukunft

Der Sozialstaat soll soziale und ökonomische Teilhabechancen für alle Bürgerinnen und Bürger gewährleisten. Bei steuerfinanzierten Sicherungssystemen besteht immer ein Zielkonflikt zwischen dem verfassungsmäßigen Auftrag, ein menschenwürdiges Existenzminimum zu gewährleisten, und der Sorge, dass Solidarität ausgenutzt wird. Dieser Zielkonflikt wurde in unserem gewachsenen Sozialstaat damit beantwortet, dass Existenzsicherung vorrangig durch Erwerbsarbeit erfolgen soll. Im Zuge des zunehmend neoliberalen Diskurses seit dem Beginn der 1990er Jahre sind die steuerfinanzierten Sicherungssysteme massiv verändert und schließlich die Grundsicherung vor allem mit Perspektive auf den Missbrauch konstruiert worden – und nicht auf diejenigen, die es brauchen. Deshalb ist Hartz IV bis heute vom Bild des faulen Arbeitslosen geprägt. Dieses Bild war und ist falsch. Das neue Bürgergeld muss Unterstützung und Hilfe zur Teilhabe sein für alle Bürgerinnen und Bürger. Dieser Gedanke muss der gesamten Sozialstaatsreform zugrunde liegen: Der Sozialstaat muss einfacher und verlässlicher werden. Ansprüche müssen klar und auskömmlich sein. Rechte müssen schnell und unbürokratisch in Anspruch genommen werden können.

Der Sozialstaat muss in die Zukunft der nachwachsenden Generationen investieren. Der Sozialstaat darf nicht auf die Rolle des Reparaturbetriebes kapitalistischer Wirtschaftsweise verkürzt werden. Der Sozialstaat hat aus sozialdemokratischer Sicht immer auch emanzipatorischen, partizipatorischen und investiven Charakter. Eine sozial durchlässige Gesellschaft, die auf ein selbstbestimmtes Leben vorbereitet und alle Chancen öffnet, fängt bei den Kleinsten an. Zu sehr aber fängt die Selektion der Kinder in Chancenreiche und Chancenarme schon im Kindergarten, spätestens aber in der Grundschule an. Dies ist auch eine Folge der materiellen Armut der Eltern. Wir wollen deshalb Kinder aus der Grundsicherung für Arbeitsuchende herausholen und mit einer Kindergrundsicherung mehr Gerechtigkeit für alle schaffen.

Die Einführung des gesetzlichen Mindestlohns war ein wichtiger und entscheidender Schritt auf dem Weg für mehr Gerechtigkeit bei der Verteilung der Primäreinkommen in unserer Gesellschaft. Ja, der Mindestlohn war ein Bruch mit dem eingeführten und – eigentlich auch bewährten – Lohnfindungssystem über die Tarifautonomie. Es waren aber Frank Bsirske und ver.di, die frühzeitig und zu Recht darauf hingewiesen haben, dass es einer anderen Antwort bedarf, wenn immer mehr Menschen in die Einkommensarmut getrieben werden, weil immer mehr Arbeitgeber aus der Tarifbindung fliehen und andererseits – auch das gehört zur Wahrheit – mit den Hartz-Reformen der Druck erhöht wurde, auch niedrig entlohnte Beschäftigung anzunehmen.

Man kann die Rolle Frank Bsirskes bei der Einführung des gesetzlichen Mindestlohns mit Fug und Recht historisch nennen. Es war kein einfacher Weg, am Anfang auch nicht innerhalb der Gewerkschaften, was man daran festmachen kann, dass eine Arbeitsgruppe der SPD mit den Gewerkschaften und dem Ziel, über die Möglichkeiten eines Mindestlohns zu reden, nicht so heißen durfte, sondern »Einkommensgestaltung im unteren Bereich«.

Frank Bsirske hat mit der ihm eigenen Hartnäckigkeit das gemacht, was ein Vorsitzender einer Dienstleistungsgewerkschaft machen muss: Er hat auf die massiven sozialen Verwerfungen im Dienstleistungsbereich hingewiesen. Denn gerade der Dienstleistungssektor wurde zu einer Spielwiese aller möglichen Formen des Lohn- und Sozialdumpings und der prekären Beschäftigung. Der wachsende Bedarf an Dienstleistungen wurde mit Niedriglöhnen, befristeter Beschäftigung, Leiharbeit und Scheinselbstständigkeit gedeckt. Es war gerade der Dienstleistungsbereich, in dem einfache und gering bezahlte Arbeit massiv zugenommen hat. Dies ist Ausfluss der mangelnden Anerkennung der Bedeutung von Dienstleistungen für unsere Gesellschaft und die wirtschaftliche Wertschöpfung. Diese »Low-Road-Strategie« widerspricht der wachsenden Bedeutung vor allem der sozialen und ökologischen Dienstleistungen und dem zunehmenden Bedarf an hochwertigen und wissensbasierten Dienstleistungen.

Der Sozialstaat soll eine Kultur der gleichen Augenhöhe der Sozialpartner und der Mitbestimmung gewährleisten. Zukunftsorientierte Politik, die auf den Wettbewerb guter Produkte und Dienstleistungen statt Dumping setzt, muss deshalb die Tarifbindung stärken. Auch und gerade, wenn es um den Dienst am Menschen geht. Die politischen Entscheidungsträger haben zu wenig auf ver.di gehört, als im Gesundheits- und Pflegebereich auf Markt und Gewinnorientierung gesetzt wurde; zulasten der Kranken und Pflege-bedürftigen und auf dem Rücken der Beschäftigten. Dies jetzt zu korrigieren und gemeinsam mit ver.di und den Trägern tarifliche Strukturen durchzu-setzen, die für alle verbindlich gelten, ist schwierig, aber überfällig.

Ich kann mich noch gut erinnern, als im März 2001 die Telefone »heiß lie-fen«. Es war im Vorfeld des ver.di-Gründungskongresses, als Frank Bsirske sich anschickte, der erste Vorsitzende einer großen DGB-Gewerkschaft ohne SPD-Parteibuch zu werden und es nicht bei ein paar Monaten ÖTV-Vorsitz zu belassen.

Für viele in der Gewerkschaft und in meiner Partei war dies ein Schock. Aber Ottmar Schreiner, ein großer Sozialpolitiker und Vorsitzender der Ar-beitsgemeinschaft für Arbeitnehmerfragen in der SPD (AfA), blieb gelassen und mahnte zur Ruhe. Einer wie Bsirske, so Ottmar Schreiner, der so lange Falken-Sekretär gewesen war, wisse auch, was Sozialdemokratie ist. In der Tat, kein SPD-Mitglied zu sein, war nicht das Problem von Frank, sondern das Problem der SPD.

Frank Bsirske hat es geschafft, aus vielen stolzen und identitätsstarken Einzelgewerkschaften die starke, bekannte und schlagkräftige Organisation ver.di zu machen. Auf Frank Bsirske war immer Verlass, sein Wort galt und gilt. In der heutigen Zeit ist das ein nicht zu vernachlässigender Wert. Seine Analyse ist und war klug und in vielen Bereichen strategische Richtschnur.

Ich bedanke mich bei Frank für seine klare Haltung, seine deutlichen Worte, auch wenn sie nicht allen gefielen. Ich bedanke mich für die zuver-lässige und konstruktive Zusammenarbeit im Interesse einer am Menschen orientierten Politik.

Andrea Nahles   **177**

Gemeinsam unberechenbar und stärker

von Katja Kipping und Bernd Riexinger

»Wir müssen unberechenbarer werden«, sagte Frank Bsirske im August 2015 anlässlich des Streiks der Erzieherinnen und Erzieher. Das sagt viel über Frank aus. Wenn der Wind ins Gesicht bläst, dann justiert er wohlüberlegt die Segel neu, um neue Kraft zu entfalten. Für Arbeitskämpfe ist den Gegner zu überraschen ebenso wichtig wie Entschlossenheit und Beharrlichkeit. Es ist auch Frank zu verdanken, dass ver.di wesentlich streikfreudiger geworden ist und in der Kunst des Streikens innovativ. Konfliktorientierte, entschlossene und von der Basis getragene Tarifbewegungen sind für ihn keine vermeidbaren Ausnahmen, sondern ein Mittel, um gegen oft übermächtig Erscheinende bessere Arbeits- und Lebensverhältnisse zu erringen.

Es war eine verdienstvolle Weichenstellung, dass Frank für den Sozial- und Erziehungsdienst (SuE) eine solche Tarifbewegung ermöglicht hat. Der wichtige Kampf um die Aufwertung der mehrheitlich von Frauen geleisteten Arbeit mit den Menschen in den sozialen Dienstleistungsberufen ist ohne starke Gewerkschaften und entschlossene Streikbewegungen nicht zu gewinnen. In der langen Zeit, in der Frank Bsirske Vorsitzender war, ist ver.di häufiger mit Enthusiasmus, Entschlossenheit und neuen, überraschenden Methoden wie Flashmobs und 24-Stunden-Streiks in die Auseinandersetzungen gegangen. Und das zeigte nicht nur bei den SuE-Streiks oder in den Krankenhäusern Wirkung.

Dass die Ergebnisse nicht immer große Durchbrüche waren, gibt Auskunft über die wirklichen Kräfteverhältnisse. Diese sind angesichts des hohen Anteils prekärer Arbeit, ausgelagerter und tarifloser Bereiche, politisch von Regierungen gezielt entfesselter Marktkonkurrenz (wie im Handel, der Logistik, der Paketzustellung oder Telekommunikation) und Sparzwänge in den Kommunen immer noch alles andere als günstig.

Frank wurde als »Modernisierer« von den Medien begrüßt. Das passte in die Diskurswelt der späten 1990er und frühen 2000er, als sich der Neoliberalismus anschickte, in Vokabeln wie »Modernisierung«, »Flexibilisierung« und »Agenda« gekleidet alle gesellschaftlichen Bereiche zu erobern

»Umfairteilen – Reichtum besteuern« ist das Motto einer bundesweiten Aktion am 14. September 2013, an der sich in Bochum mehr als 12.000 Menschen beteiligen.

und auch die Hochburgen der Sozialdemokratie zu schleifen. Privatisierung der Daseinsfürsorge von Telekommunikation bis zu Wohnen und Energieversorgung, Personalabbau und Auslagerungen in den Kommunen. Prekäre Arbeit, Niedriglöhne, Flexibilisierung der Arbeit und Tarifflucht im wachsenden privaten Dienstleistungsbereich nahmen Fahrt auf. Massenerwerbslosigkeit schwächte die Durchsetzungskraft zusätzlich. Mitgliederverluste und organisatorische Herausforderungen in einer gespaltenen und sich rasant verändernden Arbeitswelt drückten die Gewerkschaften an die Wand. Dazu der medial orchestrierte Angriff auf die Gewerkschaften als vermeintliche »Besitzstandswahrer« und das seit 1990 auf allen Kanälen verkündete Dogma »Es gibt keine Alternative zu Markt und Wettbewerb«. Größer konnte die Herausforderung für einen Gewerkschafter kaum sein. Nur den Vorsitz einer neu gegründeten Großgewerkschaft mit vielen unterschiedlichen Ursprüngen, Organisationskulturen und politischen Tendenzen zu übernehmen, konnte die Größe der Aufgabe noch steigern.

Katja Kipping/Bernd Riexinger   **179**

Doch nach nicht allzu langer Zeit mussten Arbeitgeber, Medien und neoliberale Verfechter der »Modernisierung« erkennen, dass Frank Bsirske ein Modernisierer ganz anderen Typs war. Wo sie Anpassung ans Unvermeidliche und entpolitisierte »Service-Orientierung« einer geschwächten Dienstleistungsgewerkschaft erhofft hatten, hatten sie sich getäuscht. Dieser blieb anders als Gerhard Schröder seiner Klassenherkunft als Sohn eines VW-Arbeiters und einer Krankenschwester treu und wurde bald eine der kritischsten Stimmen zu Schröders Agenda-2010-Projekt, das auch viele sozialdemokratische Gewerkschafts-Kolleg*innen von der SPD entfremdete. Auch angesichts der verheerenden Austeritäts- und Kürzungspolitik der Bundesregierung in der Wirtschafts- und Euro-Krise 2008ff. hat Frank Bsirske die gewerkschaftliche Position des »sozialen Europa« ungemein deutlicher und kritischer vertreten als das Vielen lieb war.

Uns verbindet der Einsatz für soziale Demokratie, für ein solidarisches Europa und für eine sozial gerechte und ökologisch tragfähige Alternative zum neoliberalen Kapitalismus. Mit dem Mindestlohn haben wir – Gewerkschaften, Sozialverbände, DIE LINKE und die SPD – gemeinsam einen wichtigen Erfolg errungen. Das »Weiter so« der Großen Koalition mit der wirtschaftlich und sozial schädlichen »schwarzen Null« und dem weiter anwachsenden Niedriglohnsektor verweist darauf, wie notwendig eine politische Gewerkschaft und eine soziale Opposition in diesem Land sind.

Es ist das politische Gespür für diese zentralen Herausforderungen der Gewerkschaftsbewegungen und die Fähigkeit, Schlüsselkonflikte zu erkennen und sie mit neuen Mitteln anzugehen, die Frank immer wieder auszeichnen. Kein anderer Gewerkschaftsvorsitzender seit Franz Steinkühler hat die politische Landschaft so mitgeprägt. Persönlich hat einer von uns als aktiver ver.dianer und Bezirksgeschäftsführer auch andere Qualitäten kennengelernt und geschätzt: die Bereitschaft zur Diskussion und die Offenheit für Impulse von der Basis und aus den Bezirken. Auch manche kritische Anregung aus dem linken und mitgliederstarken Bezirk Stuttgart fand ein offenes Ohr und trug zur politischen Neujustierung bei. Wir haben selbst erlebt, wie wichtig Frank der Kontakt mit der Basis ist, wie oft er vor Ort bei den Kolleginnen und Kollegen war, auch über Belastungsgrenzen hinweg.

ver.di hat in den letzten Jahren immer wieder als Teil einer breiteren »Mosaik-Linken« gewirkt, um es mit einem Begriff von Hans-Jürgen Urban zu sagen. Gerade angesichts der drohenden Klimakatastrophe und des Erstarkens von Rechtspopulisten kommt dem gemeinsamen Einsatz für gute Arbeit, für eine solidarische Gesellschaft und ein soziales Europa mit mutigem Klimaschutz eine große Bedeutung zu. Frank hat viel dazu beigetragen, dass ver.di immer wieder wichtige Signale für die gesellschaftspolitischen Auseinandersetzungen der nächsten Jahre gesendet hat.

In den nächsten Jahren geht es um die Zukunft der Gewerkschaftsbewegung, um die existenzielle Frage der Tarifbindung. Löhne, die für ein gutes Leben reichen, und flächendeckende Tarifverträge lassen sich nicht allein tarifpolitisch durchsetzen, sondern nur mit gesellschaftlichem Druck einer Gewerkschaftsbewegung, die ihr politisches Mandat mit Entschlossenheit ausfüllt, und mit Bündnispartnern, wie Sozialverbänden und der LINKEN. Soziale Absicherung für alle Menschen, eine armutsfeste und zukunftssichere Rente, Krankenversicherung und Erwerbslosenversicherung sind von der Bundesregierung nicht zu erwarten. Die soziale Spaltung hat sich 2018 weiter verfestigt. Das vorherrschende Exportmodell bietet keine sichere Zukunft, auch nicht für die Beschäftigten in der Exportindustrie, zumal der Wirtschaftsaufschwung an Dynamik verliert. Ohne einen grundlegenden Richtungswechsel droht die Digitalisierung die Spaltung in der Arbeitsgesellschaft zu vertiefen. Amazon ist Sinnbild dafür. Diese Bundesregierung ist offenkundig nicht in der Lage, die richtige Weichenstellung und Investitionen für eine sozial gerechte und ökologische Wirtschaft ins Zentrum ihrer Politik zu stellen. Stattdessen regiert die »schwarze Null«, in den Kommunen fehlt es vielerorts an Personal, die Infrastruktur zerfällt.

Die Arbeitgeberverbände scharren mit den Hufen, sie wollen den Zwölf-Stunden-Tag, weitere Flexibilisierung der Arbeit. In den nächsten Jahren geht es somit darum, ob dieses Land die »low road« der digitalen Dienstleistungsgesellschaft nimmt, mit hyper-flexiblen Beschäftigten im wachsenden Niedriglohnsektor, mit prekärer Arbeit und Selbstständigkeit. Werden entrechtete »Dienstbot*innen«-Verhältnisse neue Normalität oder sozial abgesicherte, gute Arbeit in kurzer Vollzeit?

Es bleiben nur noch wenige Jahre, um die bedrohliche Erderwärmung zu stoppen und zu verhindern, dass Millionen Menschen weltweit ihre Existenzgrundlage durch die Klimakrise verlieren. Die Zukunft der Arbeit und der Wirtschaft, soziale Gerechtigkeit und Klimaschutz müssen zusammengedacht werden. Fünf Projekte könnten ein gesellschaftliches Bündnis befördern:

- Löhne, die für ein gutes Leben reichen, mit höheren Mindestlöhnen und der Verhinderung von Tarifflucht durch Auslagerungen, mit einer Allgemeinverbindlichkeit von Tarifverträgen auf Antrag der Gewerkschaften.

- Ein Sozialstaat, der alle Menschen sozial absichert, auch Solo-Selbstständige einbezieht.
- Eine Rente, die alle Menschen vor Armut schützt, auch diejenigen, die nicht 35 Jahre ohne Unterbrechung Vollzeit gearbeitet haben.
- Eine sanktionsfreie, solidarische Mindestsicherung statt Hartz IV.
- Eine bedarfsdeckende und solidarische Pflegevollversicherung, in die alle einzahlen und die die Menschen nicht mit den Pflegekosten alleine lässt.

Statt der schwarzen Null und einer Politik im Interesse der Vermögensbesitzer muss das Öffentliche gestärkt werden, durch Investitionen in mehr Personal, in Bildung, Gesundheitsversorgung und Pflege, in bezahlbares Wohnen und ökologische Mobilität. Es braucht jetzt Einstiege in eine grundlegende Transformation von Industrie, Energieversorgung und Mobilität. Die notwendigen Investitionen in eine soziale und ökologische Zukunftswirtschaft sind möglich und seriös finanzierbar, wenn wir die Bereicherung der Großkonzerne und Superreichen auf Kosten der Beschäftigten und des Gemeinwohls stoppen, den gesellschaftlichen Reichtum gerecht verteilen und sinnvoll nutzen.

Eine neue Arbeitszeitinitiative ist überfällig. Alle arbeiten weniger, damit die bezahlte Erwerbsarbeit gerechter verteilt ist – auch zwischen den Geschlechtern. Gegenwärtig sind die einen strukturell unterbeschäftigt und die anderen überbeschäftigt. Die Alternative zu diesem System von Existenzangst und Dauerstress lautet: Arbeitszeitverkürzung mit Wahlarbeitszeiten zwischen 28 und 35 Stunden pro Woche und mit Lohnausgleich. So kann die Arbeit eher um das Leben kreisen, statt dass sich das ganze Leben um die Arbeit dreht. Zeitwohlstand und soziale Absicherung sind die attraktive Basis eines ökologischen Wohlstandsmodells der Zukunft.

Gemeinsam, mit Entschlossenheit und der Kunst der Überraschung kann es uns gelingen, gute Arbeit und soziale Sicherheit für alle durchzusetzen und durch eine sozial-ökologische Wende die Klimakrise zu stoppen. Wir sind uns sicher, lieber Frank, dass du ein politisch unermüdlicher Begleiter und Treiber unserer Arbeit für eine soziale und ökologische Wende in diesem Land und in Europa bleiben wirst.

Rosa Luxemburg schrieb einmal: »Mensch sein ist vor allem die Hauptsache. Und das heißt: fest und klar und heiter sein, ja heiter, trotz alledem und alledem ...« In diesem Sinne wünschen wir dir, lieber Frank, jetzt mehr Zeit zum Ausspannen und für deine Lieben!

Absage an den Neoliberalismus

von Jürgen Trittin

Stimmen für den gesetzlichen Mindestlohn: Jürgen Trittin und Frank Bsirske bei der Bundesdelegierten-Konferenz von Bündnis 90/Die Grünen 2011 in Kiel

Mit Frank Bsirske geht mein langjähriger Vorsitzender in den Ruhestand. Als ich nach meinem Studium als Fraktionsmitarbeiter bei der Alternativ-Grünen-Initiativenliste in Göttingen begann, war es für mich selbstverständlich, einer Gewerkschaft beizutreten. Bei mir war es die IG Druck und Papier, der ich schon durch mein Publizistikstudium verbunden war – schließlich arbeitete ich doch später als Pressesprecher. Heute ist es ver.di.

Frank Bsirske ging damals einer ähnlichen Tätigkeit als Fraktionsassistent nach – bei der hannoverschen Grün-Alternativen-Bürgerliste. Die GABL und die hannoverschen Grünen machten dann Anfang der 1990er Jahre gemeinsam mit der ÖTV der rot-grünen Regierung Niedersachsens mächtig Druck, ein arbeitnehmerfreundliches Personalvertretungsrecht zu schaffen. Frank – inzwischen bei der ÖTV – war erfolgreich. Das

183

neue Personalvertretungsrecht kam. Das Zusammenspiel zwischen Grünen und Gewerkschaften hatte funktioniert.

Ironie der Geschichte: Frank Bsirske durfte dieses Recht dann selbst anwenden – als Arbeitgeber. Er wurde Personal- und Organisationsdezernent der Landeshauptstadt Hannover. Solche Erfahrungen prägen.

Mit dem Zusammenschluss der Dienstleistungsgewerkschaften zu ver.di wurde er deren Vorsitzender. Jetzt geht er in den Ruhestand. Frank Bsirske kann auf eine erfolgreiche Zeit als Gewerkschafter zurückblicken. Das belegen nicht nur die letzten Tarifabschlüsse. Das Konzept einer Vereinten Dienstleistungsgewerkschaft hat er entscheidend geprägt.

ver.di gelang es nicht nur, einen neuen Tarifvertrag für den öffentlichen Dienst zu vereinbaren. Nach der Föderalismusreform von Großer Koalition und FDP konnte allerdings nicht mehr von dem einem öffentlichen Dienst die Rede sein – sondern von mehreren. Und eine Frage bleibt bis heute noch ungelöst: Die Abschaffung der Leichtlohngruppen für soziale Arbeit im öffentlichen Dienst.

Die unterschiedlichen Tarife zwischen dem TVöD für Sozial- und Erziehungsdienste und dem TVöD diskriminieren vor allem Frauen, die überwiegend diese Arbeit leisten. Erst wenn die gleiche Besoldungsstufe im Kindergarten oder in der Pflege genauso viel Lohn bedeutet wie im Ordnungsamt, ist der Kampf der Erzieher*innen zu einem erfolgreichen Ende gebracht.

ver.di stand und steht aber heute an vorderster Front gegen eine zunehmende Auslagerung von Tätigkeiten und die Prekarisierung von Arbeit. Prekarisierung zeigt sich nicht nur in Bereichen einst tariflich gut abgesicherter Arbeit wie in den Medien. In ihnen machen sich heute wieder verstärkt Zeitarbeit, Leiharbeit und Scheinselbstständigkeit breit. Auch in anderen Industrien beschleunigte die Auslagerung von zuvor durch Tarifverträge abgesicherten Industriearbeitsplätzen an Dienstleister die Prekarisierung von Arbeit. Das gilt nicht nur für die oft genannten Wachdienste. Wenn in industriellen Produktionsprozessen die Maschinenreinigung an externe Dienstleister verlagert wird, dann geht es in den Kern einst tariflich geregelter Arbeitsverhältnisse.

Frank Bsirske bewies hier strategischen Weitblick. IG Metall und IG BCE wie auch ver.di bekämpften gemeinsam die Agenda 2010 von Gerhard Schröder. Aber die beiden alten Industriegewerkschaften glaubten noch, die Kraft zu haben, mit ihren Tarifverträgen eine weitere Entwertung der Löhne aufhalten zu können. Deshalb waren sie vehement gegen einen gesetzlichen Mindestlohn.

So gerieten sie in Konflikt mit den Grünen, die auf einem Sonderparteitag zur Agenda 2010 genau diesen gefordert hatten. IG Metall und IG BCE lieferten Schröder das Argument gegen die Grünen. Denn wenn schon die großen Industriegewerkschaften das nicht wollten, wie konnten dann die Grünen auf einem Mindestlohn bestehen?

Frank Bsirske und ver.di waren schon damals für einen gesetzlichen Mindestlohn. Nicht weil Frank ein Grüner war – sondern weil er täglich vorgeführt bekam, was eine fehlende Lohnuntergrenze für die Menschen im eigenen Organisationsbereich für Folgen hatte.

Die Durchsetzung eines gesetzlichen Mindestlohns – gestützt auf eine jahrelange Kampagne – ist der größte Erfolg des ver.di-Vorsitzenden Frank Bsirske. Der Mindestlohn wurde mit über zehn Jahren Verspätung durchgesetzt – gegen den massiven Widerstand der Arbeitgeberlobby, gegen CDU und FDP, trotz zögerlicher Industriegewerkschaften und trotz einer lange ängstlichen SPD. Außer der FDP stellt den Mindestlohn heute niemand mehr infrage – auch wenn die Versuche, ihn zu umgehen, nach wie vor Legion sind. Man schaue auf die Paketdienste.

Dass Frank Bsirske ein Grüner ist, gab häufig Anlass zu Kalauern – von wegen ver.di hieße auf Italienisch grün. Das ist ebenso falsch wie ein landläufiges Vorurteil über die Grünen. Beides dementiert sich im Wirken Frank Bsirskes. Nur weil ein Grüner an der Spitze einer Einheitsgewerkschaft steht, hört diese nicht auf, Einheitsgewerkschaft zu sein. Das zeigte sich im Kampf gegen die von Rot-Grün durchgesetzte Agenda 2010. Aber auch in Konflikten mit den Grünen, etwa in der Energiepolitik.

Gegen den ersten Gesetzentwurf zum Atomausstieg hatte die ÖTV noch auf der Straße mobilisiert. Mit den Grünen stritt ver.di dann für den Atomausstieg, für erneuerbare Energien, für die Stadtwerke und mehr Kraft-Wärme-Kopplung in der Energiewende. Aber als RWE und Vattenfall durch Laufzeitbegrenzung für ihre Kraftwerke zu einem schrittweisen Kohleausstieg bewegt werden sollten, demonstrierte ver.di zusammen mit der IG BCE gegen den damaligen Wirtschaftsminister Sigmar Gabriel (SPD) und dessen grünen Staatssekretär Rainer Baake. Statt Laufzeitbegrenzung gab es 1,6 Milliarden Euro an Subventionen für die Energiekonzerne. Heute trägt ver.di nicht nur den Kohlekompromiss, sondern auch den Konsens zur Finanzierung des Atomausstiegs mit.

Doch dass ein Grüner Vorsitzender gerade von ver.di wurde, stellt das von der politischen Rechten gepflegte Vorurteil infrage, die Grünen seien eine Partei der Studienräte, die nur die Interessen einer saturierten Mittelschicht im Auge hätten. Es ist eben kein Zufall, dass die Grünen lange vor der SPD für einen Mindestlohn waren, dass sie schon lange für ein Ende des diskriminierenden Sanktionsregimes für Hartz-IV-Empfänger streiten. Dies hat etwas mit der insbesondere in den großen Städten erfahrbaren Prekarisierung der Arbeit gerade im Dienstleistungssektor zu tun.

Hier kämpft Frank Bsirske, hier kämpft ver.di täglich an vorderster Front. So hat Frank seinen Anteil daran, dass die Grünen heute, anders als zu Beginn der 2000er Jahre, deutlich weniger naiv marktwirtschaftlich aufgestellt sind. Die Absage der Grünen an den Neoliberalismus, ihr Streiten für soziale Rechte, für eine leistungsgerechte Besteuerung von Unternehmen, Vermögen und Erbschaften, all dies ist mit auf den Gewerkschaftsgrünen Frank Bsirske zurückzuführen.

So hat es ver.di gutgetan, einen grünen Vorsitzenden gehabt zu haben – und den Grünen, einen Gewerkschaftsvorsitzenden als Mitglied. Danke und Tschüss, lieber Frank Bsirske!

Gute Arbeit –
Gute
Dienstleistungen

»Ob Informationstechnologie zum
Nutzen der großen Mehrheit oder nur
für Zwecke der ohnehin schon Privile-
gierten eingesetzt wird, ob sie gesellschaftlichen Wohlstand oder nur privaten
Superreichtum mehren soll, ob sie für
mehr Demokratie und Teilhabe oder
für die Perfektionierung von Kontrolle
und die Festigung von Machtpositionen
eingesetzt wird – das ist grundsätzlich
offen und gestaltbar.«

Frank Bsirske 2015

Eine strategische Allianz

von Kerstin Jürgens

Ob und in welchem Grad »Wissenschaft« mit »Praxis« kooperieren sollte, ist seit Langem umstritten – weniger bei denen, die die Zusammenarbeit betreiben, denn bei jenen, die sie aus der Distanz heraus beobachten. Für viele Forschende setzt eine solide Erhebung von Arbeits- und Organisationsprozessen den intensiven inhaltlichen Austausch mit »der Praxis«, d.h. den arbeitspolitischen Akteuren voraus. Dies können z.B. Personen aus Gewerkschaften und Arbeitgeberverbänden, Betriebs- und Unternehmensleitungen oder Mitglieder von Betriebs- und Personalräten sein. Die in diesen Schritten gewonnenen Einsichten sind Teil des Erhebungsverfahrens und schärfen den analytischen Zugriff auf Problemstellungen. Wiederholt sieht sich diese Art der Arbeitsforschung, die insbesondere in der Arbeits- und Industriesoziologie eine langwährende Tradition hat, jedoch dem Vorwurf ausgesetzt, sie ginge damit eine zu enge Kooperation mit dem zu untersuchenden Feld ein.

Tatsächlich befinden sich die Forschenden in einem Dilemma: Um den Zugang »zum Feld«, also den am Arbeitsprozess beteiligten Menschen zu ebnen, müssen sie die Akteure der Praxis zunächst einmal von der Fragestellung und methodischen Vorgehensweise ihrer Untersuchung überzeugen. Zudem ist ein Gutteil der Fördergelder für wissenschaftliche Erhebungen an eine Zusammenarbeit mit Betrieben gebunden. Die Grenzen zwischen unabhängiger Grundlagenforschung einerseits und Auftragsforschung oder Beratung andererseits können daher leicht verwischen. Eine zentrale Herausforderung für die Forschung besteht deshalb darin, innerhalb dieser Rahmenbedingungen die Maßstäbe solider wissenschaftlicher Tätigkeit fest im Blick zu behalten. Dies kann dann dazu führen, dass Forschende auf bestimmte Themen in Fragebögen oder Interviews insistieren oder die Berücksichtigung mancher aus betrieblicher Sicht relevanter Fragen sogar ablehnen. Die Praxis erlebt daher Arbeitsforschung als eine zuweilen unbequeme Kooperationspartnerin.

Vorbehalte der betrieblichen oder verbandlichen Akteure gegenüber der Wissenschaft sind vor diesem Hintergrund verständlich und auch berechtigt. Vielfach sieht man sich mit Themen, Fragen und Erhebungsformaten konfrontiert, die sich auf den ersten Blick noch nicht als plausibel, geschweige

Diskussionsrunde während des Kongresses »Arbeit und Gesellschaft 4.0: Mitbestimmen, Mitgestalten!« im Oktober 2016 in der ver.di-Bundesverwaltung in Berlin

denn als ertragreich für die eigene Zielsetzung erweisen. Die Kooperation kann vielmehr zum Wagnis werden, weil sich weder die Effekte von Erhebungen, die bei den Befragten Erwartungen erzeugen, einschätzen lassen, noch die Verwendbarkeit der konkreten Ergebnisse kalkulierbar ist. Und wie soll man reagieren, wenn Forschung Erkenntnisse zutage fördert, die nicht nur arbeitspolitisch umstritten sind, sondern sich möglicherweise völlig konträr zur eigenen Strategie oder Programmatik bewegen? Lassen sich Ergebnisse aus dem Bereich der kommerziellen Auftragsforschung mitunter noch »einziehen«, gilt dies für Grundlagenforschung nicht. Die Entscheidung über die Veröffentlichung der Erkenntnisse liegt allein bei den Forschenden. Sie werden den untersuchten Fall anonymisieren, aber nicht das Resultat verschweigen.

Die Akteure in der Praxis brauchen deshalb für die Zusammenarbeit mit Forschung vor allem eines: Mut. Und diesen haben die Gewerkschaft ver.di und ihr Vorsitzender Frank Bsirske in den letzten Jahren oft bewiesen. Sie haben seit dem Zusammenschluss der Einzelgewerkschaften nicht nur zahlreichen Forschenden den Weg ins Feld geebnet, sondern auch einen kontinuierlichen Dialog mit der Wissenschaft institutionalisiert. Dies geschah und geschieht über vielfältige Formate, die von gemeinsam entwickelten Forschungsprojekten über Arbeitskreise, die proaktiv relevante Themen identifizieren, bis hin zu gemeinsamen Expertenkommissionen reichen. Weil inzwischen viele Mitglieder und Hauptamtliche einen akademischen Hintergrund haben, wird der Bezug auf wissenschaftliche Studien ohnehin selbstverständlicher und mittels Social Media streuen Forschungsergebnisse ohnehin breiter in die Gesellschaft als je zuvor. Zugleich ist ein großes öffentliches und mediales Interesse an arbeitsbezogenen Fragen festzustellen – Unsicherheit hinsichtlich der Effekte von Digitalisierung, die zumeist verpackt als Rationalisierungsszenarien diskutiert werden, liefern hierfür den Nährboden. Letztlich wurde auch der Schritt zur eigenen Forschung nicht gescheut. Mit dem DGB-Index »Gute Arbeit« liegt ein Instrument vor, das aussagekräftige repräsentative Daten zur Lage der Erwerbstätigen liefert.

In der Summe ist damit über die Jahre etwas geschaffen worden, was ein rein zweckorientiertes Bündnis überragt. Längst geht es in der Kooperation von Wissenschaft und Gewerkschaften nicht mehr nur um solide, unabhängig erhobene Daten zur Lage der Arbeitenden für die einen und die Wegbereitung in die Betriebe für die anderen. Wissenschaft benennt vielmehr sehr konkret, welche Veränderungen sich in der Arbeitswelt ergeben und was dies für welche Beschäftigtengruppen und die Organisationsweisen von Arbeit bedeutet. In anderer Richtung liefert die Praxis, und so auch ver.di, selbst einen essenziellen Forschungsbeitrag, denn sie hilft den Forschenden dabei, besonders dynamische Segmente zu identifizieren und die komplexe Verflechtung der hier anzutreffenden Phänomene schnell zu erkennen. Je massiver und beschleunigter die Umwälzungen in der Arbeitswelt ausfallen, desto dringlicher wird dieser direkte Austausch – und eine kritische Überprüfung bisheriger Inhalte und Methoden.

Thematische Öffnung und Klärung des Gegenstandes

Mit der Digitalisierung sind bisherige Perspektiven von Arbeitsforschung und Arbeitspolitik nicht plötzlich überholt. Arbeitszeit, Einkommen, Arbeitsqualität oder Beschäftigungssicherung und -aufbau bleiben zentrale Themen, zumal diese in unmittelbarem Zusammenhang zur Existenzsicherung und Lebensqualität in der Gesellschaft stehen. Verändert hat sich aber der

Kontext, und bisherige Funktionsprinzipien scheinen in Bewegung zu geraten: Technologische Innovationen ermöglichen nicht nur ortsunabhängiges Arbeiten, sondern auch eine erweiterte Dokumentation von Arbeitsleistung oder eine Nutzung von Arbeitskraft »als Auftrag«, d.h. jenseits der klassischen Beschäftigungsverhältnisse – und damit auch der solidarischen Sicherungssysteme und der Mitverantwortung der Arbeit- bzw. jetzt Auftraggeber.

Das Phänomen der »Gig«- und »Cloud-Work« stellt bislang eher eine Randerscheinung am Arbeitsmarkt dar, zeigt aber exemplarisch, dass technologischer Fortschritt weitreichende Konsequenzen haben kann. Er irritiert die bisherige Konstitution von Arbeit und Beschäftigung und verlangt nach einer Neubegründung bisheriger Standards. Was gilt zukünftig als zu vergütende Leistung? Wer stellt die Arbeitsmittel? Wie sichern sich Arbeitende über den Lebenslauf hinweg ab? Solche Fragen sind nicht gänzlich neu. Dass sie heute vermehrt diskutiert werden, zeigt aber, dass Digitalisierung als Strukturwandel bisherige Regulationsweisen herausfordert und sich der Arbeitskonflikt als anhaltend aktuell erweist.

Arbeitsforschung ebenso wie die arbeitspolitische Praxis sind angesichts der Reichweite der Digitalisierung mit einem Qualifikationsproblem konfrontiert: Nötig werden, neben juristischer Expertise, Kenntnisse im Verständnis der Wirkungsweise von Technik und Technologien, die sich viele Akteure der Praxis, ebenso aber auch viele Forschende erst aneignen müssen. Interdisziplinäre Kooperation wird in der Wissenschaft seit Langem viel beschworen – Ausschreibungen und Projektfinanzierungen lassen aber für solche Verknüpfungen oft keinen Spielraum. Auch in der Praxis liegt oft keine explizite Qualifikation oder Erfahrung für ein vertieftes Verständnis algorithmenbasierter Steuerung und Kontrolle oder der Eigendynamik autonomer Systeme vor. Arbeitspolitik und Arbeitsforschung haben also gleichermaßen Nachholbedarf festzustellen.

An einzelne Personen lässt sich diese Aufgabe nicht delegieren, denn Digitalisierung ist kein Thema, das sich derart isolieren lässt, wie es für die bisherigen Kernthemen der Fall war. Es berührt vielmehr die Frage nach dem Untersuchungs- bzw. Verhandlungsgegenstand von Forschung und Praxis: Geht es um die Lage der arbeitenden Menschen, um ihre digitale Vernetzung und Kooperation mit Maschinen oder nicht auch um das technische System? Solche Fragen sind ernsthaft zu reflektieren, weil sich infolge der technologischen Fortschritte nicht mehr sagen lässt, wo es um Menschen und wo es um Technik geht. Beide sind längst verwoben. Wenn Menschen verstärkt

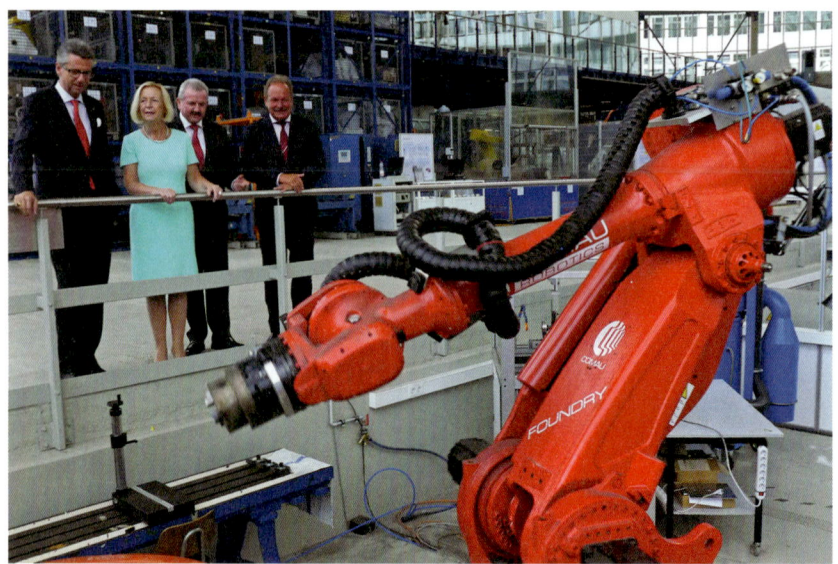

Bildungsministerin Johanna Wanka (CDU) stellt im September 2014 ein Programm zur Gestaltung der digitalen Arbeitswelt vor, das auch von ver.di begleitet wird.

technisch vermittelt kommunizieren, kooperieren, interagieren, ja auch denken und wahrnehmen, dann bilden sich letztlich neue Formen von Sozialität heraus, in denen Technik eine aktive Rolle spielt. Was wir als »sozial«, »Arbeit« oder »Gesellschaft« verstehen, lässt sich also vom Technischen nicht trennen. Mit Blick auf die Entwicklung von selbstlernenden Systemen, Vernetzung und Robotik wird sich dies weiter verstärken. Die wissenschaftliche ebenso wie die konkrete betriebliche, arbeitsplatzbezogene Analyse von Arbeitsanforderungen und -prozessen wird damit voraussetzungsvoll – und ließe sich in einer verstärkten Zusammenarbeit leichter bewerkstelligen.

Das Interesse der Öffentlichkeit an Praxisberichten und wissenschaftlicher Forschung, die detailliert den Technikeinsatz bezogen auf Anforderungen an arbeitende Menschen beschreiben, ist gegenwärtig größer denn je. Arbeitsforschung und Gewerkschaften erfahren daher zurzeit besondere Aufmerksamkeit. Dass beide zu kritischen Schlussfolgerungen kommen, ist dabei beachtenswert. Hier geht es keineswegs um »gewerkschaftsnahe« Forschung, sondern um ein Insistieren darauf, digitale Technologien auf ihre ursprüngliche Entwicklung, ihren Einsatz und ihre Effekte hin zu befragen.

Gute Arbeit – Gute Dienstleistungen

Wer fördert was und mit welchen Interessen? Wie werden Technologien in den Arbeitsprozess implementiert? Wie viel Transparenz, wie viel Teilhabe an Evaluationen gewährleistet ihre Nutzung?

Damit sind Fragen benannt, die keineswegs nur in der Arbeitswelt, sondern in der Gesellschaft insgesamt an Stellenwert gewonnen haben. Heute weiß man, dass man als »User« Anteil an der Entwicklung, Verbreitung und den Zugriffsoptionen von Maschinen hat – vor allem aber, dass an den Einsatz von Maschinen und Algorithmen handfeste wirtschaftliche Interessen geknüpft sind und sich hier Dominanzen entwickelt haben, die Marktprinzipien ebenso wie Persönlichkeitsrechte der Einzelnen aushebeln. An dieser gesellschaftlichen Aufklärung hatten Gewerkschaften und Arbeitsforschung gleichermaßen Anteil. Ihr Thema war und ist hier längst nicht mehr nur der Arbeitskonflikt, sondern die zu klärende Frage nach dem sozialen Miteinander und der Verfasstheit der zukünftigen demokratischen Gesellschaft. Beide nehmen insofern eine für den Fortgang der Digitalisierung wichtige, beobachtende und ggf. kritisch intervenierende Rolle ein – und sie teilen die Aufgabe, alle politischen Akteure auf Widersprüche und soziale Verwerfungen hinzuweisen, die das emanzipatorische Potenzial oder gar die Existenz der Einzelnen oder der Gesellschaft angreifen.

Dass dies für alle Beteiligten zum Vorteil wäre, lässt sich abschließend an einer Frage festmachen: Was ist das inhaltliche Ziel der Digitalisierung? Mit Blick auf die bisherige Argumentation ist klar, dass unterschiedliche Akteure je andere Ziele benennen. Neben verbesserten Kommunikationsmöglichkeiten, einer Erleichterung der Alltagsorganisation und schnelle, überall nutzbare Informationen geht es auch um einen effizienteren Arbeitseinsatz, Kontrolle und Rationalisierung. Technik unterstützt den Menschen und erweitert seine Möglichkeiten, sie beeinflusst und verändert ihn aber auch und macht ihn abhängig. Es ist diese Ambivalenz, an der sich erklärt, warum Digitalisierung zu Recht ein umstrittenes Projekt ist, das nur dann zu einer auch sozialen Innovation wird, wenn Reflexion und kritischer Dialog nicht gescheut, sondern aktiv geführt werden. Die Gewerkschaft ver.di hat hier mindestens zwei große Themen einzubringen und aufzuwerfen: die Berücksichtigung des Menschen und die Bewertung von Arbeit.

Dass Gewerkschaften eine Mitbestimmung über den Einsatz von Technik in der Arbeitswelt einfordern, versteht sich von selbst. Darüber hinaus nehmen sie aber eine Perspektive auf den arbeitenden Menschen ein. Sie reklamieren – und hier teilen sie eine zentrale Einsicht und ein Ergebnis der

Arbeitsforschung –, dass das menschliche Arbeitsvermögen einen nicht zu unterschätzenden Gelingens- und Innovationsfaktor für Arbeitsprozesse darstellt. Bleibt ihr professionelles, im Laufe der Jahre erworbenes Wissen über Besonderheiten erfolgreicher Arbeitsergebnisse bei der Entwicklung und Einbeziehung von Technik unberücksichtigt, könnte Digitalisierung zu einem (auch ökonomischen) Rückschritt werden.

In keinem anderen Bereich ist dies so ersichtlich wie in den personenbezogenen Dienstleistungen. Die Arbeit mit und am Menschen folgt humanen Logiken, die in der Entwicklung und im Einsatz von Robotik und Systemen bislang noch nicht angemessen berücksichtigt sind. Zugleich hinterlassen Maschinen ihre Wirkung: Sind Pflegeassistenzen tatsächlich nur Ergänzung und Unterstützung eines ohnehin überlasteten Personals oder verändern sich mit ihrem Einsatz auch die Bezugsweisen auf Menschen? Während das Verständnis von und der Umgang mit Technik mit neuen Qualifizierungsoffensiven von Bund und Ländern breit geschult werden, bleibt ein Paradox unbeachtet: Die verstärkte Technikorientierung des Menschen kann sich offenbar negativ auf wichtige humane Kompetenzen wie Empathie und die Bewältigung sozial komplexer Situationen auswirken. Was dies für die Dienstleistungen der Zukunft bedeutet, wird von Forschung und Praxis aufmerksam zu evaluieren sein.

Die Überlegungen zu menschlichen Fähigkeiten führen unmittelbar zur Bewertung von Arbeit. Wenn Menschen über besondere, noch nicht maschinell ersetzbare Kompetenzen verfügen: Wie wird diese dann entgolten? Wird das Begleitpersonal in autonom fahrenden Zügen zukünftig so umfassend ausgebildet und bezahlt wie zuvor die Zugführer? Am Beispiel der personenbezogenen Dienstleistungen hat sich erst jüngst gezeigt, dass vielen Menschen nicht mehr einleuchtet, warum z.B. Pflegearbeit nicht ähnlich vergütet wird wie Arbeit in der industriellen Fertigung oder am Computer. Der absehbare Bedarf an hierfür qualifiziertem Personal ist bekannt. Hintergrund ist, neben der zu einseitigen Definition von »Produktivität« in den volkswirtschaftlichen Gesamtrechnungen, eine langwährende Diskriminierung der überwiegend von Frauen geleisteten Arbeit in unserer Gesellschaft. Die Digitalisierung macht dieses Thema nun jedoch zu einer Kernfrage der Zukunft. Sollte die Automatisierung weiter voranschreiten, wird die Bewertung von Arbeit zu einem gesellschaftlich anerkannten Verhandlungsgegenstand.

Digitale Methoden und Datenreflexion

Die skizzierten inhaltlichen Herausforderungen werfen eine Reihe methodischer Fragen auf: Wie können Kenntnisse über diese Phänomene gewonnen werden, wenn sich diese an neuen (virtuellen) Orten ergeben oder jenseits der bislang regulierten Bahnen? Wie lässt sich das komplexe Zusammenspiel von Steuerungssystemen, Mensch, Daten, Organisation, Technik und Gesellschaft angemessen erkunden? Nicht nur die Forschung steckt hier noch in den Anfängen – auch Gewerkschaften müssen neue Wege der Ansprache finden. Für beide stellt Digitalisierung dabei nicht nur einen Untersuchungs- oder Verhandlungsgegenstand dar, sondern ebnet auch den Weg: Mittels digitaler Methoden lassen sich Menschen leichter erreichen, Informationen besser streuen, Meinungen und Einschätzungen vieler Personen erheben und sogar programmgestützt auswerten. Dass dabei darauf zu achten ist, dass in den einschlägigen Formaten der Datenschutz sichergestellt ist und künstliche Mitdiskutanten besser ausgeschlossen werden, ist inzwischen allseits bekannt.

Bedienen sich Arbeitsforschung und Praxis jedoch digitaler Methoden oder gar der Ergebnisse digital erzeugter Daten, ist Vorsicht geboten. Zu berücksichtigen (und auch zu untersuchen) ist, wie diese Daten erzeugt wurden und welche Programmierung ihnen zugrunde lag. Zudem ist die Beteiligung kritisch in den Blick zu nehmen: Würden etwa an den digital konzipierten Umfragen vor allem die digital Affinen teilnehmen, würde sich hier eine Realität abbilden, aber eben nicht Realität an sich. Indem jedoch Daten wiederum vermehrt als Basis von Entscheidungen und Auseinandersetzungen herangezogen werden, ist also genau zu prüfen, wie belastbar diese Daten bezogen auf eine Grundgesamtheit, also z.B. alle Gewerkschaftsmitglieder oder alle Erwerbstätigen überhaupt sind. Bei Datenerhebungen ist also immer zu berücksichtigen, wer diese liefert – oder eben aus (vielleicht guten Gründen) nicht.

Hierzu ein Beispiel: Arbeitsforschung ist schon heute mit dem Ansinnen konfrontiert, dass Daten aus Erhebungen zur Nachnutzung und zur Überprüfung von Forschungsqualität transparent zu machen sind. Je größer der Datensatz, desto einfacher lässt sich die Anonymität der Befragten sicherstellen. Auch die qualitative Forschung, die vor allem Interviews durchführt, kann Transkripte nachträglich darauf hin prüfen. Ob aber eine betriebliche Expertin überhaupt zu einem Gespräch bereit sein wird, wenn sie weiß, dass das Gesagte nicht nur einem Forschungsteam zugänglich ist, sondern in wissenschaftlichen Datenbanken gespeichert wird? Der Zwang zur Erzeugung wiederverwertbarer Daten könnte also den Feldzugang für einen bestimmten, die Arbeitswelt sehr tiefgehend untersuchenden Forschungszweig beschneiden. Damit sitzt die arbeitspolitische Praxis mit im Boot. Will sie Forschungsergebnisse in der bisherigen Form sicherstellen, wird sie zu dieser wissenschaftspolitischen Kontroverse nicht schweigen können.

Allianz mit Zukunftsentwurf

Zu weitreichend und zu grundlegend sind die im Zuge der Digitalisierung auftretenden Fragen, als dass diesen je allein oder auf der Basis von nur punktuellem, fallbezogenem Austausch begegnet werden könnte. Und zu zurückhaltend fallen bislang noch die rechtlichen, politischen Interventionen aus, die dem Ganzen eine klare, die Interessen der Allgemeinheit wahrende Kontur geben könnten. Wollen Arbeitsforschung und Praxis ihrem Untersuchungs- bzw. Verhandlungsgegenstand sowohl in inhaltlicher wie methodischer Hinsicht auch zukünftig gerecht werden, müsste ihre bisherige Kooperation daher zu einer strategischen Allianz weiterentwickelt werden.

Arbeitsforschung wird in dieser Allianz und bezogen auf die Arbeitsparteien neutral bleiben. Sie ist damit aber nicht parteilos. Sie ist der Erkenntnis verpflichtet und übernimmt in der Digitalisierung die Aufgabe der Technikfolgenabschätzung. Arbeitsforschung erhellt die Ursachen, die dem Wandel zugrunde liegen, und sie benennt präzise die Effekte neuer Technologie – für Management und Belegschaft, für Mensch und Gesellschaft. Indem sie die Genese des Bisherigen, also das Gewordensein des Aktuellen untersucht, kann sie Interessen aufdecken und an die Funktionalität von Traditionen erinnern. Sie hält den Blick auf das mögliche Andere, auf die Alternative zum Gegenwärtigen offen. In dieser Hinsicht war und ist Arbeitsforschung eine dann durchaus sehr verlässliche Partnerin.

Von Menschen für Menschen

von Walter Ganz und Bernd Bienzeisler

Arbeitsforschung als Dienstleistungsforschung – ein Rückblick

Als Vertreter des Fraunhofer-Institutes für Arbeitswirtschaft und Organisation kommen wir der Bitte, einen Kommentar für gute (Dienstleistungs-) Arbeit zu verfassen, gerne nach. Denn die Frage, was als »Gute Arbeit« zu bezeichnen ist, ist eng mit der Entstehung unseres Institutes verknüpft.

Zukunftsthemen tarifvertraglich regeln – Beschäftigte des privaten Versicherungsgewerbes gehen für diese Forderung in der Tarifrunde 2017 auf die Straße.

Rückblick in die 1970er Jahre: Es ist eine Zeit des technologischen und wirtschaftlichen Umbruchs. Nach dem Ende einer 20 Jahre währenden Wachstumsphase zeigen sich erstmals die Grenzen von Massenproduktion und Massenkonsum. Gefragt sind neue Produkte und neue Formen der Arbeitsorganisation, die eine flexible Fertigung unterstützen und die menschliche Arbeit in das Zentrum rücken.

Unter zentraler Mitwirkung der Gewerkschaften und unter dem Titel »Humanisierung der Arbeit« wurde damals ein umfassendes Programm der Arbeitsforschung aus der Taufe gehoben. Arbeit, so die zentrale Botschaft, kann unter den veränderten ökonomischen Rahmenbedingungen nur produktiv organisiert werden, wenn sie »gut« gestaltet ist und die Gesundheit der Mitarbeiter gefördert wird.

Das Forschungsförderungsprogramm zur humanen Arbeitsgestaltung hat die Gründung des Fraunhofer IAO stark beeinflusst. Denn nicht zuletzt mit dem Rückenwind einer auf gute Arbeit ausgerichteten Programmforschung konnte Hansjörg Bullinger – der damals noch Hauptabteilungsleiter beim Fraunhofer-Institut für Produktionstechnik und Automatisierung war – Mitte der 1980er Jahre ein eigenständiges Fraunhofer-Institut für Arbeitswirtschaft und Organisation aufbauen.

In den 1990er Jahren erfuhren die Themen der Arbeitsforschung eine erste Hinwendung zu Dienstleistungsbranchen. Ausschlaggebend war abermals ein technologischer Wandel, diesmal der verstärkte Einsatz von Informations- und Kommunikationstechniken im Bereich von Büro- und Dienstleistungstätigkeiten. Ende der 1990er Jahre gewann die Debatte über neue Formen der wissensintensiven Dienstleistungsarbeit im Zuge der aufkommenden Internetwirtschaft an Bedeutung.

Im engen Austausch mit den Sozialpartnern entwickelte sich aus der Arbeitsforschung heraus Stück für Stück eine Dienstleistungsforschung und damit ein inter- und transdisziplinärer Forschungsansatz, der bis dahin nicht existent war und der selbst heute in Europa einzigartig ist.

Die Dynamik der damaligen Zeit und die zunehmende Bedeutung der Dienstleistungswirtschaft für Wachstum, Wohlstand und Beschäftigung spiegelte sich auch im Zusammenschluss der Einzelgewerkschaften zur Vereinten Dienstleistungsgewerkschaft ver.di. Und Frank Bsirske sollte ihr erster Vorsitzender werden.

Auf dem Weg zu einer Dienstleistungs(forschungs)politik

Mit Beginn des neuen Jahrtausends gab es also nicht nur ein eigenständiges Forschungsprogramm zu Dienstleistungen, sondern auf gewerkschaftlicher Seite erstmals eine Institution, die als Ansprechpartner einen Großteil der Dienstleistungswirtschaft repräsentierte. Zwar war das Forschungsprogramm – im Vergleich zur Produktionsforschung – vom Volumen kleiner, aber immerhin konnten in Abstimmung mit Wirtschaft, Wissenschaft und Sozialpartnern neue Themen für Förderbekanntmachungen auf den Weg gebracht werden.

Nach diesem guten Start kam aus Sicht der Dienstleistungsforschung bald Ernüchterung auf. Denn mit dem Jahr 2004 folgte in der Förderlandschaft die Katerstimmung der geplatzten Dotcom-Blase. Wir erinnern uns daran, als es aufgrund von Haushaltssperren und gekürzten Budgets zwischen 2004 und 2005 so gut wie keine Förderausschreibungen gab – auch nicht im Bereich der Arbeits- und Dienstleistungsforschung. Viele Institutionen, die auf Drittmittelforschung angewiesen waren, hielten diese Durststrecke nicht durch oder wandten sich anderen Themen zu.

Fraunhofer IAO konnte diese Phase mit einigen Blessuren überstehen. Glücklicherweise hatten wir einige langlaufende Forschungsprojekte in dem von uns entwickelten Themengebiet der systematischen Dienstleistungsentwicklung (Service Engineering). Der inhaltliche Austausch zwischen Fraunhofer IAO und ver.di war zu dieser Zeit schon vorhanden, es fehlte jedoch eine strategische und strukturelle Verankerung dieser Kooperation. Den Anstoß dafür gab ausgerechnet die damals vorherrschende wirtschaftliche Schwächephase.

Denn im Jahr 2005 kam die Bundesregierung unter dem damaligen Kanzler Gerhard Schröder (SPD) zu dem Entschluss, das Thema »Innovation« oben auf die Tagesordnung zu setzen. Ziel war es, einen partizipativen Innovationsdialog aufzubauen, um die vorhandenen Kräfte zu bündeln und mit beispielhaften Projekten den Innovationsstandort Deutschland voranzubringen. Die Aktivität firmierte unter dem Titel »Partner für Innovation«, und die Fraunhofer-Gesellschaft wurde mit der organisatorischen und inhaltlichen Begleitung beauftragt.

Gemeinsam mit Vertretern des Bundeskanzleramtes wurden die thematischen Schwerpunkte der Initiative definiert. Die Vorstellungen der Beamten waren schon recht detailliert, aber es gelang dem Fraunhofer IAO, das

Kanzleramt zu überzeugen, einen weiteren hochrangigen Arbeitskreis zum Thema »Dienstleistungen« aufzusetzen. Und in diesem Arbeitskreis, der von der IBM Deutschland und Roland Berger koordiniert wurde, war auch ver.di als wichtiger Innovationspartner vertreten.

Die über ein Jahr dauernde gemeinsame Arbeit in diesem Gremium war der Startschuss für eine intensive Kooperation zwischen ver.di und Fraunhofer IAO. Dabei wurden wesentliche Inhalte für eine neue Dienstleistungspolitik im Allgemeinen und eine Dienstleistungsforschungspolitik im Besonderen definiert. ver.di und Fraunhofer IAO einte die Erkenntnis, dass es trotz der wirtschaftlichen und sozialen Bedeutung der Dienstleistungswirtschaft keinen gleichwertig verankerten politischen Diskurs zur Zukunft des Dienstleistungssektors gab. Mit anderen Worten: Neben einer Industriepolitik bedurfte und bedarf es einer (guten) Dienstleistungspolitik.

Der Erfolg der gemeinsamen Arbeit an diesem Thema ließ nicht lange auf sich warten. Zusammen mit weiteren Partnern arbeiteten wir an neuen Themen für Förderbekanntmachungen. Kundeninteraktion, Stolz auf die Dienstleistungsarbeit und Transformation von Dienstleistungsarbeit durch Einsatz neuer Technologien waren Themen, die einen branchenübergreifenden Ansatz verfolgten und erstmals sogar Dienstleistungtätigkeiten adressieren, die statistisch im industriellen Sektor geführt werden. Es folgten gemeinsame Veranstaltungen, forschungspolitische Papiere und Stellungnahmen etc. Möglich war dies, weil ver.di und Fraunhofer IAO von Beginn an das Interesse an guter und produktiv gestalteter Dienstleistungsarbeit teilten, vor allem aber, weil die Zusammenarbeit auch auf der menschlichen Ebene gut funktionierte.

Frank Bsirske schaltete sich damals persönlich in den Austausch ein. Es folgten Besuche von ver.di-Delegationen am Fraunhofer-Campus in Stuttgart, wo seit Längerem an den Themen Technologie und Dienstleistungsarbeit geforscht wurde. Frank Bsirske hat dabei von Beginn an den Gedanken gefördert, dass die Dienstleistungsforschung eine zentrale Grundlage für eine Dienstleistungspolitik sein muss, denn nur wenn Dienstleistungen in ihrer Komplexität und ihrem Wesen verstanden werden, kann Politik angemessen auf die Veränderungen und Herausforderungen einer digitalen Dienstleistungsökonomie reagieren. Dabei hat er stets über den berühmten »Tellerrand« geschaut und sich für Entwicklungen interessiert, die jenseits der Dienstleistungsbranchen stattfanden, die über ver.di abgedeckt werden.

In einer strategischen Kooperation zwischen Fraunhofer IAO und ver.di wurde vor einigen Jahren dann sogar ein regelmäßiger Informationsaustausch zu Dienstleistungsinnnovation und Dienstleistungsforschung festgeschrieben. Seitdem gehörte der jährliche Besuch und Austausch am Campus in Stuttgart zum Regelprogramm von Frank Bsirske und seiner Führungsmannschaft. Intensiviert wurde die Zusammenarbeit in gemeinsamen Projekten. So entwickelten wir am IAO Qualifizierungsprogramme für Betriebsräte. Andere Projekte fokussierten die Entwicklung digitaler Arbeit in der Kommunalwirtschaft oder die Potenziale des Einsatzes von Robotik in der Dienstleistungswirtschaft.

Auf Wiedersehen, Frank Bsirske

Zwar hat Frank Bsirske nicht selber in den Forschungsprojekten mitgearbeitet. Lust dazu hätte er aber sicher gehabt. Denn er war immer gut informiert und hat sich regelmäßig über den Fortlauf der Arbeiten berichten lassen. Zudem hat er die Erschließung neuer Themen (z.B. Smart City, Interaktionsarbeit und Digitalisierung von Non-Profit-Organisationen) aktiv unterstützt, die erst auf den zweiten Blick mit gewerkschaftlichen Interessen verbunden sind.

Frank Bsirske war deshalb nicht nur Macher, sondern auch vorausschauender Stratege. Gute Dienstleistungsforschung war für ihn ein zentraler Baustein für gute Dienstleistungsarbeit und gute Dienstleistungspolitik. Wir hoffen daher, dass Frank Bsirske sich auch im wohlverdienten Unruhestand zu Innovationsfragen rund um die Dienstleistungsarbeit artikulieren wird. Das betrifft zum Beispiel die zunehmende Digitalisierung von Dienstleistungsarbeit und den Einsatz von Methoden und Verfahren zur künstlichen Intelligenz.

Gleichwohl werden wir den Scharfsinn von Frank Bsirske, vor allem aber seinen Humor und seine freundliche Art bei unseren Austauschtreffen vermissen. Dienstleistungen werden von Menschen für Menschen gemacht – das war sein Motto, und das hat er gelebt wie wenige andere. Wir haben ihn über die Jahre deshalb nicht nur als Vorsitzenden einer Gewerkschaft, sondern vor allem als Menschen kennen- und schätzen gelernt.

Walter Ganz/Bernd Bienzeisler

Faire Spielregeln definieren

von Jan Marco Leimeister

Abschiede prägender Persönlichkeiten sind immer Gelegenheit, Dank zu sagen, Leistungen zu würdigen und einen Rückblick zu wagen. So auch bei Frank Bsirske an der Spitze der Gewerkschaft ver.di: Mit dem 5. ver.di-Bundeskongress im September 2019 in Leipzig endet seine Amtszeit als Vorsitzender dieser großen deutschen Gewerkschaft mit rund zwei Millionen Mitgliedern. Wie in anderen großen Organisationen auch ist der Kurs desjenigen, der als Erster an der Spitze einer neu gegründeten Organisation steht, für deren weitere Entwicklung maßgebend. Gerade am Anfang gibt es sehr viele »Richtungsentscheidungen« zu fällen und wesentliche Weichenstellungen für den weiteren Kurs vorzunehmen.

Frank Bsirske hat ver.di als Gründungsvorsitzender »von der Geburt bis zur Volljährigkeit« geführt. Nach 18 erfolgreichen, intensiven, sicher auch nicht immer einfachen Jahren, gibt er dieses Amt und die damit verbundene Verantwortung nun in andere Hände. Man muss nicht immer der gleichen Meinung sein, um festzustellen: Die Vereinte Dienstleistungsgewerkschaft, aber auch die gesamte deutsche Gesellschaft, hat ihm viel zu verdanken. Das gilt auch für die Wissenschaft, der er und ver.di über die gesamten Jahre hinweg ein verlässlicher Ansprechpartner war und ist. Auch das von mir geführte Fachgebiet Wirtschaftsinformatik der Universität Kassel und ich haben mit ihm und ver.di in verschiedensten Konstellationen, nicht zuletzt in Gremien und Projekten, immer sehr gut und vertrauenswürdig zusammengearbeitet.

Die Welt hat sich seit 2001 stark verändert

Was 18 Jahre an der Spitze einer Dienstleistungsgewerkschaft bedeuten, lässt sich unter anderem auch gut anhand der Ereignisse, die in dieser Zeit stattgefunden haben, ermessen: Seit dem 19. März 2001, dem Gründungsdatum von ver.di und dem Start von Frank Bsirske als Vorsitzendem, haben umfangreiche Umwälzungen stattgefunden: politische (wie beispielsweise die Anschläge vom 11. September 2001), wirtschaftliche (wie beispielsweise

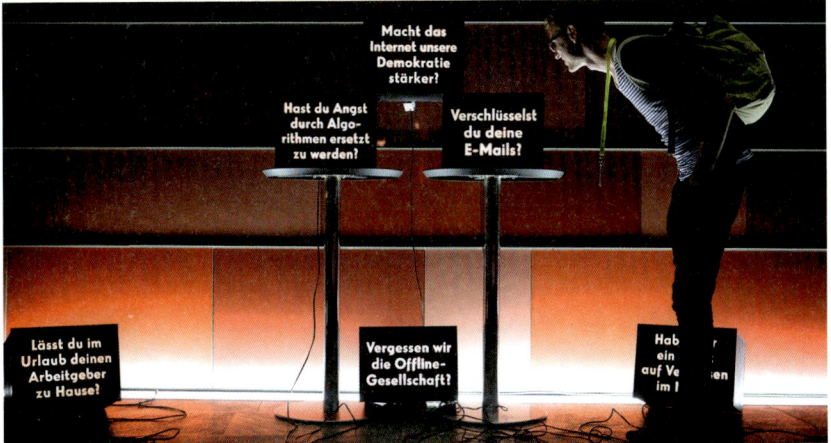

Arbeitswelt, Selbstbestimmung und Demokratie im digitalen Zeitalter sind die Schwerpunkte beim 1. ver.di-Digitalisierungskongress im September 2014.

die Gründung von Unternehmen, die heute hinsichtlich Einfluss, Größe und Marktkapitalisierung weltweit mit an der Spitze stehen, wie Facebook im Jahr 2004), technologische (wie beispielsweise der Aufstieg von Smartphones wie dem iPhone ab 2007) oder wissenschaftliche (wie beispielsweise die im Nachgang zur Bologna-Reform verstärkte Ausrichtung am angelsächsischen Wissenschaftssystem). Hinzu kam ein Trend, dessen Auswirkungen auf Wirtschaft und Gesellschaft – und damit auch auf die Arbeit von Gewerkschaften wie ver.di sowie Wissenschaftsinstitutionen wie Universitäten – enorm sind: die Digitalisierung.

Das Fachgebiet Wirtschaftsinformatik der Universität Kassel forscht und lehrt bereits seit Jahren in verschiedensten Themengebieten insbesondere rund um die Auswirkungen der Digitalisierung auf die Organisation von Arbeit. Diese Forschung ist aus verschiedensten Gründen wichtig. Zwei davon sind: Auf der einen Seite wollen wir damit gemeinsam mit vielen anderen Wissenschaftsinstitutionen unseren kleinen Beitrag dazu leisten, dass Deutschland als größte Volkswirtschaft Europas und viertgrößte Volkswirtschaft der Welt gegenüber etwa den USA und China, die in vielen Bereichen führend sind, nicht (weiter) an Boden verliert. Auf der anderen Seite ist es essenziell, dass die aus der zunehmenden Digitalisierung der Arbeit resultierenden Veränderungen so gestaltet werden, dass diese für die Menschen weiterhin faire, gute und erfüllende Arbeit bieten. Gerade im Jahr 2019 als dem

70-jährigen Jubiläum des Grundgesetzes und der Bundesrepublik Deutschland scheint aus verschiedenen aktuellen Anlässen heraus eine Besinnung darauf, was Soziale Marktwirtschaft bedeutet, wichtig. Und eine Besinnung darauf, dass technologischer Fortschritt an sich kein Wert ist, sondern dem Menschen dienen sollte.

Ein Bereich, der insbesondere im letzten Jahrzehnt aufgrund der Digitalisierung sowie des Trends hin zur »Plattformökonomie« zunehmend an Bedeutung gewonnen hat, ist die Einbindung der »Crowd«. Gerade die Gewerkschaften in Deutschland, nicht zuletzt Frank Bsirske und ver.di, haben sehr früh die Potenziale, aber auch die daraus resultierenden möglichen Gefahren erkannt. Das Fachgebiet Wirtschaftsinformatik forscht intensiv sowohl zu externen als auch zu hybriden als auch zu internen Aspekten dieser neuen Form der Arbeitsorganisation. Im Folgenden möchte ich insbesondere auf interne Plattformarbeit näher eingehen, da sie für Gewerkschaften wie ver.di angesichts der großen Anzahl betroffener interner Mitarbeiterinnen und Mitarbeiter hohe Relevanz besitzt. Die folgenden Ausführungen basieren auf empirischen Befunden erster Piloten, die wir im Rahmen unserer Forschung gewonnen haben.

Interne Plattformarbeit – empirische Befunde erster Piloten

Im Diskurs über Auswirkungen der Digitalisierung auf die Arbeitswelt zeigen bisherige Studien, dass neue Formen digitaler Arbeit durch den Einsatz IT-basierter Plattformen und den Einbezug von Algorithmen entstehen (vgl. Orlikowski 2016). Folglich werden bestehende Strukturen der Beschäftigung neu geordnet, sodass sich verschiedene Ausprägungen von flexibler, agiler und selbstständiger Arbeit herausbilden (vgl. Sundararajan 2016). Neben der voranschreitenden Digitalisierung von Arbeitsprozessen nutzen Unternehmen vermehrt auch neue technologische Möglichkeiten, um eine Vielzahl an Arbeitskräften flexibel und arbeitsteilig einzusetzen, viel dynamischer und flexibler als in allen zuvor bekannten Arbeitsorganisationsformen. Hierbei geht es nicht nur um unternehmensexterne Arbeitskräfte, die beispielsweise im externen Crowdsourcing zur Auslagerung von diversen Aufgaben (u.a. Design-Leistungen [Mrass et al. 2018] oder Software Testing [Zogaj et al. 2014]) eingebunden werden, sondern um die Verteilung bestimmter Tätigkeiten an die eigene Belegschaft, die eine neuartige Organisation von Arbeit erfordert. Diese Verteilung von Aufgaben findet meist über eine IT-basierte Plattform mittels eines offenen Aufrufs an die eigenen internen Mitarbeiterinnen und Mitarbeiter statt, es handelt sich also um interne Crowd Work (Durward u.a. 2016). Hierbei sind sowohl Auftraggeber (einzelne Mitarbeitende, Abteilungen oder das Unternehmen) als auch Bearbeiter der Aufgaben und teilweise sogar die Plattform Teil des Unternehmens. Mit anderen Worten: Mitarbeitende haben die Möglichkeit, zusätzliche, auch gänzlich andere Arbeitsaufgaben neben ihrer eigentlichen Tätigkeit zu bearbeiten, sofern sie sich darum bemühen beziehungsweise dies wollen.

Der fortschreitende Einsatz dieser internen Plattformarbeit ist heutzutage längst nicht mehr nur bei Großunternehmen zu beobachten, sondern erfreut sich auch im Mittelstand zunehmender Beliebtheit. Gemein haben alle Initiativen, dass sie eine neue Form der Arbeitsorganisation in die Unternehmen bringen und somit strukturelle Auswirkungen auf unterschiedlichen Ebenen (Organisation, Arbeitsprozess, Gruppe, Individuum) haben können. Insbesondere für die einzelnen Mitarbeiterinnen und Mitarbeiter stellen diese neuen internen Arbeitsformen eine Veränderung bestehender Strukturen und Routinen dar. Im Allgemeinen ist die Teilnahme an den verschiedenen Formen interner Plattformarbeit freiwillig und basiert auf der Selbstselektion der Mitarbeiterinnen und Mitarbeiter.

Fragen seitens der internen Belegschaft

Dennoch kann es unter Umständen sein, dass die Teilnahme in den Unternehmen, wenn auch formal nicht vorgegeben, von der Geschäfts- oder Abteilungsleitung implizit erwartet wird. In diesem Zusammenhang stellen sich daher einige Fragen seitens der internen Belegschaft:

- Was heißt es für eine Belegschaft, wenn sie – zumindest in Teilzeit – Arbeit über interne Plattformen verrichtet?
- Welche zusätzlichen Formen der Incentivierung können speziell für die interne Plattformarbeit angeboten werden?
- Welche zeitlichen Vorgaben zur Bearbeitung der Aufgaben über interne Plattformen haben die Mitarbeiterinnen und Mitarbeiter, und wie ist das Verhältnis zur Regeltätigkeit ausgestaltet?
- Inwiefern werden Betriebsräte in die Planung und Umsetzung von interner Plattformarbeit einbezogen?

Jan Marco Leimeister　　　　　　　　　　　　　　　　　　　　**205**

- Inwiefern hat die interne Belegschaft selbst Einfluss auf die interne Plattformarbeit?

Als Folge sind sowohl Chancen als auch Risiken für die einzelnen Mitarbeiterinnen und Mitarbeiter zu beobachten. Einerseits können Mitarbeiterinnen und Mitarbeiter mit Kolleginnen und Kollegen abteilungs-, bereichs- oder gar konzernübergreifend orts- und zeitunabhängig via IT-Plattform gemeinsam Aufgaben, die über die Regeltätigkeit hinausgehen, selbstbestimmt auswählen und bearbeiten. Die Bearbeitung der Aufgaben kann dabei individuell oder im Team und quer zu allen traditionell vorhandenen Strukturen durchgeführt werden. So können beispielsweise Hierarchieebenen in Projekten und Aufgaben aufweichen, sodass für die Mitarbeiterinnen und Mitarbeiter die Möglichkeit besteht, in selbstinitiierten Aufgaben und Projekten Entscheidungen eigenständig zu treffen und mit Vorgesetzten und Führungskräften auf Augenhöhe an gemeinsamen Ergebnissen zu arbeiten. Die Mitarbeiterinnen und Mitarbeiter haben somit zusätzliche Alternativen zur Kommunikation, Interaktion sowie der gemeinsamen Bearbeitung aktueller Aufgaben abseits des eigenen Tagesgeschäfts. Die einzelnen Mitarbeiterinnen und Mitarbeiter entscheiden hierbei selbst, ob sie an der internen Plattformarbeit teilnehmen, und besitzen somit eine höhere Selbstbestimmung durch Selbstselektion. Damit geht auch ein höheres Maß an Flexibilität einher, indem jede einzelne Mitarbeiterin und jeder einzelne Mitarbeiter selbst entscheidet, wann und wie viele Aufgaben er/sie über die Plattform bearbeiten will.

Aufgabensteller und Projektinitiatoren können ebenfalls beispielsweise durch eine kurzfristige und schnelle Einbindung von Unterstützung profitieren. Für motivierte Mitarbeiterinnen und Mitarbeiter bietet interne Crowd Work die Möglichkeit, ihre Initiativen zu platzieren, für die es in den traditionellen Strukturen keine Möglichkeiten gab. Auf diese Weise können unkompliziert Mitstreiter und fachliche Kompetenzen gefunden und integriert werden. Unternehmensseitig können beispielsweise Bereichsgrenzen und Abteilungssilos durch eine übergreifende Zusammenarbeit aufweichen und zu einer verbesserten Vernetzung im Unternehmen führen. Weiterhin besteht die Möglichkeit, Kapazitäten zu bündeln und insbesondere ungenutzte Ressourcen produktiv zu nutzen. So kann das Unternehmen unter Umständen von innovationsfördernden Strukturen profitieren, die Teams hervorbringen, die auf Basis der Selbstselektion aus den motiviertesten Mitarbeiterinnen und Mitarbeitern für die jeweiligen Themen bestehen. Zudem besteht die Möglichkeit, die Teams mit externen Personen zu ergänzen und in die

Die am 30. Mai 2014 streikenden Beschäftigten von Amazon in Leipzig wollen keine »Amerikanisierung der Arbeitsbedingungen«, sondern »ein faires Miteinander«.

interne Plattformarbeit zu integrieren, um so auf Basis gezielt eingebundener Kompetenzen komplexe Aufgaben besser lösen zu können. Welche Mitarbeiterinnen und Mitarbeiter letztlich an interner Plattformarbeit teilnehmen, ist in der betrieblichen Praxis jedoch ganz unterschiedlich.

Potenzielle Risiken interner Plattformarbeit

Anderseits entstehen durch den Einsatz der internen Plattformarbeit jedoch neben zusätzlichen Möglichkeiten auch Einschränkungen und Risiken. Es besteht die Gefahr, durch den Einsatz interner Plattformarbeit einen impliziten Druck zur Teilnahme zu erzeugen und so den internen Wettbewerb unter den Mitarbeiterinnen und Mitarbeitern weiter zu intensivieren. Dies kann zusätzliche Belastungsfaktoren (z.B. Mehrarbeit, Stress, Zeitdruck) hervorrufen. In diesem Kontext kann interne Plattformarbeit zu einer Arbeitsverdichtung führen und folglich die Arbeitszeit, die Work-Life-Balance, die Arbeitsintensität und die Stressbelastung beeinflussen (vgl. Meil/Kirov 2017).

Für Projektinitiatoren und Aufgabensteller besteht das Risiko, dass eingestellte Aufgaben und Projekte nicht in der gewünschten Art und Weise die Unterstützung der Belegschaft erfahren und somit zu Demotivation beziehungsweise der individuellen Abkehr von der internen Plattformarbeit führen. Weiterhin kann sich aus organisationaler Sicht eine Blockadehaltung der Führungskräfte einstellen, die Kapazitäten und Ressourcen nicht an abteilungsübergreifende Projekte abgeben möchten. Dies kann zu einer begrenzten Nutzung und Effektivität der Plattform führen.

Die interne Plattformarbeit stellt insbesondere die Mitarbeiterinnen und Mitarbeiter mit ihren Kompetenzen und Fähigkeiten in den prozessualen Ablauf der Wertschöpfung. In diesem Zusammenhang ist es wichtig, speziell deren Erfahrungen und Wahrnehmungen mit interner Plattformarbeit systematisch zu analysieren (Deng u.a. 2016; Durward u.a 2019).

Empowerment der Mitarbeiterinnen und Mitarbeiter

Eine etablierte Möglichkeit, die Wahrnehmung von Arbeit des Einzelnen systematisch zu untersuchen und einzubeziehen, stellt das Empowerment dar. Empowerment kann dabei als Befähigung der Arbeitenden zur effektiven und effizienten Erreichung organisationaler Ziele verstanden werden (Elmes u.a. 2005). Für ein solches Empowerment der Mitarbeiterinnen und Mitarbeiter gilt es, deren Einstellungen und Haltungen gegenüber interner Plattformarbeit einzuholen und bei der Gestaltung zu berücksichtigen.

Vor dem Hintergrund der Anforderung nach mehr Flexibilität und Agilität gilt es, die schützenswerten Aspekte der Beschäftigung, einer wünschenswerten guten digitalen Arbeit und des Interessensausgleiches zu berücksichtigen und abzuwägen. In diesem Zusammenhang sollte Konsens vorherrschen, dass es per se kein einfaches Erfolgsrezept für eine Erfolg versprechende Umsetzung gibt. Vielmehr ist es notwendig, gemeinsame Experimentierräume und Piloten zur Erprobung neuer digitaler und agiler Arbeitsformen wie der internen Plattformarbeit zu schaffen. Eine solche Pilotierung bedarf von Beginn an klarer Regelungen und Erfolgskennzahlen, die es zu operationalisieren gilt und die im Rahmen einer professionellen Begleitforschung zu evaluieren sind. Auf diese Weise werden systematisch auch die Mitarbeiterinnen und Mitarbeiter und deren Wahrnehmung adressiert. Hieraus ergibt sich auch für Arbeitnehmervertreterinnen und -vertreter Handlungsbedarf, der sich in einer konkreten Einführungs- und Durchführungsbegleitung manifestiert, um eine aktive Einbindung aller Beteiligten und ihrer Interessen zu gewährleisten. Es gilt über die grundlegenden Mechanismen und Prozesse innerhalb der internen Plattformarbeit zu informieren und potenzielle Risiken in Bezug auf Mitbestimmung,

Belastungsfaktoren und Selbstorganisation für die Beschäftigten aufzuzeigen. Nach Beendigung der Piloten kann somit auf fundierte Ergebnisse zurückgegriffen werden, sodass im Erfolgsfall ein Rollout beziehungsweise im Misserfolgsfall die Weiterentwicklung beziehungsweise Abschaltung auf Basis der gewonnenen Erkenntnisse zu beschließen ist.

Eine wesentliche Herausforderung für die Zukunft besteht also darin, faire Spielregeln zu definieren, die es den Unternehmen erlauben, von interner Plattformarbeit zu profitieren und gleichzeitig gute und faire Arbeitsbedingungen für interne sowie externe Beschäftigte ermöglichen. Diesen klaren Gestaltungsauftrag gilt es im konstruktiven Dialog zu erfüllen und entsprechende Gestaltungsprinzipien zu erarbeiten.

Literatur

Deng, X./Joshi, K./Galliers, R. (2016): The duality of empowerment and marginalization in microtask crowdsourcing: Giving voice to the less powerful through value sensitive design, Management Information Systems Quarterly, 40, 2, S. 279-302.

Durward, D./Blohm, I./Leimeister, J.M. (2016): Crowd Work. Business & Information Systems Engineering 58: S. 281-286, Doi:10.1007/s12599-016-0438-0.

Durward, D./Simmert, B./Peters, C./Blohm, I./Leimeister, J.M. (2019): How to Empower the Workforce – Analyzing Internal Crowd Work as a Neo-Socio-Technical System, in: Hawaii International Conference on System Sciences (HICSS), Waikoloa, HI, USA.

Elmes, M.B./Strong, D.M./Volkoff, O. (2005): Panoptic empowerment and reflective conformity in enterprise systems-enabled organizations, in: Information and Organization (15:1), S. 1-37.

Meil, P./Kirov, V. (2017): Policy Implications of Virtual Work, Heidelberg.

Mrass, V./Peters, C./Leimeister, J.M. (2018): Handlungsbroschüre Crowdworking-Plattformen, Neue Organisationskonzepte für Dienstleistungen nachhaltig gestalten, Kassel.

Orlikowski, W.J. (2016): Digital Work. A Research Agenda, in: Czarniawska, B. (Hrsg.), A Research Agenda for Management and Organization Studies, Northampton, MA, S. 88-96.

Sundararajan, A. (2016): The sharing economy. The end of employment and the rise of crowd-based capitalism, Cambridge, MA/London.

Zogaj, S./Bretschneider, U./Leimeister, J.M. (2014): Managing crowdsourced software testing. A case study based insight on the challenges of a crowdsourcing intermediary, Journal of Business Economics 84: S. 375–405, Doi:10.1007/s11573-014-0721-9.

Wir können die Welt verändern

von Bettina Bludau

Digitalisierung kann Segen, aber auch Fluch sein. Sie hat viele Aspekte. Zum einen die Sicht auf unsere Arbeitsplätze: Welche Arbeitsplätze wird es in der Zukunft noch geben, welche sind durch die Digitalisierung bedroht und werden durch Anwendungen, durch Roboter oder gar durch künstliche Intelligenz (KI) ersetzt? Ein Ja für die Hilfestellung und Unterstützung durch intelligente Anwendungen als Arbeitserleichterung für uns Menschen. Ein klares Nein jedoch zum gläsernen und überwachten Menschen, Arbeiter, Angestellte, Beamte. Zum anderen schafft sie aber auch Arbeitsplätze, z.B. in der Entwicklung. Noch schreiben sich die Anwendungen nicht alleine. Noch werden wir gebraucht, um die Programme für die KI mit zu entwickeln. Doch dabei dürfen wir ethische Aspekte nicht außer Acht lassen. Wir müssen berücksichtigen, was mit dem passiert, was wir entwickeln. Wozu kann und wird es genutzt? Wir haben eine Verantwortung. »Wir« sind wir alle: Entwickler, Anwender, Arbeitgeber, Gewerkschaften, Käufer, Verbraucher, Politiker.

Wir befinden uns mitten in einer Zeit der großen Veränderung, und es kommt darauf an, wie wir dieser Veränderung begegnen. Mitgestaltung und diese für gute Arbeit nutzen, bei der wir alle gesund bleiben, von unserer Arbeit leben können und später im Ruhestand nicht in Armut leben müssen. Frank Bsirske hat sich schon von Anfang an hierfür eingesetzt. Er wollte am Puls der Digitalisierung sein, ein deutliches Signal setzen. Ein Signal, um die sich schnell gravierend verändernde Arbeitswelt mit zu gestalten. Er hatte sich daher 2002 entschlossen, für den Aufsichtsrat der IBM Central Holding GmbH zu kandidieren. Nach seiner Wahl hat er sich für unsere Interessen stark gemacht, sich mit all seiner Kompetenz und Einfluss eingesetzt für den Erhalt von Arbeitsplätzen und gute Arbeitsbedingungen bei der IBM. Er stellte sich immer wieder zur Wahl und blieb 16 Jahre lang im Aufsichtsrat.

Gute Arbeit geht einher mit Beschäftigungs- und Zukunftssicherheit. Auch im Zeitalter der Digitalisierung geht es nicht ohne Solidarität und gute Arbeit, Würde und Selbstbestimmung. Daten dürfen nicht über uns bestimmen und unser persönliches Verhalten oder Leistung kontrollieren. Klickzahlen machen keine Menschen aus. Zeigen Bewertungen im Netz immer

　　　　　　　　　　Gute Arbeit – Gute Dienstleistungen

das ganze Bild? Wieviel sind sie wert? Sollen eine oder ein paar Zahlen einen Menschen beschreiben?

Im Jahr 2012 beherrschten Cloud-Working und Crowd-Sourcing die Diskussion, Web 2.0 war das Schlagwort. Das Positive wie flexiblere Arbeitszeiten, Arbeiten von überall auf der Welt hat auch seine Schattenseiten, Entgrenzung von Berufs- und Privatleben. Es ist kein Vorteil, immer und überall erreichbar zu sein, wenn es nicht gleichzeitig erlaubt und erwünscht ist, auch mal nicht erreichbar zu sein. Es muss nicht immer sofort eine Antwort auf eine Frage folgen. Es darf auch mal dauern. Doch genau hier zeigt es sich: Es ist so ähnlich wie bei Disneys Zauberlehrling, die Geister, die er rief, ließen sich nicht beherrschen und kontrollieren. Zum Glück gibt es aber in vielen Unternehmen Betriebsräte und Gewerkschaften. ver.di mit Frank Bsirske an der Spitze hat sich des Themas »Gute Arbeit« angenommen – besonders in Zeiten der Digitalisierung, und es ist wichtig, sich über die UNI auch international zu vernetzen.

Gewerkschaftliches Engagement hat z.B. bei IBM seine Basis in den Betriebsgruppen, die es quer durch die Republik gibt. Sie geben ver.di ein Gesicht und eine Stimme. Sie setzen sich für alle Kolleg*innen ein, unterstützen die Tarifkommission, mobilisieren an den Aktionstagen und kämpfen laut für ihre Forderungen. Im Jahr 2012 überraschte Frank Bsirske die Betriebsgruppe in Ehningen. Er besuchte spontan eine Betriebsgruppensitzung, gab einen kurzen tarifpolitischen Input und diskutierte diesen mit den Mitgliedern (www.ich-bin-mehr-wert.de/w/files/ibm/verdiatibmweb-201211-v2.pdf). So ist er, immer nah bei den Menschen und mit einer hohen Wertschätzung dem Ehrenamt gegenüber. Er war immer aktiv dabei, wenn er gerade vor Ort war, um gemeinsam mit uns Flyer zu verteilen, zu mobilisieren, unsere Kolleg*innen anzusprechen und von der Notwendigkeit der Solidarität und einer Gewerkschaft zu überzeugen. Diese Nähe zur Basis kam gut an – stärkte ihn und uns.

Veränderung ist nicht immer schlecht und Fortschritt nicht immer nur gut. Es kommt immer auf das »Wie« und den Weg an. Haben wir ein Gleichgewicht, sind die Beteiligten auf Augenhöhe und bringt es uns alle voran? Es kann nicht sein, dass aufgrund der Digitalisierung Arbeitsplätze wegfallen oder sich die Arbeitsbedingungen verschlechtern. Vielmehr sollten sie sich verbessern. Tarifverträge sind wichtig für das Gleichgewicht. Sie sind der Garant für gute Arbeitsbedingungen. Eine große Verantwortung haben dabei die Arbeitgeber. Sie sollen sich einlassen, nicht aus den Tarifverträgen fliehen. Durch Regelungen wissen beide Seiten, woran sie sind, können sich aufeinander verlassen. Es ist ein Mythos, zu glauben, Betriebs-/Personalräte oder Gewerkschaften behindern. Im Gegenteil, es gibt zahlreiche Belege, dass Unternehmen mit einer Mitbestimmung erfolgreicher sind, sogar die Produktivität steigern konnten, im Vergleich zu den Zeiten, als sie ohne waren. Für die Arbeitnehmer stellen sie sicher, dass die Arbeitsbedingungen gut sind, nicht krank machen. Ein gutes Beispiel dafür ist der Tarifvertrag zum Gesundheitsschutz, den die IBM in Deutschland mit ver.di im Jahr 2013 geschlossen hat. Arbeit muss auch gut entlohnt werden für die erbrachten Leistungen. Sie darf nicht arm machen – weder während des Erwerbslebens noch danach in der Rente. Es ist eine gesellschaftliche Verpflichtung, eine Verpflichtung derjenigen, die durch die Arbeit der anderen reich werden.

Mittels der Digitalisierung hat sich schon viel verändert, über alle Branchen hinweg. Vieles geht schneller und einfacher, aber ist es auch immer besser? Hilft es uns, wenn wir selber die Kassen in den Super- oder Baumärkten bedienen? Unseren Koffer am Flughafen selber aufgeben? Einchecken erledigen viele schon per App. Doch wo sind all die Angestellten, Beamten und Arbeiter hin? Haben sie noch einen Job? Können sie ihre Familie ernähren? Was ist mit unserer Solidarität? Oder fordern wir sie nur ein, wenn sie uns betrifft? Bemerken wir es überhaupt? Im Handel z.B. passiert vieles online. Wir schauen nach Bewertungen, vertrauen dem Schwarm. Welcher Verkäufer und welches Produkt haben die besten Bewertungen? Ein Klick und gekauft! Wollen wir essen gehen oder suchen wir ein Hotel, einen Arzt oder was auch immer, die digitalen Daten geben uns sehr schnell Empfehlungen. Daten haben die Macht – im Arbeitsleben und außerhalb.

Arbeitende können sehr schnell durch intelligente Personalsysteme verwaltet, bewertet und auch analysiert werden. Kommentare in Communities, Engagement in Foren, sozialen Netzwerken erlauben es sogar, psychologische Profile zu erstellen. Intelligente Tools zeigen, wer bereits innerlich gekündigt hat, wer bereit ist, die Firma zu verlassen. Wer hindert die Arbeitgeber daran, diese Informationen, Daten zu nutzen und auszuwerten? Es geht schließlich um das Business, um den Erfolg. Das Gegengewicht sind Betriebs-/Personalräte zusammen mit den Gewerkschaften. Sie sorgen mit Betriebsvereinbarungen und Tarifverträgen für faire und gute Bedingungen, sodass alle etwas davon haben.

Wir sollten jedoch nie vergessen, dass auch wir eine Macht haben. Die Macht hinzuschauen, nachzufragen, nachzuforschen. Wir alle möchten gute

Arbeit, Arbeit, an der wir Freude haben, die einen Sinn hat und die uns auch gesund älter werden lässt. Daher sollten wir das, was wir für uns möchten, auch anderen zugestehen. Gemeinsam kann uns die Digitalisierung in allen Bereichen unterstützen, ohne uns zu zerstören, ohne nur einigen wenigen ein gutes Leben zu ermöglichen. Dafür brauchen wir Betriebs-/Personalräte und Gewerkschaften. Unsere ver.di stärkt uns, und genau dafür hat sich auch Frank Bsirske immer eingesetzt, so wie ich ihn erlebt habe.

Wir erleben heutzutage an vielen Stellen einen Individualismus. Gemeinsam für eine Sache zu kämpfen, scheint gerade nicht so en vogue zu sein. Behandelt mich ein Arbeitgeber schlecht, wechsele ich einfach zum nächsten. Die Welt ist groß. Produkte stehen mir aus aller Welt und jederzeit zur Verfügung. Doch wo wird produziert? Vor Ort? In Europa? In Niedriglohnländern? Zu welchen Bedingungen? Stelle ich mir die Fragen überhaupt oder interessiert nur der Preis vom Produkt? Nach dem Motto »je günstiger desto besser«? Auch das ist Digitalisierung. Ich kann mich immer und zu jeder Zeit informieren, oder mit nur einem Klick bestellen und schon ist das Produkt unterwegs zu mir. Schöne neue Welt. Am liebsten noch ohne weitere Zusatzkosten, Liefergebühren – und online verfolgen kann ich meine Lieferung auch, Tracking sei Dank.

Gewerkschaft – brauche ich die? Ich sage ja. Auch wenn es vielleicht nicht immer der schnellste und einfachste Weg ist, sich zu organisieren, abzustimmen, so ist es doch der nachhaltigste. Ein Mensch alleine kann schon etwas bewegen, aber viele Menschen, die an einem Strang ziehen, bewegen mehr. Tarifverträge stärken. Haustarifverträge sind gut, Branchentarifverträge berücksichtigen auch kleinere Betriebe. Tarifverträge müssen selbstverständlich sein. Es sollte auch selbstverständlich sein, wenn ich selber Aufträge zu vergeben habe, die Arbeitsbedingungen zu hinterfragen. Sich zu fragen, wie würde es mir an der Stelle gehen. Wieviel Service will ich und brauche ich? Ist es wirklich notwendig, dass Arbeiter überwacht werden, Abmahnungen bekommen, weil sie nicht so funktionieren, wie es der Chef erwartet? Wir reden hier von Menschen! Würde ich zu solchen Arbeitsbedingungen arbeiten wollen? NEIN!

Wir können die Welt verändern, wenn wir uns verändern! Gemeinsam!

Bettina Bludau   **213**

Vertrauen in das Neue

von Gregor Gysi

Diskussion mit Gregor Gysi (Fraktionsvorsitzender) und Lothar Bisky
(Parteivorsitzender) von der Partei »Die Linke« nach der Bundestagswahl 2009

Frank Bsirske war und ist ein Glücksfall für die Gewerkschaften im Allgemeinen und für ver.di im Besonderen. Aus meinen eigenen Erfahrungen mit Fusionen von Organisationen, noch dazu unterschiedlicher
Größe, weiß ich, wie schnell so ein Projekt auf der Kippe stehen kann,
wie schwer es ist, die Mitglieder der beteiligten Organisationen mitzunehmen und bei der Stange zu halten, und wie leicht das Selbstverständnis dieser Verbände und ihrer Persönlichkeiten dem Fusionsprozess in
die Quere kommen kann. ver.di hat unter ihm eine beachtliche Fusion
von Gewerkschaften geschafft.

Da braucht man dann viele, die die Chancen sehen und sehen wollen,
die in einer solchen Fusion liegen. Und man braucht den einen oder die
eine, an die oder den man das im unweigerlichen Streit um Einfluss, Personal, Vermögen, Inhalte ramponierte Vertrauen in das Neue dann doch

binden kann. Und der dieses Vertrauen rechtfertigt, weil er den Laden zusammenhält und auf dem Weg vorangeht, die Chancen zu ergreifen.

Frank Bsirske war für ver.di dieser eine, der Skeptikerinnen und Skeptiker gegenüber der Fusion mit der Zeit verstummen ließ, der den Tanz auf den vielen verschiedenen Tarifhochzeiten meisterte und der Vereinten Dienstleistungsgewerkschaft auch mit seiner humorigen unverkniffenen Art das Gesicht gab, das zum Aufbruch in die Gemeinsamkeit passte. Damit führte er ver.di durch raue Zeiten, in denen Personalabbau im öffentlichen Dienst zum Mantra der Finanzminister in Bund und Ländern gehörte, die Finanzkrise Bankangestellte zur Verhandlungsmasse ums Überleben ringender Geldhäuser machte und die Digitalisierung mit all ihren Facetten den Handel so umkrempelte, dass Arbeitsplätze zu Tausenden verschwanden oder von Global Playern der Tarifhoheit von ver.di entzogen wurden.

Dass nicht alles gelingen kann, muss bei einer solch langen Zeit nicht verwundern, und der nach wie vor andauernde Kampf mit Amazon, den Beschäftigten Arbeitsbedingungen und Einkommen auf ver.di-Niveau zu sichern, ist ohne Zweifel eine Frage, die Frank Bsirske auch dann noch beschäftigen wird, wenn er sein Amt abgegeben hat. Und ich gebe auch zu, dass ich mich mehr als einmal geärgert habe, wenn auch ver.di Tarifabschlüsse unterschrieb, in denen unterschiedliche Lohnhöhen und mitunter auch Arbeitszeiten für Ost und West festgeschrieben wurden. Das sollte nun fast 30 Jahre nach dem Mauerfall endgültig der Vergangenheit angehören.

Aber wenn man sich die jüngsten Tarifabschlüsse etwa im öffentlichen Dienst anschaut, die Streikbereitschaft und Kampagnenfähigkeit in der Pflege und das Wirken von ver.di in breiten gesellschaftlichen Bündnissen für eine demokratische, tolerante und offene Gesellschaft, dann weiß man, was die Gewerkschaft mit Frank Bsirske an der Spitze erreicht hat. Dies hat auch ihre Stellung innerhalb des DGB gefestigt und maßgeblich mit dafür gesorgt, dass die Gewerkschaften in Deutschland ihre gesellschaftspolitische Position gegen den neoliberalen Mainstream nach zeitweiliger Zurückhaltung wieder offensiv verteidigten und sie inzwischen sogar ausbauen konnten.

Es ist auch deshalb gelungen und mit dem Namen von Frank Bsirske verbunden, weil er mit einem grünen statt einem SPD-Parteibuch an die Gewerkschaftsspitze kam, was es bis heute so nicht nochmal gegeben hat und ihn von vornherein Türen für alle öffnen ließ, die der Gewerkschaftssache parteipolitisch oder nicht parteipolitisch verbunden waren. Dies schloss für ihn von Anfang an auch meine Partei ein, was für diese und ihre gesellschaftliche Akzeptanz bereichernd und herausfordernd zugleich war. Unsere Gespräche waren immer offen, verlässlich und von gegenseitiger Wertschätzung getragen. Dass Deutschland nach langen Jahren des Kampfes auch einen gesetzlichen Mindestlohn hat, ist auch dem Umstand zu verdanken, dass ver.di unter Frank Bsirske die anfängliche gewerkschaftliche Skepsis gegenüber diesem Instrument gegen die weitere Ausbreitung des Niedriglohnsektors überwand.

Wer Frank Bsirske bei ver.di nachfolgt, wird also vor großen Schuhen stehen und kann sich genauso sicher sein, dass man in diesen wunderbar laufen kann und vorankommt, auch weil sie oder er auf Franks Rat und Tat nicht verzichten muss. Frank Bsirske reiht sich würdig ein in die Reihe großer Gewerkschafterinnen und Gewerkschafter, die Deutschland geprägt haben.

Wenn man seinen Weg in der Gewerkschaft und die aktuelle politische Situation, in der sich unser Land, Europa und die Welt befinden, zusammendenkt, kann man eigentlich nur hoffen, dass sich Frank Bsirske nicht etwa aufs Altenteil zurückzieht – dazu ist er auch, soviel sei mir als 71-Jährigem gestattet zu schreiben, noch viel zu jung –, sondern eher Anlauf nimmt, um die Wege in eine gerechtere Gesellschaft an anderer Stelle zu bahnen. Ich weiß nicht, ob ihm die durchverhandelten Nächte in Tarifauseinandersetzungen irgendwann so sehr fehlen werden, dass er sich nach einem anderen Ort für derartige Sitzungsmarathons umschaut. Aber eigentlich können die, denen das Schicksal der Beschäftigten, der Erwerbslosen, der Rentnerinnen und Rentner, von Geflüchteten, von Jung und Alt in unserem Land am Herzen liegen, nicht auf einen wie Frank Bsirske verzichten. Da ich selbst weiß, dass es gar nicht so einfach ist zu lernen, das Alter zu genießen, finde ich deshalb, dass sich Frank Bsirske damit ruhig noch ein bisschen Zeit lassen kann. Wir sollten da bei nächster Gelegenheit unbedingt mal drüber sprechen, lieber Frank.

Mehr Europa – aber anders

»Immer mehr Menschen verbinden mit Europa weder wachsenden Wohlstand noch ein stärkeres Zusammenwachsen.

Vor allem in den Krisenländern steht Brüssel heute für Lohnkürzungen und Sozialabbau, für Arbeitslosigkeit und soziale Ungleichheit. Deswegen braucht Europa einen neuen Weg. Nur ein soziales und demokratisches Europa hat auch eine Zukunft.«

Frank Bsirske 2014

Eine Politik der Umkehr

von Klaus Busch

In ihrer Geschichte hat die Europäische Union immer wieder Rückschläge hinnehmen müssen. Immer ist es aber gelungen, selbst nach gravierenden Einschnitten, wie der »Politik des leeren Stuhls« durch de Gaulle Mitte der 1960er Jahre oder dem Scheitern des ersten WWU-Plans Ende der 1970er Jahre, mit entscheidenden Vertiefungsschritten auf den Integrationspfad zurückzukehren. Die Verabschiedung der »Europäischen Akte« 1987 und die Verträge von Maastricht (1993), Amsterdam (1999) und Nizza (2003) brachten der EU ein »Golden Age« der Integration mit entscheidenden politischen und ökonomischen Fortschritten. Das Scheitern des Verfassungsvertrages der EU im Jahre 2005 beendete diese Aufschwungphase des Integrationsprozesses jedoch, und seitdem will kein neuer Durchbruch gelingen. Die EU befindet sich vielmehr auf verschiedenen Feldern in einer Sackgasse.

Dieser Artikel stellt zunächst die Analyse dieser Krise im 2008 erschienenen »Manifest zur Europapolitik« von ver.di sowie die dort vorgelegten Reformvorschläge dar, untersucht dann den Aufschwung des Rechtspopulismus und die daraus resultierenden Handlungsblockaden der EU in wichtigen Politikfeldern, um schließlich noch einmal zu beleuchten, wie durch einen radikalen Politikwechsel in der europäischen Wirtschafts- und Sozialpolitik den Re-Nationalisierungstendenzen der Boden entzogen werden könnte.

Das Manifest zur Europapolitik

Inmitten der Großen Finanzkrise 2008/2009 hat ver.di ein »Manifest zur Europapolitik« mit dem Titel »Einem sozialen Europa Zukunft geben« veröffentlicht (ver.di 2008). In diesem Text wird die Wirtschafts- und Sozialverfassung der EU einer grundlegenden Kritik unterzogen und ein alternatives Wirtschafts- und Sozialmodell für die EU gefordert.

Wer dieses Manifest in der Rückschau heute noch einmal liest, wird feststellen, dass sowohl die darin vorgelegte Analyse der Defizite der Europäischen Union als auch die Reformvorschläge immer noch hochaktuell sind. Weit vorausschauend wird im Ausblick des Manifests bereits deutlich gemacht, dass die sozioökonomischen Probleme Europas die Wurzel für den sich anbahnenden Aufschwung der rechtspopulistischen Parteien und die wachsende Ausländerfeindlichkeit in der EU sind. Die notwendige Antwort auf diese Gefahren sei jedoch »Nicht weniger Europa, sondern mehr Europa, aber anders!« (ver.di 2008: 22)

Als wesentliche Mängel des Wirtschafts- und Sozialmodells der EU benennt das Manifest erstens die Einführung eines Systems der Wettbewerbsstaaten, zweitens die primäre Orientierung der Wirtschaftspolitik an den Zielen Inflationsbekämpfung und Konsolidierung der öffentlichen Haushalte und drittens das Fehlen eines europäischen Entscheidungszentrums für die Fiskalpolitik. Das System der Wettbewerbsstaaten führe zu Praktiken des Lohn-, Sozial- und Steuerdumpings: »In der europäischen Form der Wirtschafts- und Währungsunion, in der die Währung gemeinsamer Kompetenz unterliegt, also europäisch ist, aber die Lohn-, Sozial- und Steuerpolitik ausdrücklich in den Händen der Mitgliedsstaaten verbleiben, sind Dumpingpraktiken strukturell programmiert.« (ver.di 2008: 10) Die neoliberale Orientierung der Wirtschaftspolitik schränke den Spielraum, mittels der Fiskalpolitik die Konjunktur zu stabilisieren, erheblich ein. Aufgrund des Fehlens eines Entscheidungszentrums auf der europäischen Ebene könne die Fiskalpolitik der Mitgliedsstaaten nur unzureichend auf den jeweils für notwendig erachteten wirtschaftspolitischen Kurs ausgerichtet werden.

Aus diesen Kritikpunkten ergibt sich eine Reihe von Reformforderungen. Die Lohnpolitik müsse europäisch koordiniert werden, und auf der europäischen Ebene müssten national gestaffelte Mindestlöhne in Höhe von 60 Prozent des nationalen Durchschnittslohns festgelegt werden. Für die Sozialpolitik sei ein sozialer Stabilitätspakt zu vereinbaren, der die Höhe der nationalen Sozialausgaben an die nationale Wirtschaftskraft binde. In der Steuerpolitik seien, neben der Einführung von gemeinsamen Bemessungsgrundlagen für die Unternehmenssteuern, europäische Mindeststeuersätze und eine europäische Finanztransaktionssteuer erforderlich. Nur durch diese europäischen Regeln für die Lohn-, Sozial- und Steuerpolitiken könne das System der Wettbewerbsstaaten ausgehebelt werden.

In der Wirtschafts- und Finanzpolitik müssten der starre Wachstums- und Stabilitätspakt sowie die fiskalpolitischen Bestimmungen des Maastrichter Vertrages grundlegend reformiert werden, um nicht länger einer antizyklischen Fiskalpolitik im Wege zu stehen. Kurz- und mittelfristig sei die Wirtschaftspolitik durch Kommission und Rat europäisch besser zu koordinieren, langfristig sei aber die Einführung eines europäischen Entscheidungszentrums in Form einer demokratisch kontrollierten Wirtschaftsregierung erforderlich.

Austeritätspolitik und das Erstarken des Rechtspopulismus

Aufgrund der massiven ökonomischen und sozialen Schäden, welche die neoliberale Wirtschafts- und Finanzpolitik der Weltwirtschaft 2008/2009 zugefügt hatte, bestand für einige Zeit die Hoffnung, dass die herrschende Politik einen Paradigmenwechsel vollziehen würde. In der EU rückten mit der Eurokrise die Defizite der Maastrichter Konstruktion der Wirtschafts- und Währungsunion in den Blickpunkt von Politik und Gesellschaft.

Dies führte in den Jahren 2011/12 dazu, dass der damalige Präsident der Europäischen Kommission, José Manuel Barroso, und auch der damals amtierende Präsident des Europäischen Rates, Herman Van Rompuy, unter dem Titel »Für eine echte und vertiefte WWU« (Europäische Kommission 2012; Van Rompuy et al. 2012) Vorschläge vorlegten, welche die Mängel von Maastricht heilen sollten. Diese Pläne liefen im Kern darauf hinaus, den EU-Haushalt wesentlich zu vergrößern, eine europäische Fiskalregierung zu installieren, für ein gemeinsames Schuldenmanagement Eurobonds einzuführen und die Rolle des Europäischen Parlaments als Ko-Gesetzgeber wesentlich zu stärken. Die Fiskalregierung sollte vor allem die Kompetenz erhalten, Wirtschaftskrisen in der EU durch eine antizyklische Politik zu bekämpfen.

Für die weitere politische und sozioökonomische Entwicklung der EU erwies es sich als verhängnisvoll, dass diese Phase der Reformdiskussion nur kurze Zeit währte und der Neoliberalismus erneut die Oberhand gewann. Statt wie in den USA die Wirtschaftskrise mithilfe einer expansiven Geld- und Fiskalpolitik rasch erfolgreich zu überwinden, wurde in der Eurozone eine harte Austeritätspolitik durchgeführt. Hier herrschte die irrige Auffassung vor, die Krise sei das Ergebnis einer exzessiven Staatsverschuldung, und diese gelte es von daher zu allererst durch hartes Sparen abzubauen.

Während in den USA durch die expansive Wirtschaftspolitik die Arbeitslosenrate von 9,6 Prozent im Jahr 2010 bis 2016 auf 4,9 Prozent abgesenkt werden konnte, stieg diese Rate in der Eurozone aufgrund der Austeritätspolitik von 10,0 Prozent im Jahre 2010 auf 12,0 Prozent im Jahr 2013 an. 2016 lag sie immer noch bei 10,5 Prozent (European Commission 2016: S 163).

Die Protagonisten der Austeritätspolitik stellen diese heute immer noch als alternativlos dar und übersehen die hohen ökonomischen und sozialen Kosten, welche mit dieser Politik einhergingen. Die Wachstumsraten waren niedrig, in den öffentlichen Haushalten gab es erhebliche Spareingriffe, die Arbeitslosigkeit stieg teils stark an. In den sozialen Sicherungssystemen dominierten die Kürzungen, die Arbeitsmärkte wurden weiter liberalisiert und die Gewerkschaftsmacht über Eingriffe in die Tarifsysteme erheblich geschwächt.

Die Verteidiger der Austeritätspolitik übersehen darüber hinaus, dass deren hohe ökonomische und soziale Kosten in der EU die wesentlichen Treiber für den Anstieg des Rechtspopulismus waren (Bsirske/Busch 2018). Eine vergleichende Analyse des Rechtspopulismus in Italien, Frankreich, den Niederlanden, Österreich und Deutschland verdeutlicht den starken Einfluss dieser ökonomischen und sozialen Faktoren (Busch u.a. 2018: 63ff.).

Die Sitzung des ver.di-Beirats am 25. September 2014 in Brüssel nutzt Frank Bsirske zu einem Gespräch mit Günther Oettinger, dem EU-Kommissar für Energie.

In Italien und in Frankreich hat die Sparpolitik zu einem hohen Niveau der Arbeitslosigkeit geführt. In beiden Ländern führt ein großer Teil der Bevölkerung die ökonomischen Probleme des Landes auf die von Deutschland intonierte Euro-Wirtschaftspolitik zurück und ist insofern für die Argumente der rechtspopulistischen Parteien besonders empfänglich. Aber auch in den Niederlanden und in Österreich haben die sozialen Härten im Zuge der Sparpolitiken zur Unzufriedenheit mit den regierenden Parteien beigetragen. In Österreich ist das Haushaltsdefizit von 2010 bis 2016 um drei Prozentpunkte reduziert worden, in den Niederlanden im selben Zeitraum sogar um fast sechs Prozentpunkte und so in einen leichten Überschuss transformiert worden. In beiden Ländern sind aufgrund dieser Politik, die bei vielen Sozialleistungen zu Kürzungen führte, bei den nationalen Parlamentswahlen insbesondere die sozialdemokratischen Parteien abgestraft und die rechtspolitischen Parteien gestärkt worden. In Deutschland fiel aufgrund der günstigeren ökonomischen und sozialen Rahmenbedingungen der Zuwachs der rechtspopulistischen AfD im Vergleich mit den Zugewinnen der Rechtspopulisten in anderen EU-Staaten deutlich geringer aus.

Für den Anstieg des Rechtspopulismus sind insgesamt mehrere Faktoren verantwortlich. Fünf Einflussgrößen können dabei als besonders relevant hervorgehoben werden: die ökonomische Entwicklung des Landes, die Entwicklung der sozialen Ungleichheit und deren Wahrnehmung, die politische Stabilität/Instabilität des Staates, die Migrations- und Flüchtlingsfrage sowie ein historisch-kultureller Faktor. Diese Einflussgrößen haben von Land zu Land ein unterschiedliches Gewicht (Busch u.a. 2018: 182ff.).

Seit den Wahlen zum Europaparlament im Jahre 2014, die bereits einen Aufschwung der rechtspopulistischen Parteien indizierten, hat es bei vielen Parlamentswahlen in den Mitgliedsstaaten der EU politisch eine deutliche Verschiebung nach rechts gegeben. Das gilt für die Wahlen in den Niederlanden, Frankreich, Italien, Österreich, Deutschland, Schweden, Polen, Ungarn, Spanien, Estland und Finnland. Inzwischen stellte eine Koalition aus den populistischen Parteien Lega und M5S in Italien die Regierung, sind in Polen (Pis) und Ungarn (Fidesz) offen EU-feindliche Parteien an der Macht, war in Österreich und ist in Estland eine rechtspopulistische Partei Teil einer Regierungskoalition und toleriert die Dänische Volkspartei die Regierung in Kopenhagen.

Durch diese Entwicklung haben sich auch die Parteien der rechten Mitte von einer Politik der Re-Nationalisierung und der Schwächung Brüssels affizieren lassen. Diese politische Entwicklung ist dafür verantwortlich, dass die EU auf den wichtigen Feldern der Reform der Eurozone und der Flüchtlingspolitik keine Fortschritte mehr erzielt und in Polen, Ungarn und Rumänien der Politik des Abbaus von Rechtsstaat und Demokratie durch die EU kein Einhalt mehr geboten werden kann.

Das Scheitern der Reform der Eurozone

Seit der Großen Finanzkrise 2008/2009 gab es vermehrt Pläne zu einer Reform der oben beschriebenen Defizite der Maastrichter Wirtschafts- und Währungsunion. Doch weder ist es bisher gelungen, durch eine europäische Koordinierung der Lohn-, Sozial- und Steuerpolitiken das System der Wettbewerbsstaaten zu durchbrechen, das die Praxis des Lohn-, Sozial- und Steuerdumpings fördert, noch konnten die 2012 von der Barroso-Kommission im Zuge der Eurokrise vorgeschlagenen Pläne verwirklicht werden, eine vom Europäischen Parlament kontrollierte europäische Wirtschaftsregierung einzuführen, um die Wirtschafts- und Finanzpolitik besser europäisch abstimmen und Wirtschaftskrisen effektiver bekämpfen zu können. Die immer wieder vorgetragenen Vorschläge zur Einführung dieser fiskalpolitischen Stabilisierungsfunktion – zuletzt vehement vom französischen Präsidenten Emmanuel Macron – sind schließlich auf dem Euro-Gipfel im Dezember 2018 zu Grabe getragen worden. Mit der rechtspopulistischen Kritik an der EU wurden entscheidende Vertiefungsschritte der Integration abgeblockt, selbst wenn diese zur wirtschaftspolitischen Stabilisierung von EU und Eurozone beitragen würden (vgl. Bsirske 2019).

Das Desaster der Asyl- und Flüchtlingspolitik der EU

Das Elend der europäischen Asyl- und Flüchtlingspolitik äußert sich darin, dass einerseits alle Pläne für eine solidarische Aufnahme von Flüchtlingen in der EU von vor allem osteuropäischen Mitgliedsstaaten immer wieder torpediert werden und andererseits der mehrdimensionale Bau an der Festung Europa immer inhumanere, ja brutalere Züge annimmt. In vielen Mitgliedsstaaten wird das Asylrecht in einer Art Dauerreformprozess immer weiter verschärft, und nach außen schirmt sich die EU durch vielfältige Maßnahmen vor den Flüchtlingen ab. Zu den größten Brüchen des Völkerrechts zählen jedoch das vom italienischen Innenminister Matteo Salvini durchgesetzte nahezu rettungsschifffreie Mittelmeer sowie das Bündnis der EU-Staaten mit dem Regime al-Sarraj in Libyen, das mit europäischen Geldern ausgestattet wird, um die Flüchtlinge durch die Inhaftierung in Lagern an der Flucht zu hindern. In diesen Lagern wird mit Wissen der EU vergewaltigt, gefoltert und gemordet. In den Mitgliedsstaaten empören sich inzwischen nur noch Minderheiten über diese Praxis einer Staatengemeinschaft, die sich auf die Werte des christlichen Abendlandes zu gründen behauptet (vgl. Busch 2019).

Polen, Ungarn und Rumänien verletzen offen das Gebot von Rechtsstaat und Demokratie des EU-Vertrages

Im Umgang mit Mitgliedstaaten, die offen Demokratie und Rechtsstaat durch eine staatliche Kontrolle der Medien und die Unterwerfung der Judikative unter die Exekutive unterhöhlen, zeigt sich die EU ohnmächtig. Die eingeleiteten Vertragsverletzungsverfahren gegen Polen und Ungarn erweisen sich wegen des Einstimmigkeitsprinzips letztlich als stumpfe Waffen. Das Gleiche gilt für das Vorgehen der EU gegen Rumänien, wo selbst korrupteste Politiker durch Änderungen der Anti-Korruptionsgesetze quasi eine Carte blanche erhalten.

Diese vielfältigen Krisenerscheinungen sind Ausdruck eines schleichenden Selbstzerstörungsprozesses der EU. Dieser wird durch den ungewissen Ausgang des Brexits, dessen Chaos die EU bald in ihrem Inneren lähmen könnte, und die ungewissen politischen Entwicklungen in Italien komplettiert, wo eine unfähige populistische Regierung die Volkswirtschaft auf ein Desaster zutreibt.

»Nicht weniger, sondern mehr Europa, aber anders«

Im »Manifest zur Europapolitik« hat ver.di bereits 2008 die Reformen benannt, durch welche die Krise der EU und die Re-Nationalisierungstendenzen überwunden werden könnten. In der 2016 unter Mitwirkung von Frank Bsirske erschienenen Streitschrift »Europa geht auch solidarisch« (Busch u.a. 2016) ist dieses Reformprogramm noch detaillierter ausgearbeitet worden. Hier werden sechs entscheidende Elemente für ein alternatives europäisches Wirtschafts- und Sozialmodell dargestellt, deren Realisierung dem Rechtspopulismus in Europa den Boden entziehen würde.

Diese Forderungen lauten: Die neoliberalen Sparpolitiken und die rigiden Arbeitsmarkt- und Sozialstaatsreformen, die vor allem in den mediterranen Ländern verhängnisvolle sozialökonomische Auswirkungen hatten und in den meisten EU-Staaten die soziale Spaltung verschärft haben, müssen beendet werden. Die EU braucht eine Wirtschaftsregierung, die gemeinsame und asymmetrische Krisen bekämpfen kann. Diese Regierung muss eine ökologisch nachhaltige und beschäftigungsorientierte Wirtschaftspolitik betreiben und mithilfe eines europäischen Investitionsprogramms die Überwindung der sozialökonomischen Spaltung in Europa in Angriff nehmen.

Nach einer mehr als dreißigjährigen weitgehend ergebnislosen Debatte über die soziale Dimension der Integration müssen endlich europäisch geregelte Mindestlöhne und europäisch koordinierte soziale Sicherungssysteme eingeführt werden, die den sozialen Fortschritt mit dem ökonomischen Entwicklungsniveau der Staaten Schritt halten lassen. In einem derartigen sozi-

Für ein soziales Europa: Frank Bsirske bei der Maikundgebung 2018 in Braunschweig unter dem Motto »Solidarität, Vielfalt, Gerechtigkeit«

Klaus Busch

alökonomischen Umfeld hätten die Gewerkschaften beste Voraussetzungen für eine Re-Kollektivierung der Tarifbeziehungen und eine Wiederaufnahme der europäischen Koordinierung der Lohnpolitiken.

Mit einer gemeinsamen Asyl- und Flüchtlingspolitik, die auch eine Verteilung der Migranten nach ökonomischen und sozialen Standards beinhaltet, müssen die Konflikte in der Flüchtlingspolitik überwunden werden. Die heute immer stärker werdende Tendenz zum Irrationalismus in der europäischen Politik kann nur durch eine solidarische Wirtschafts- und Sozialpolitik überwunden werden, die sowohl die ökonomische und soziale Spaltung zwischen den Mitgliedsstaaten als auch innerhalb der Staaten bekämpft und so einen neuen europäischen Sinn für Gemeinschaftliches und Gemeinsames stiftet.

Literatur

Bsirske, Frank/Busch, Klaus (2018): Die sozialen und politischen Kosten der Austeritätspolitik, Schwächung der Gewerkschaften und Stärkung des Rechtspopulismus, in: WSI-Mitteilungen, Nr. 6, S. 522-526.

Bsirske, Frank (2019): Die Pläne zur notwendigen Reform der Eurozone und die Gründe ihres vorläufigen Scheiterns, in: Bsirske u.a., Ein anderes Europa ist möglich, Hamburg: VSA: Verlag, S. 65-74.

Busch, Klaus (2019): Rechtspopulismus in der EU, Bedrohung für den Integrationsprozess, in: WSI-Mitteilungen, Nr. 2, S. 125-132.

Busch, Klaus/Bischoff, Joachim/Funke, Hajo (2018): Rechtspopulistische Zerstörung Europas? Wachsende politische Instabilität und die Möglichkeiten einer Kehrtwende, Hamburg: VSA: Verlag.

Busch, Klaus/Troost, Axel/Schwan, Gesine/Bsirske, Frank/Bischoff, Joachim/Schrooten, Mechthild/Wolf, Harald (2016): Europa geht auch solidarisch, Streitschrift für eine andere EU, Hamburg: VSA: Verlag.

Europäische Kommission (2012): Ein Konzept für eine vertiefte und echte Wirtschafts- und Währungsunion, Auftakt für eine Europäische Diskussion. Mitteilung der Kommission, Brüssel.

European Commission (2016): European Economic Forecast, Winter 2016, Statistical Annex, Table 24, Brussels

Rompuy, Herman van/Barroso, José Manuel/Juncker, Jean-Claude/Draghi, Mario (2012): Towards a Genuine Economic and Monetary Union, Brussels.

ver.di (2008): Einem sozialen Europa Zukunft geben. Manifest zur Europapolitik, Berlin, www.verdi.de/themen/internationales/++co++d5ee55c6-c360-11e0-64ad-00093d114afd [5.6.19].

International handlungsfähig

von Isolde Kunkel-Weber

Als ich vor einigen Monaten zusammen mit tausenden spanischen Beschäftigten aus dem öffentlichen Dienst gegen eine strenge Sparpolitik demonstrierte, wurde mir wieder bewusst, wie ähnlich die Interessen der arbeitenden Menschen in ganz Europa sind. Ich war dort mit einer Delegation des EPSU, des europäischen Dachverbands der Dienstleistungsgewerkschaften, dem auch ver.di angehört. Wir alle wollen Respekt für unsere Arbeit, angemessene Löhne und gute Arbeitsbedingungen, überall in Europa.

Wir wissen, dass Kommerzialisierung, Outsourcing und Privatisierung nicht zu besseren staatlichen Dienstleistungen führen. Eher ist das Gegenteil der Fall. Deshalb teilen wir unsere Erfahrungen, Erkenntnisse und Forschungsergebnisse und unterstützen gegenseitig unsere Kampagnen. Gute öffentliche Dienste garantieren gute Bildungschancen, hohe Qualität für Pflegebedürftige. Sinnvolle Investitionen in Bibliotheken, Universitäten, Krankenhäuser, in digitale Infrastruktur, öffentliche Strom- und Wassernetze sichern Qualität und kurbeln die Wirtschaft an. Die europäischen Gewerkschaften stehen für ein solches Europa. Dieses andere soziale Europa steht allerdings im starken Kontrast zu rechten und nationalistischen Bewegungen, die auf Abgrenzung und Konflikt setzen. Deren Politikansatz bietet keine Vorteile für die arbeitenden Menschen, ihre Familien und die Kommunen. Das ist nicht unser Europa.

Das alles heißt nicht, dass die EU keine Veränderung braucht. Die systematische Austeritätspolitik hat die Menschen in allen Teilen Europas getroffen. Nicht nur das Streikrecht steht immer wieder unter Beschuss, sogenannte Reformen führten auch zur Verlängerung von Arbeitszeiten, zu Rentenkürzungen, erzwungener Flexibilisierung und einer Dezentralisierung des Tarifsystems.

Die europäischen Gewerkschaften stemmen sich dagegen, dass der Bau und Betrieb von Infrastruktur ebenso wie Forschung und Innovation immer stärker auf sogenannten öffentlich-privaten Partnerschaften, public private partnership, basieren, denn das lenkt öffentliche Ressourcen in private Taschen. Wir wehren uns gegen die Vision von Konzerneliten und rechten Regierungen, die Geschäft und Profit zum zentralen europäischen Anliegen erklären. Das wäre ein berechnendes Europa, das Demokratie begrenzt und die Rolle der Sozialpartnerschaft untergräbt.

Die europäischen Gewerkschaftsbünde wie EPSU oder UNI im gewerkschaftlichen Dachverband ETUC halten dagegen und können Erfolge verzeichnen. EPSU hat mit der europäischen Bewegung für Steuergerechtigkeiten das Problem der Steueroasen hoch oben auf die politische Agenda gebracht. Wir kooperieren mit den sozialen Bewegungen, um Deregulierung im Bildungs- und Gesundheitswesen zu verhindern, und wir setzen uns für faire Handelsbedingungen ein. Sie sind die Grundlage für anständige Sozial- und Umweltstandards und für eine gute Daseinsvorsorge für alle. Nicht zuletzt ist unsere erfolgreiche Bürgerinitiative Right2water, nachdrücklich unterstützt durch ver.di und Frank Bsirske, Beweis für internationale Solidarität und Handlungsfähigkeit.

Ein soziales Europa zu schaffen mit einem starken öffentlichen Dienst bekommt gerade mehr Gewicht. Die EU-Kommission will die Transparenz bei den Arbeitsbedingungen erhöhen und drängt die Mitgliedsländer, die Lohnlücke zwischen den Geschlechtern zu schließen. Noch haben wir es

EU-Parlamentspräsident Martin Schulz im Gespräch mit dem ver.di-Beirat über aktuelle Fragen der Europapolitik am 25. September 2014 in Brüssel

Mehr Europa – aber anders

nicht geschafft, den Tanker in eine zukunftsfähige Richtung zu lenken. Doch wenn die europäischen Gewerkschaften zusammenarbeiten, kann das gelingen. Dazu gehören viele kleine Schritte ebenso wie Massendemonstrationen und Lobbyarbeit im EU-Parlament. Unser Europa – ein Europa für und von Menschen – ist möglich.

Die Gewerkschaft ver.di mit Frank Bsirske an der Spitze hat die Vision des anderen Europa immer tatkräftig unterstützt und gefördert. Frank als Person hat sowohl im EPSU als auch als langjähriger UNI-Präsident keinen Zweifel daran gelassen, dass wir als Gewerkschaften geradezu verpflichtet sind, dafür zu kämpfen, und er hat diese Verpflichtung immer nachdrücklich eingefordert.

Es war mir eine große Ehre und eine große Freude, ihn auf diesem Weg eine Zeitlang zu begleiten und miterleben zu können, mit welcher Leidenschaft und Energie er agiert hat. Ich habe ihn bei einer Reihe von Kongressen auf der europäischen und internationalen Ebene erleben dürfen und das werden für mich immer wertvolle Erinnerungen bleiben. Ich bin sicher, nicht nur für mich.

Solidarität weit über europäische Grenzen hinaus: Maria Clara Baquero Sarmiento, Gewerkschafterin aus Kolumbien, als Gast beim 1. ver.di-Bundeskongress 2003

Isolde Kunkel-Weber

Gegenwehr organisieren

von Andreas Rieger

Eine der schmerzlichsten Erfahrungen in den letzten 15 Jahren war die Schwäche der gewerkschaftlichen Aktionsfähigkeit auf europäischer Ebene. Während die EU-Kommission mit den europäischen Regierungen und Institutionen die Krise nutzte, um immer stärker ihre neoliberale Wirtschafts- und Arbeitsmarktpolitik durchzusetzen – gegenüber einzelnen Ländern mit diktatorischen Troikamaßnahmen –, blieb die aktive Gegenwehr der Gewerkschaften weitgehend auf die nationale Ebene begrenzt. Der Europäische Gewerkschaftsbund (EGB) forderte in den Jahren nach 2010 zwar eine fundamental andere Politik von den europäischen Behörden, konnte dafür aber nur selten mehr als ein verstärktes Lobbying aufbieten.

Für Frank Bsirske war immer klar, dass ein Rückzug auf das nationale Terrain nicht infrage kommt, gerade weil das Gegenüber der Gewerkschaften immer internationaler agiert. Und genauso war klar, dass Politik immer auch eine Frage von Kräfteverhältnissen ist. »Politikwechsel fällt nicht vom Himmel. Für ein Europa mit qualitativem Wachstum, Vollbeschäftigung und sozialer Sicherheit müssen Gewerkschaften, soziale Bewegungen, Kirchen und Parteien gemeinsam mobilisieren« (Bsirske 2014), schrieb er in einem Artikel für die »Gegenblende« im Mai 2014.

Welches jedoch sind die mobilisierenden Aktionsmittel, mit denen die Gewerkschaften auf dem europäischen Parkett ein besseres Kräfteverhältnis schaffen können? Dies war immer wieder Thema in der länderübergreifenden Zusammenarbeit, welche Frank Bsirske als Präsident der UNI Europa, der Dachorganisation der europäischen Dienstleistungsgewerkschaften, im Rahmen des EGB mit den »Nachbargewerkschaften« entwickelte. Regelmäßig trafen sich Frank Bsirske, Wolfgang Katzian, Andreas Rieger und weitere Kolleg*innen bei »Dreiländertreffen« von ver.di, GPA-djp aus Österreich und Unia aus der Schweiz.

Frank Bsirske betont in seinem mündlichen Geschäftsbericht beim ver.di-Bundeskongress 2015 in Leipzig, dass sich der Protest gegen TTIP und CETA lohnt.

Andreas Rieger

Mobilisierung der Lohnfrage

In der Einkommenspolitik war die Frage der Mobilisierung bereits vor der Krise ein Thema: Während oben die Spitzengehälter der Manager im Hype des Finanzkapitals abhoben, wurde unten der Tieflohnsektor ausgeweitet und innereuropäisch ein Unterbietungswettbewerb organisiert. Die Antwort darauf konnte nicht allein in den Branchen gegeben werden, zumal der Angriff ja gerade in schwach organisierten Bereichen kam. Eine mögliche Antwort war die »Politisierung« und »Kampanisierung« der Tieflohnfrage. In der Schweiz hatten wir bereits 1998 mit unserer Kampagne gegen die »Hungerlöhne unter 3000 Franken« begonnen. Bei einer länderübergreifenden Gewerkschaftstagung zeigten wir 2005 in Zürich auf, wie in der Schweiz ein gesellschaftliches Kräfteverhältnis geschaffen werden konnte. Dies erlaubte größere Lohnerhöhungen sowohl bei öffentlich exponierten Großbetrieben als auch im Bereich der Tarifverträge.

Gemeinsam wurde nach der Tagung ein Aufruf für eine europäische Mindestlohnpolitik lanciert (Schulten et al. 2005). Mit in Zürich dabei: Frank Bsirske und Wolfgang Pieper. Sie ließen sich inspirieren für die ver.di-Kampagne gegen die Hungerlöhne unter 7,50 Euro pro Stunde. 2006 startete diese mit Pauken und Trompeten. »Würde hat ihren Wert – Arbeit hat ihren Preis«, erklärte Frank Bsirske bei hunderten von Anlässen und konnte dies mit vielen Beispielen von Skandallöhnen illustrieren, die aufrüttelten. Diese gelungene ver.di-Kampagne war unbestritten der Anstoß für die Einführung des gesetzlichen Mindestlohnes in Deutschland.

Weniger fruchtbar war der Versuch, länderübergreifend gegen Lohndumping zu mobilisieren. Die skandalösen Urteile des Europäischen Gerichtshofes in den Fällen Viking (2007), Laval (2007) und Rüffert (2008) bezeichnete Frank Bsirske als »eine fundamentale Provokation« (vgl. Frankfurter Rundschau 2009). Bald begannen die Diskussionen, wie die Gegenwehr organisiert werden könnte. Wie kann der Grundsatz »Gleicher Lohn für gleiche Arbeit am gleichen Ort« durchgesetzt und der Primat der Dienstleistungsfreiheit der Unternehmer gebrochen werden? Bei einer europäischen Tagung, organisiert von ver.di und dem Schweizer Gewerkschaftsbund (SGB), debattierten wir im August 2010 in Berlin über Alternativen, unter anderem mit einer Europäischen Bürgerinitiative (EBI). »Der Vorschlag einer EBI ist für uns interessant und könnte einer breiten Mobilisierung für europäische Anliegen dienen«, sagte Frank Bsirske laut einer Protokollnotiz. Er hielt gleich-

Die europäischen Gewerkschaften machen am 16. Mai 2019 mobil unter dem Motto »Die Krise bekämpfen – Sozialpakt für Europa«.

zeitig fest: »Nötig wäre aber eine klare Verbindlichkeit von Absprachen im EGB.« Genau daran scheiterte jedoch das Projekt der EBI, weder der EGB noch eine größere Anzahl nationaler Gewerkschaften wollten Unterschriften-Verpflichtungen eingehen. Der EGB-Kongress beauftragte daraufhin 2011 das EGB-Sekretariat, eine »Kampagne« zu entwickeln, die jedoch nie stattfand. Das Resultat in dieser Auseinandersetzung um das Lohndumping war 2014 die Verabschiedung der »EU-Durchsetzungsrichtlinie«, die das Dumpingproblem aber keineswegs löste.

Dass die Unterschriftensammlung für eine EBI durchaus machbar und erfolgreich sein kann, zeigte sich zwei Jahre später mit der EBI des Europäischen Gewerkschaftsverbands für den Öffentlichen Dienst (EGÖD) für das Recht auf Wasser. An ihr war auch ver.di beteiligt. Dass eine EBI aber auch scheitern kann, wenn vorher nicht die nötigen Verbindlichkeiten erarbeitet wurden, zeigte jüngst die Europäische Transportarbeiter-Föderation (ETF) mit einer EBI gegen Dumping im Transport.

Andreas Rieger

Widerstand in der Krise

Der Crash des Finanzkapitals von 2007/08 und seine Folgen haben uns die schwache gewerkschaftliche Aktionsfähigkeit auf europäischer Ebene sehr schmerzlich erfahren lassen. Die erste Reaktion war gut: Der EGB entwickelte einen »Battle plan«, der u.a. dezentrale Aktionstage vorsah. Mit der Forderung »Fight the crisis – put people first« demonstrierten im Mai 2009 rund 400.000 Menschen in Madrid, Brüssel, Prag und Berlin. 100.000 zogen in kämpferischer Stimmung durch Berlin, an der Spitze unter anderem Frank Bsirske und der Schreibende mit dem Fronttransparent, auf dem unter anderem stand: »Die Krise bekämpfen – die Verursacher sollen zahlen!« oder »Druck machen«. Diese Mobilisierung trug dazu bei, dass europäische Regierungen 2009 zunächst antizyklische Kriseninterventionen beschlossen, u.a. Abwrackprämien bei Autos. Umso brutaler dann die radikale Wende zur Politik der Troika, der Spar- und Abbaupakete in allen Ländern. In schmerzlicher Erinnerung bleibt, wie uns Kolleg*innen aus Griechenland und anderen Ländern des Südens bei den europäischen Sitzungen plastisch schilderten, was diese Politik bei ihnen anrichtete.

Wie dagegen gewerkschaftlichen Druck aufbauen? Wir versuchten es mit drei Ansätzen, einem programmatischen, mit einer Erklärungskampagne auf dem Terrain und mit weiteren Mobilisierungen auf der Straße.

Ein erster Ansatz wollte den Erfolg der Demonstrationen von 2009 mit weiteren Aktionstagen des EGB fortsetzen. Sehr erfolgreich war der Europäische Aktionstag am 14. November, da konnte die größte Mobilisierung gegen die Krise realisiert werden. »In Europa hat heute eine Million Menschen gegen die Folgen der Krise gestreikt und demonstriert«, hieß es am Abend in der »Tagesschau« (Tagesschau 2012). Genauer besehen handelte es sich um einen Erfolg des mobilisierungsfähigen Teils der europäischen Gewerkschaften. Die Gewerkschaften aus Spanien, Portugal, Griechenland, Italien, Frankreich und Belgien hatten sich im Vorfeld gegenseitig geschworen, nun mal richtig zu mobilisieren und auch zu streiken. Der Schwung des 14. November 2012 konnte aber im übrigen Europa nicht aufgenommen werden. Die nachfolgenden Aktionstage und Eurodemos des EGB wurden immer schwächer – obwohl die antisoziale Austeritätspolitik noch härter geworden war.

Der zweite Ansatz war die Dreiländer-Aktionswoche von ver.di, GPA-djp und Unia 2012. Wir wollten nicht nur in den Medien und auf der Straße präsent sein, sondern in den Betrieben über die Krise und unsere Antworten diskutieren. Unter dem Motto »Geld ist genug da« wurde aufgezeigt, dass die Finanzkrise eine Verteilkrise war. Wir zeigten dies mit eingängigen Kommunikationsmitteln: Plakate nannten die Reichsten in jedem der drei Länder mit Namen und Milliardenvermögen. In einem pädagogischen Videoclip erklärte ein Arbeiter, warum »die Griechen« nicht selber schuld an ihrem Elend sind. Das mediale Echo war gut. Ein Tagesschaubericht zeigte Frank Bsirske, Wolfgang Katzian und Andreas Rieger auf der Zürcher Bahnhofstraße, der symbolischen Schlagader des Finanzkapitals. Die Botschaft: »Gewerkschaften wollen Reiche zur Kasse bitten.« Aber die Aktionswoche erreichte ihr Ziel nur begrenzt.

Der dritte Ansatz war schließlich ein Plan gegen die Krise. DGB, ÖGB und SGB traten ab Ende 2012 im EGB vereint für ein großes europäisches Investitionsprogramm (»Marshallplan«) ein. Der Widerstand dagegen kam von verschiedenen Seiten, u.a. von nordischen Kollegen, welche alles ablehnten, was in Richtung Eurobonds ging. Nach vielen Sitzungen war der Plan im November 2013 perfekt (EGB 2013). Unter dem hier ins Deutsche übersetzten Namen »Ein neuer Weg. Das EGB-Konzept für Investment, nachhaltiges Wachstum und gute Arbeit« wurde der vom EGB-Vorstand angenommene Plan 2014 der Kommission und der Öffentlichkeit präsentiert. Gleichzeitig sollte der EGB eine europäische Kampagne führen. »Zehn Millionen zusätzliche Arbeitsplätze dank nachhaltigen Investitionen« war der vorgeschlagene Arbeitstitel. Aber einmal mehr erwies sich der EGB als nicht kampagnenfähig. In der Folge kam es nur zum schmalbrüstigen »Junckerplan«.

Erfolgreich gegen CETA, TISA, TTIP

Wer nun behauptete, auf europäischer Ebene seien einfach keine Massenmobilisierungen möglich, sah sich bald im Kampf gegen TTIP, CETA und TISA eines anderen belehrt: Hunderttausende nahmen 2015 und 2016 in verschiedenen Ländern Europas an Demonstrationen teil, ein guter Teil davon mobilisiert durch die Gewerkschaften. Sie waren getragen von einem Bündnis, wie Frank Bsirske es als Voraussetzung für einen Politikwechsel bezeichnete: Gewerkschaften, soziale Bewegungen, Kirchen und fortschrittliche Parteien. Dieses Bündnis setzte die EU-Kommission richtig unter Druck und zwang sie schließlich – auch dank des Widerstands der Wallonischen Regierung – zu Konzessionen. Wichtig war dabei auch die Verbindung mit kanadischen

Gewerkschaften. Bei alledem war Frank Bsirske an vorderster Front immer voll dabei. »Wir sind hier nicht in Nordkorea, bei uns gibt es noch Rechte« (vgl. taz 2016), war eines seiner geflügelten Worte.

Und heute?

Wie stellt sich die Frage der europäischen Aktionsfähigkeit heute?

In Sachen Lohndumping haben die Forderungen der Gewerkschaften und Skandalfälle im Laufe der Jahre einen gewissen Druck auf die EU-Kommission ausgeübt und zur Revision der Entsenderichtlinie geführt. Gleichzeitig verurteilt der Europäische Gerichtshof aber weiterhin wirksame Kontrollmaßnahmen als unverhältnismäßig, wie im November 2018 im Fall Cepelnik aus Österreich. Und die EU-Kommission verlangt auch von der Schweiz, dass sie »unverhältnismäßige Kontrollmaßnahmen« abbaut. Eine grundlegende Lösung des Lohn- und Sozialdumpings ist nur durch ein Soziales Zusatzprotokoll zu den Verträgen zu erreichen, welches die sozialen Rechte aus

Mit Konfettiregen feiern die Delegierten der UNI-Konferenz im März 2016 in Rom Frank Bsirskes erneute Wiederwahl zum Präsidenten der UNI Europa.

Mehr Europa – aber anders

der Fessel der Unternehmensfreiheit befreit. Um dies zu erreichen, müssen die Gewerkschaften aber ein besseres Kräfteverhältnis schaffen können.

Massenmobilisierungen sind auch in Zukunft möglich und nötig, wenn die EU wieder auf neoliberale Handelspolitik zurückfallen sollte und Hand bieten sollte zu einem Wiederaufleben von Verträgen wie TTIP, TISA u.a.

In der Lohnfrage erleben wir derzeit einen europäischen Frühling des Mindestlohns, befördert durch gewerkschaftliche Kampagnen. Auch der EGB trug dazu bei mit seiner ersten Kampagne, die diesen Namen verdient: »Europe needs a pay rise«, »Europa braucht höhere Löhne – jetzt ist Zeit für den Aufschwung«. Vor allem in den Ländern von Mittel- und Osteuropa konnten der Druck verstärkt und beim gesetzlichen Mindestlohn vielerorts größere Sprünge nach oben erreicht werden, zum Beispiel in Bulgarien oder Rumänien. Aber auch in Westeuropa haben Gewerkschaften eine Aufholbewegung eingeleitet: Die FGTB startete 2018 eine Kampagne für 14 Euro in Belgien, die FNV 2019 für 14 Euro in den Niederlanden. 1.700 Euro monatlich als Untergrenze ist das Ziel der aktuellen Kampagne der österreichischen Gewerkschaften. Hatten die Neoliberalen in der Krise eine europäische Abwärtsdynamik erzwungen, gelingt es nun den Gewerkschaften, eine europäische Aufwärtsdynamik bei den Mindestlöhnen zu entwickeln. Dadurch ist nun auch wieder Deutschland herausgefordert. Im Unterschied zu zögerlichen Stimmen aus anderen DGB-Gewerkschaften plädiert Frank Bsirske für einen größeren Schritt auf mindestens 12 Euro pro Stunde, auch um »zum gesetzlichen Mindestlohnniveau bei unseren westeuropäischen Nachbarn aufzuschließen« (Bsirske 2019).

Zu guter Letzt: Nach einer längeren Pause erleben wir wieder Beispiele von länderübergreifenden koordinierten Betriebskämpfen. Bei Amazon in Deutschland, Italien und Spanien. Bei Ryanair in sieben europäischen Ländern. Bei beiden spielte auch ver.di eine wichtige Rolle. Während Amazon vorerst erst in Italien nachgab, musste Ryanair auf breiter Front Konzessionen machen.

Die Bilanz der europäischen Aktionsfähigkeit der Gewerkschaften der letzten 15 Jahre ist also durchwachsen. Die »gläserne Decke« zwischen dem nationalen Aktionsraum der Gewerkschaften und dem europäischen Raum, von der Oliver Röthig in seiner Antrittsrede als Generalsekretär von UNI-Europa 2011 in Toulouse gesprochen hat, ist noch nicht weg, aber durchbrochen. Sicher ist: Länderübergreifende Aktionen werden in Zukunft an Bedeutung gewinnen. Weil die Unternehmen immer mehr transnational operieren und weil die EU immer stärker in die Wirtschaftspolitik und Arbeitsbeziehungen interveniert und diese damit zunehmend politisiert. Aber auch weil Gewerkschafter*innen wie Frank Bsirske und viele andere sich nicht in die nationale Burg zurückziehen, sondern alles versuchen, um die Gewerkschaften auch auf europäischer Ebene aktionsfähiger zu machen.

Literatur

Bsirske, Frank (2014): Ein neuer Weg für Europa. In: Gegenblende vom 20. Mai 2014, gegenblende.dgb.de/artikel/++co++555fcfd8-e019-11e3-a7e1-52540066f352 [4.6.2019].

Bsirske, Frank (2019): Zwölf Euro Mindestlohn sind gesetzt. In: Stuttgarter Zeitung, 27. März.

EGB (2013): Ein neuer Weg. Das EGB-Konzept für Investment, nachhaltiges Wachstum und gute Arbeit; www.etuc.org/sites/default/files/document/files/de-ein_neuer_weg_fur_europa_final.pdf [4.6.2019].

Frankfurter Rundschau (2009): Vorfahrt für Sozialrechte, www.fr.de/politik/vorfahrt-sozialrechte-11502372.html [4.6.2019].

Schulten, Thorsten/Schäfer, Klaus/Bispinck, Reinhard/Rieger, Andreas/Ringger, Beat/Baumann Hans/Husson, Michel/Math, Antoine (2005): Thesen für eine europäische Mindestlohnpolitik, www.boeckler.de/pdf/wsi_2005_thesen_mindlohn_de.pdf [4.6.2019].

taz (2016): »Wir sind hier nicht in Nordkorea«, www.taz.de/Geplanter-Grossprotest-gegen-Ceta--TTIP/!5326790/ [20.6.2019].

Tagesschau (2012): Millionen protestieren gegen Sparpolitik, 14.11., www.tagesschau.de/multimedia/video/video1214732.html [20.6.2019].

Eine erfolgreiche Melange

von Wolfgang Katzian

Ich habe Frank Bsirske 2001 im Rahmen des Gründungskongresses von ver.di persönlich kennengelernt. Von Beginn an faszinierte mich seine Person, weil Frank, so wie auch ich, immer versucht, alles, was er weiß und liest, alles, was er erlebt und tut, in Beziehung zueinander zu setzen, und überlegt, was das für die Arbeitnehmerinnen und Arbeitnehmer und damit für die Gewerkschaftsbewegung bedeutet. Schnell war uns klar, dass wir einander gefunden haben – persönliche Geschichte ziemlich ähnlich, Entwicklung in der Gewerkschaftsbewegung und im politischen Spektrum sehr unterschiedlich, dennoch große Übereinstimmung bei der Einschätzung über das Bild von Gewerkschaften heute und morgen.

Und dann ist da noch die ganz besondere persönliche Ebene. Etwas, das man nicht organisieren kann. Etwas, das man nicht herbeireden kann – etwas, das da ist und wächst. Und es ist großartig, Seite an Seite nicht nur mit einem politischen Weggefährten, sondern mit einem Freund zu kämpfen und zu agieren.

Wir beide haben das große Glück, mit engagierten, gescheiten Frauen verheiratet zu sein – die sich auch gut miteinander verstehen. Das ist an sich schon toll, war aber natürlich auch die Basis dafür, dass wir einiges gemeinsam gemacht haben: Urlaub, Freizeit – Berlin, Wien, Bali ... Wobei, wer Frank kennt, der weiß, dass alles im Leben politisch ist – und damit ist klar, dass das Politische auch in der Freizeit immer präsent war.

Nachstehend einige Erlebnisse und Schwerpunkte unserer Zusammenarbeit, vor allem auf der europäischen Ebene.

Geld ist genug da! Zeit für Steuergerechtigkeit

Unter diesem Motto kämpften ver.di, GPA-djp und Unia im November 2012 in einer internationalen Aktionswoche gemeinsam für eine gerechtere Besteuerung großer Vermögen und für einen Stopp des Sparkurses zulasten der Arbeitnehmer*innen und Pensionist*innen. Das Echo war durchaus beachtenswert, als mitten in der Finanzmarktkrise drei führende Gewerkschaften aus Deutschland, Österreich und der Schweiz zeitgleich gewerkschafts-politische Aktionen im öffentlichen Raum und in den Betrieben ausriefen.

Und das mit dem Ziel, der in Politik und Medien in dieser Zeit so belieb-ten Umdeutung der Finanzmarktkrise in eine Staatsschuldenkrise argu-mentativ und kampagnenmäßig Klarstellungen entgegenzusetzen. Mit dem gemeinsamen Appell: »Beschäftigte entlasten, Superreiche belasten – hin zu mehr Steuergerechtigkeit, zu einer Politik, die Arbeit und soziale Sicher-heit schafft und Finanzmärkte effizient reguliert«, war die gewerkschaftli-che Verpflichtung verknüpft, darüber aufzuklären, woher die hohe Staats-verschuldung kommt und wie man ihr entgegenwirken kann, ohne wieder jene zu belasten, die sie nicht verschuldet haben.

ver.di begegnet GPA-djp – Öffentlich trifft auf Privat, Rot auf Grün

Diesem kräftigen Lebenszeichen grenzübergreifender Gewerkschaftsver-netzung, das in dieser internationalen Aktionswoche sichtbar wurde, waren freilich Jahre des wachsenden organisationspolitischen Kennenlernens und

Wolfgang Katzian, Frank Bsirske und Dave Prentis unterzeichnen beim ver.di-Bundeskongress 2007 einen gemeinsamen Mitgliedsausweis.

der Solidarität, aber auch der persönlichen Begegnung, Freundschaft und Solidarität vorausgegangen. Eine Begegnung, die bereits lange vor der historisch so bemerkenswerten Gründung von ver.di startete und auf den guten Kontakten zwischen der damaligen GPA mit zwei ver.di-Gründungsgewerkschaften, der HBV und der DAG, aufbaute. Nach ihrer Fusion mit der österreichischen Druckergewerkschaft sollten auch deren langjährige Kontakte zur vormaligen IG Medien zu einer Verdichtung der Branchendialoge zwischen ver.di und der GPA-djp beitragen.

Was jedoch keinesfalls so auf der Hand lag, das war die intensive und von politisch-strategischer Übereinstimmung und persönlicher Freundschaft getragene Zusammenarbeit zwischen den zwei Vorsitzenden trotz durchweg unterschiedlicher gewerkschaftlicher wie auch politischer Werdegänge. Hier der beruflich und gewerkschaftlich im kommunalen Dienst groß gewordene Vorsitzende der in der jüngeren europäischen Gewerkschaftsgeschichte wohl bemerkenswertesten Gewerkschaftsfusion ver.di. Dort der Vorsitzende der mitgliederstärksten Gewerkschaft im Österreichischen Gewerkschaftsbund, der Gewerkschaft der Privatangestellten, Druck, Journalismus, Papier (GPA-djp), die in Österreich alle Angestellten in der Privatwirtschaft vertritt, nicht nur in Dienstleistungssektoren, sondern auch in der Industrie. Hier ein – in der österreichischen Öffentlichkeit 2001 in der Funktion als Vorsitzender einer Gewerkschaft absolut exotisch wahrgenommenes – Mitglied der Grünen in Deutschland. Dort der in der österreichischen Sozialdemokratie und auch in der Bundespolitik bestens verankerte Rote. Eine »Melange«, die mit einigem Stolz auf einige Erfolge zurückblicken kann.

Gemeinsamer Kampf gegen die EU-Dienstleistungsrichtlinie

Aus gutem Grund haben ver.di und GPA-djp bereits im Jahr 2005 eine starke bilaterale Achse geschmiedet, um die europäische Gewerkschaftsbewegung als Ganzes von Beginn an auf Schiene zu bringen: Es galt, die »Bolkestein-Richtlinie« scharf zu kritisieren und zu bekämpfen. Mit unzähligen Partnern innerhalb der Gewerkschaftsfamilie und auch darüber hinaus ist es gelungen, einer breiteren Öffentlichkeit klarzumachen, dass die geplante EU-Richtlinie dem Prinzip des europäischen Sozialmodells vollkommen widerspricht.

Angesichts der unabwägbaren Gefahren des Dumpings bei Löhnen sowie Arbeits-, Verbraucher- und Umweltschutz, die mit den damaligen Plänen der EU-Kommission einhergingen, war das Ziel sonnenklar: eine substanzielle Überarbeitung der Richtlinie, vor allem eine Rücknahme ihres Kernstücks, der Anwendung des sogenannten Herkunftslandprinzips. Demnach sollten sich Dienstleistungsanbieter in der gesamten EU jeweils den Ort mit den niedrigsten Standards auswählen können, um dann von dort aus zu den günstigen Bedingungen über die Grenzen hinweg arbeiten zu können.

Wäre das bilaterale Gewerkschaftsbündnis hier beim »Ziehen der Giftzähne« nicht erfolgreich gewesen, hätten ein ungehemmter Wettbewerb der unterschiedlichen Rechtssysteme und ein Senkungswettlauf von Arbeitnehmerschutz, über Berufsausbildungs- und Ausbildungsvorschriften bis hin zum Verbraucherschutz zwischen den Mitgliedsstaaten sowie ein »Liberalisierungs-Tsunami« im gesamten Bereich der öffentlichen Daseinsvorsorge gedroht.

Weitere Auseinandersetzungen auf EU-Ebene folgten in den kommenden Jahren: Gegen Verschlechterungen beim EU-Arbeitszeitrecht. Für einen Stopp weiterer Liberalisierung und Privatisierungen der Daseinsvorsorge. Gegen den in immer mehr Ländern grassierenden Abbau von Gewerkschaftsrechten und gegen Eingriffe in die Tarifautonomie. Für EU-Handelsverträge, die das Wohl der Menschen im Fokus haben und nicht in erster Linie Konzernprivilegien bedienen sollten. Nicht alle Schlachten wur-

Bei der UNI-Europa-Konferenz im März 2016 gemeinsam mit dem UNI-Europa-Regionalsekretär Oliver Roethig.

den gewonnen. Aber gemeinsam kann resümiert werden: Gewerkschaftliche Einmischung in Europa hat sich ausgezahlt.

Mit UNI Europa für ein Europa, das möglichst allen ein gutes Leben ermöglicht

Als Frank Bsirske im Mai 2003 in Stockholm zum Präsidenten von UNI Europa gewählt wurde, bot er der GPA-djp an, den Sitz der deutschsprachigen Länder im Präsidium dieser gewerkschaftlichen Dienstleistungsinternationale in Europa zu übernehmen. Damit startete auch auf multilateraler Ebene eine intensive und produktive Kooperation. Mit seinem sehr aktiven Amtsverständnis und der fokussierten und für seine Ideen und Pläne so gewinnenden Art trieb Frank Bsirske das Ringen der Gewerkschaften entschieden voran. Das so spürbare Auseinanderklaffen von sozialer Rhetorik und politischer Wirklichkeit in der Europapolitik wurde nicht nur deutlich benannt, sondern durch zielgerichtete Lobbyarbeit bei der EU-Kommission und auch durch Kampagnen, nicht zuletzt gerichtet an Mitglieder des Europäischen Parlaments, beendet.

In der GPA-djp fand Frank Bsirske neben vielen anderen der knapp 300 UNI-Mitgliedsgewerkschaften einen starken Bündnispartner. Schon bald wurden gemeinsame Initiativen gestartet, Positionen abgestimmt, europäische und internationale Kongresse gemeinsam vorbereitet und bestritten, politische Debatten auf Brüsseler Ebene geführt und der kontinuierliche Austausch gepflegt: auf persönlicher Ebene, auf Ebene von Entscheidungsgremien, Expertinnen und Experten sowie Funktionärinnen und Funktionären aus unterschiedlichen Branchen unserer Organisationen. All das zum wechselseitigen Vorteil, aber auch zur Entwicklung von notwendigen Kanten in den Aktivitäten und der Positionierung von UNI Europa und der europäischen Gewerkschaftspolitik.

Internationale Solidarität: keine Einbahnstraße

Dass sich internationale Kooperation von Gewerkschaften nie auf internationale Tagungen und Kongressresolutionen beschränken darf und die Hand auch über das eigene Gewerkschaftslager hinaus weit hinein in die NGO-

Szene gereicht werden muss, auch dafür steht der langjährige Vorsitzende von ver.di und der UNI Europa. Legendär auch der mitten in der Umsetzung der schärfsten Troika-Diktate von ihm mitinitiierte öffentliche Aufruf »Europa neu begründen«, der dem populistischen und allzu populär gewordenen Griechenland-Bashing ein deutliches Zeichen zur Abkehr von der ruinösen Austeritätspolitik in Griechenland und Europa entgegenzusetzen trachtete.

Zu den Erstunterzeichnern dieser Initiative gehörten neben bundesdeutschen Spitzengewerkschaftern wie eben Frank Bsirske (ver.di) und Reiner Hoffmann (DGB) auch zahlreiche Progressive aus Wissenschaft und Politik. Als Erstunterzeichner selbstredend auch zwei bekannte österreichische Gewerkschafter: Erich Foglar, ÖGB-Präsident, und Wolfgang Katzian, Vorsitzender der GPA-djp.

Doch auch bilateral sollte im Laufe der Jahre eine robuste und belastbare Achse der Solidarität wachsen – in beide Richtungen: So etwa 2012, als H&M in Österreich ins Kreuzfeuer der GPA-djp geriet, weil der schwedische Textilmulti ein Urteil des Obersten Gerichtshofs umging, wonach Verkaufspersonal an Kassen in eine höhere Verwendungsgruppe einzustufen ist. Davon betroffen waren ca. 30.000 Kassiererinnen und Kassierer. Hier konnten wir uns der solidarischen Aktivität von ver.di ebenso sicher sein, wie ver.di ihrerseits jener der GPA-djp im Jahr 2014, als begonnen wurde, dem langwierigen Arbeitskampf bei Amazon eine zusätzliche internationale Schlagseite zu geben. Klar war allen: Vom korrekten Tarifvertrag würden nicht nur die Beschäftigten bei Amazon profitieren, das wäre auch ein sehr wichtiges Signal, um dem Lohndumping in Europa endlich einen Riegel vorzuschieben.

Solidarität wurde aber gerade auch in jenen Momenten spürbar, in denen eine Gewerkschaftsorganisation starken Support besonders braucht. Und auch diese Momente gab es in den vergangenen 20 Jahren. Da war es von unschätzbarem Wert, sich der Zusicherung nicht nur der Freundschaft und des moralischen Supports »über Grenzen hinweg« sicher zu sein.

Mein persönliches Highlight war ein Mittagessen mit Frank in Wien, mitten in der schwersten Zeit der Bawag-Krise,[1] die die österreichische Ge-

---

[1] Die im Besitz des österreichischen Gewerkschaftsbunds ÖGB befindliche »Bank für Arbeit und Wirtschaft AG« (BAWAG) hatte sich 2005 an »Karibik-Geschäften« – riskanten Anlagen vor allem in Form von Zins- und Währungs-Swaps – in beträchtlicher Höhe beteiligt und musste erhebliche Verluste in Kauf nehmen (de.wikipedia.org/wiki/BAWAG-Aff%C3%A4re).

werkschaftsbewegung in ihrer Existenz gefährdete und in der wir lange Zeit nicht wussten, ob bzw. wie es weitergeht. Wir saßen im Frühjahr 2006 in einem Wiener »Schanigarten«, und ich erzählte Frank, was wir zu diesem Zeitpunkt wussten und dass wir mit dem Rücken an der Wand stehen. Auch weil es auf der Arbeitgeberseite Kräfte gab, die gerne die Chance einer mit sich selbst beschäftigten, ums Überleben kämpfenden, aus ihrer Sicht geschwächten Gewerkschaftsbewegung nützen wollten. Wir diskutierten Strategien des Dagegenhaltens und des Mobilisierens. Und dann sagte Frank: »Wolfgang, wenn du kurzfristig einen Arbeitskampf finanzieren musst, dann zögere nicht, wir werden dich organisatorisch und finanziell unterstützen.«

Da musste ich dann doch schlucken. Weil es halt etwas anderes ist, über internationale Solidarität und Freundschaft zu REDEN, oder es dann, wenn notwendig, EINFACH ZU TUN – es läuft mir heute noch die Gänsehaut über den Rücken, wenn ich mich daran erinnere. Das hat internationale Solidarität erlebbar gemacht und unsere Freundschaft weiter vertieft.

Lieber Frank,

ich denke, es ist uns gelungen, ein stabiles Fundament für die weitere gute Zusammenarbeit zwischen der GPA-djp und der ver.di zu errichten. Auch wenn du als ver.di-Vorsitzender ausscheidest, du wirst immer ein verlässlicher Partner der österreichischen Gewerkschaftsbewegung bleiben. Der Freund von Christa und mir bleibst du ohnehin – forever! Freundschaft und Glück auf!

Wolfgang Katzian

Manchmal auch kantig

von Reiner Hoffmann

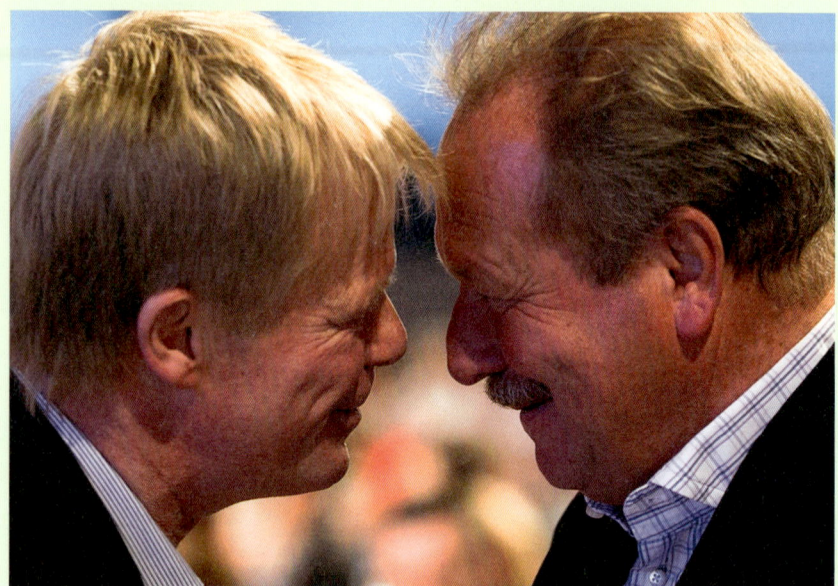

Zeigen sich politisch und freundschaftlich verbunden: DGB-Vorsitzender Reiner Hoffmann und Frank Bsirske beim ver.di-Bundeskongress 2015 in Leipzig

Mit dem Ende der Amtszeit von Frank Bsirske auf dem 5. ver.di Bundeskongress im September 2019 verlieren die deutschen Gewerkschaften einer ihrer charismatischsten und streitbarsten Vorsitzenden. Er war »einigungsbedingt« nur wenige Monate Vorsitzender der Gewerkschaft ÖTV, aber seit März 2001 über 18 Jahre Vorsitzender von ver.di und damit einer der am längsten amtierenden Vorsitzenden in Deutschland nach 1949. Seit 2013 ist er der dienstälteste Vorsitzende im Bundesvorstand des DGB. Seine Verdienste können und sollen in diesem kleinen Beitrag nicht umfassend dargestellt werden. Aber aus persönlicher Sicht möchte ich die Person und den Gewerkschafter Frank Bsirske würdigen, verbunden mit einem herzlichen Dankeschön für die kollegiale und freundschaftliche Zusammenarbeit in fast zwei Jahrzehnten.

Erste Begegnung: Flughafen Frankfurt

Persönlich habe ich Frank erst nach seiner Wahl zum Vorsitzenden der Vereinten Dienstleistungsgewerkschaft ver.di kennengelernt. Einen gemeinsamen Freund, Jürgen Hoffmann – Mitbegründer des Hattinger Kreises, Vertrauensdozent der Hans-Böckler-Stiftung und Hochschullehrer an der Hochschule für Wirtschaft und Politik in Hamburg – hatte er gebeten, ihn in Fragen europäischer Politik und Globalisierung zu unterstützen und zu beraten. Beide kannten sich seit vielen Jahren aus der Bildungsarbeit der ÖTV. Spontan schlug Jürgen vor, mich als damaligen Direktor des Europäischen Gewerkschaftsinstituts (EGI) in den Beraterkreis hinzuzuziehen. Das erste Gespräch fand im Frühjahr 2001 am Frankfurter Flughafen statt und dauerte gut drei Stunden.

Ich erlebte einen frisch gewählten ver.di-Vorsitzenden, der mit Geduld zuhören konnte und für Zwischentöne ein feines Gespür hatte. Im Verlauf des Gesprächs berichtete er, dass die ÖTV noch beschlossen habe, in Brüssel ein Büro einzurichten. Sofort fiel ihm meine Zurückhaltung auf, und er fragte direkt, ob ich nicht auch der Auffassung wäre, dass das eine gute Idee wäre. Für unsere erste Begegnung war es ein sehr offener Meinungsaustausch, und ich antwortete, dass ich mir die Stärkung der europäischen Gewerkschaftsstrukturen anders vorstellen würde. Immerhin wäre ver.di in drei europäischen Gewerkschaftsföderationen Mitglied, die allesamt in ihrer Arbeit gestärkt werden müssten. Heute stellen zwei Kolleginnen in der ver.di-Bundesverwaltung die Verbindung zu und die Vernetzung mit den europäischen Institutionen und den Gewerkschaftsföderationen sicher. Ein Büro in Brüssel gibt es nicht.

Im Jahr 2003 wurde Frank Präsident der europäischen Gewerkschaftsföderation UNI Europa, was auf jeden Fall eine personelle und intellektuelle Stärkung der europäischen Gewerkschaftsarbeit bedeutete. Frank war und ist ein leidenschaftlicher Kämpfer für ein anderes, soziales Europa. Zutiefst ist er davon überzeugt, dass die »Europäische Integration« das Leben und Arbeiten der Menschen in Europa verbessert hat. Entschieden verurteilte er den Wechsel vom keynesianischen zum neoliberalen Leitbild der EU in den 1990er Jahren und die damit verbundene Aushöhlung sozialer Schutzstandards. Vehement kritisierte er den »neoliberalen Großfeldversuch« (Bsirske), der mit der Dienstleistungsrichtlinie der EU verbunden war. Die sogenannte Bolkestein-Richtlinie hatte vorgesehen, das Herkunftslandprinzip durchzusetzen, wonach Lohn- und Qualitätsniveaus des Landes gelten sollten, aus dem die Dienstleistung stammt. Hunderttausende demonstrierten dagegen am 19. März 2005 in Brüssel und konnten das Projekt stoppen, mit dem grenzüberschreitendem Sozialdumping Tor und Türe geöffnet worden wäre. Dieser Erfolg war durchaus Ausdruck gewerkschaftlicher Stärke und Geschlossenheit unter dem Dach des EGB, für die Frank sich vehement engagiert hat.

In den meisten Fragen zur gewerkschaftlichen Europapolitik vertraten Frank und ich übereinstimmende Einschätzungen und Positionen. Allerdings gab es auch Differenzen, so bei der Novellierung der Richtlinie über die europäischen Betriebsräte (EBR), die Frank grundsätzlich für einen Fortschritt im Bereich des kollektiven europäischen Arbeitsrechts hielt. Sie hatte auch (bis heute) erkennbare Defizite und so gingen ihm die Ergebnisse der Novellierung nicht weit genug. Als stellvertretender Generalsekretär des EGB war ich für das Dossier zuständig und hatte dem EGB-Vorstand empfohlen, dem Kompromiss zuzustimmen. Als Präsident von UNI Europa war Frank anderer Auffassung und wollte dem Kompromiss nicht zustimmen. Unmittelbar vor der Sitzung diskutierten wir hart und heftig. Mit dem Hinweis, dass meine Argumente die gleichen seien, die er auch von anderen Kollegen schon gehört habe, ließ er sich überzeugen. Unter den gegebenen Verhältnissen waren weiter gehende Verbesserungen nicht realisierbar und pragmatisch wie Frank auch immer wieder ist, legten wir den Disput bei. Danach hatten wir immer wieder kontrovers-kritische Debatten, das war auch gut und erfrischend, weil sie immer geprägt waren von Anerkennung und Respekt für gute Argumente.

Zu den jüngsten Erfolgen gehört, dass die Entsenderichtlinie der EU auf Druck der Gewerkschaften endlich im Jahr 2018 novelliert wurde. Jahrelang hatte Frank immer und immer wieder den Grundsatz »gleicher Lohn für gleiche Arbeit, am gleichen Ort« eingefordert. Mit der Novellierung der Richtlinie kann das Lohndumping bei der grenzüberschreitenden Entsendung von Arbeitnehmern deutlich eingeschränkt werden.

Frank Bsirske – der Vorsitzende

Organisationskonflikte überwinden und das gewerkschaftliche Gesamtinteresse stärken

Einige Monate vor dem 20. DGB-Bundeskongress hatte ich ein längeres Gespräch mit Frank in seinem Büro. Er berichtete mir von der Sitzung des ver.di-Gewerkschaftsrats, die wenige Tage vorher stattgefunden hatte, und auf der er die Gewerkschaftsratsmitglieder informiert habe, dass mehrere DGB-Gewerkschaften vor einem personellen Umbruch stünden. Vier Gewerkschaften würden einen neuen Vorsitzenden bekommen – auch der DGB und er werde vorschlagen, mich zum Nachfolger von Michael Sommer zu wählen. Er selbst werde auf dem Gewerkschaftstag im Herbst 2015 erneut für den Vorsitz von ver.di kandidieren. Natürlich war ich nicht völlig überrascht. Es hat mich allerdings gefreut, dass Frank mir diesen Job zutraut und mich unterstützt. Etwas ironisch fragte ich ihn, ob mit seiner Kandidatur das Thema der Rente mit 67, die er ja ablehne, für ihn erledigt wäre. Mit einem freundlichen Lächeln sagt er: Rente mit 67 ja, aber nur auf freiwilliger Basis.

Natürlich hatte ich einige Ideen über meine zukünftige Arbeit beim DGB, die ich im weiteren Verlauf des Gesprächs mit Frank austauschte. Aber was wirklich auf mich zukommen würde, war mir damals keineswegs klar. Auch als Michael Sommer mir nach meiner Wahl auf dem Berliner DGB-Kongress am 12. Mai 2014 einen Zurrgurt mit der Aufschrift »Halte den Laden zusammen!« überreichte, wusste ich noch nicht wirklich, welche innergewerkschaftlichen Konflikte der DGB zu moderieren und am Ende auch zu lösen hatte.

Die Gewerkschaftslandschaft hatte sich seit den 1990er Jahren weitreichend verändert. Von ehemals 16 Mitgliedsgewerkschaften waren es mit der ver.di Gründung nur noch acht DGB-Gewerkschaften. Die Fusionen waren teils Antwort auf den Strukturwandel, teils Folge rückläufiger Mitgliederentwicklungen und finanzieller Sorgen. Die Gründung von ver.di war hingegen nicht lediglich eine weitere Fusion, sondern bedeutete eine organisationspolitische Zäsur für die bundesrepublikanische Gewerkschaftslandschaft. Neben den vier DGB-Gewerkschaften (ÖTV, HBV, DPG, IG Medien) war es gelungen, die Deutsche Angestellten-Gewerkschaft (DAG) nach fünf Jahrzehnten Trennung wieder unter das Dach des DGB zurückzuführen. Damit war es gelungen, die jahrzehntelange Konkurrenz der DAG zu den DGB-Gewerkschaften zu überwinden.

Aber wie würde sich nun das Verhältnis von ver.di zum DGB und der Mitgliedsgewerkschaften untereinander entwickeln? Würde ver.di mit ihrer Größe und Vielfalt und ihrem Gewicht auf kommunaler, Landes- und Bundesebene den DGB verdrängen? Welche Konflikte um die politische Ausrichtung und um die Zuständigkeiten der Gewerkschaften für einzelne Branchen wären zu bewältigen?

Aus der Geschichte der Gewerkschaften seit Gründung der »Generalkommission der Gewerkschaften Deutschlands« 1892 in Halberstadt wusste ich, dass es immer wieder politische Spannungen und Abgrenzungskonflikte gegeben hat. Die Auseinandersetzungen um die richtige Strategie im Ringen um eine generelle Arbeitszeitverkürzung zwischen den Befürwortern der 35-Stunden-Woche und denen der Lebensarbeitszeitverkürzung Mitte der 1980er Jahre hatte ich als junger Gewerkschaftsaktivist erlebt. Und dass die Zeit politischer Kontroversen im DGB nicht der Vergangenheit angehörte, war auf dem DGB-Kongress 2014 bei den Themen Steuerpolitik, Tarifeinheit und Handelspolitik deutlich geworden.

Deutlich unterschätzt hatte ich allerdings, dass mit dem voranschreitenden Strukturwandel und den kapitalmarktgetriebenen Unternehmensstrategien, die unter anderem zur Auslagerung industrienaher Dienstleistungen führten, erhebliches Konfliktpotenzial zwischen Industriegewerkschaften und der Dienstleistungsgewerkschaft ver.di verbunden waren. Zugespitzt hatte sich die Auseinandersetzung um Zuständigkeiten für die Beschäftigten in der Logistik für die Automobil- oder die Chemische Industrie, zwischen der IG Metall und ver.di. In vielen Gesprächen mit Frank und anspruchsvollen Debatten im Kreis der Gewerkschaftsvorsitzenden konnten aber belastbare Lösungen gefunden werden.

Dabei hatte sich gezeigt, dass Frank zuspitzen und hart argumentieren konnte, was für einen DGB-Vorsitzenden schon herausfordernd ist, aber er war auch immer in der Lage, die Sicht der anderen Seite nachzuvollziehen und bereit, pragmatische Lösungen zu finden. Die Konflikte um die Zuständigkeit zwischen ver.di und der GEW im Bereich der Sozial- und Erziehungsdienste sollen durch ein Projekt minimiert, die Zusammenarbeit verbessert und vor allem mehr Mitglieder gewonnen werden. Ich bin verhalten optimistisch, dass dieses gelingen kann, wenngleich Frank einen deutlich kritischeren Blick auf das Vorhaben hat.

Zusammen mit IG Metall-Chef Jürgen Peters und DGB-Vorsitzendem Michael Sommer gegen die geplante EU-Dienstleistungsrichtlinie im Februar 2006 in Berlin

Die Bereinigung der Abgrenzungskonflikte hat die Vertrauenskultur zwischen den Gewerkschaftsvorsitzenden deutlich verbessert und den DGB politisch gestärkt. Zugleich wurde die Bereitschaft erhöht, sich mit branchenspezifischen Problemen und den unterschiedlichen Arbeitsbedingungen der Beschäftigten vertraut zu machen. Dazu hat Frank Bsirske in ganz erheblichem Maße beigetragen.

Der DGB und die Gewerkschaften haben gemeinsam in den letzten Jahren klare politische Akzente gesetzt. So wurde beispielsweise die Rentenkampagne des DGB sorgfältig und in einer offenen Debatte über die durchaus unterschiedlichen Präferenzen der Gewerkschaften in der Rentenpolitik vorbereitet. Dass das Rentenniveau für die nächsten Jahre stabilisiert wurde, ist ein klarer Erfolg der Gewerkschaften. Die Parität der Beiträge für die gesetzliche Krankenversicherung durchzusetzen, wäre ohne die Geschlossenheit der Gewerkschaften kaum möglich gewesen.

Unterschiedliche Positionierungen in der Steuerpolitik konnten ausgeräumt werden und unterstreichen das gemeinsame Interesse aller Gewerkschaften an einer sozial gerechten Finanzierung eines handlungsfähigen Staates. Für die Politik durchaus beeindruckend war das Agieren von ver.di und der IG BCE in der Strukturwandelkommission (Kohlekommission) und hat gezeigt, dass die Gewerkschaften in der Lage sind, mit einer Stimme zu sprechen. Gegenüber der Politik und der Öffentlichkeit haben wir eindrücklich und hoffentlich auch nachhaltig klarmachen können, wie wichtig es ist, die Tarifbindung der Unternehmen und Branchen wieder deutlich zu erhöhen.

Der DGB hat mit einem öffentlichen Zukunftsdialog über gute Arbeits- und Lebensbedingungen begonnen, mit dem der Gewerkschaftsbund als gesellschaftspolitischer Akteur vor Ort gestärkt werden soll. Dabei war Frank anfangs durchaus skeptisch und wollte sich vergewissern, ob die Landesbezirke von ver.di das Projekt unterstützen. Auf der darauffolgenden Sitzung des DGB-Bundesvorstandes berichtete er davon, dass die ver.di-Landesbezirke sich an dem Zukunftsdialog beteiligten und dieser in den DGB Regionen intensiv geführt werde. Auch das zeichnet Frank immer wieder aus: Er lässt sich durch starke Argumente und gute Praxis überzeugen und bringt das offen zum Ausdruck.

Frank hat es mir und den anderen Vorsitzenden nicht immer leicht gemacht, aber gerade dadurch den DGB gestärkt. Unterschiedliche Interessen und Meinungen müssen im DGB offen diskutiert werden, um dann erfolgreich gemeinsam handeln zu können. Denn darum geht es ja. Zerstrittene Gewerkschaften nutzen niemandem, durchsetzungsfähige aber unseren Mitgliedern, allen Beschäftigen und dem Allgemeinwohl.

Mit dem Ausscheiden von Frank verlieren wir nicht nur den dienstältesten Gewerkschaftsvorsitzenden, sondern auch einen erfahrenen und streitbaren Gewerkschafter, der mutig, manchmal auch kantig sich für Gute Arbeit, ein gutes Leben in einer gesunden Umwelt mit unermüdlicher Energie eingesetzt hat. Die Gewerkschaften und ich persönlich sind ihm zu großem Dank verpflichtet.

Beachtung und Achtung – eine Bilanz

von Jörn Boewe

Frank Bsirske erläutert am 2. März 2019 in Potsdam der Presse die Ergebnisse der Tarifverhandlungen für den öffentlichen Dienst der Länder.

»Spektakulär« nannte Frank Bsirske den im März 2019 erzielten Tarifabschluss im öffentlichen Dienst – acht Prozent, zusätzliche Lohnsteigerungen in der Pflege und eine »soziale Komponente, wie wir sie lange nicht hatten«. In den eigenen Reihen reagierten viele irritiert. Ein Kompromiss mit mehr Licht als Schatten, na gut – aber »spektakulär«? War das nicht ein bisschen dick aufgetragen? Irgendwie spürte man: Es war Bsirskes letzter Tarifabschluss im öffentlichen Dienst und natürlich musste der scheidende ver.di-Kapitän ein brillantes Manöver fahren, bevor er das Steuer aus der Hand gibt.

Ein großer Kommunikator war Frank Bsirske schon immer, auch der eigenen Erfolge. Aber Kommunikation ist Sprechen und Zuhören, und Bsirske beherrscht die Kombination. Das, und nicht die gelegentliche Übertreibung, macht seine Überzeugungskraft aus. Der eigene Standpunkt kommt mit Leidenschaft und Schwung, aber er kommt in der Regel als Argument.

Wenn die anderen die besseren Argumente haben, hat Bsirske den eigenen Standpunkt überdacht und geändert. Wer erinnert sich nicht an die kontroversen und heftigen Diskussionen, die zwischen 2010 und 2015 in ver.di um die »Tarifeinheit« geführt wurden? 2010 hatte das Bundesarbeitsgericht angekündigt, künftig das Nebeneinander verschiedener Tarifverträge im selben Betrieb anzuerkennen. Ein Paradigmenwechsel, auf den die Spitzen der großen Industriegewerkschaften und der Bahngewerkschaft EVG – genau wie übrigens die Bundesvereinigung der Deutschen Arbeitgeberverbände – mit dem Ruf nach gesetzlicher Festschreibung einer tarifpolitischen Alleinvertretungsbefugnis durch die jeweils stärkste Gewerkschaft reagierten.

Auch Frank Bsirske unterstützte die Idee zunächst. Vier Jahre später verschickte er E-Mails an alle 2,1 Millionen ver.di-Mitglieder: »Hilf mit, das Streikrecht zu schützen.« ver.di hatte gemeinsam mit GEW und NGG eine Kampagne gegen das von der damaligen großen Koalition geplante Tarifeinheitsgesetz gestartet. Was war geschehen?

Vor dem Gewerkschaftstag 2011 hatte Frank Bsirske auf unzähligen Versammlungen im ganzen Land gesprochen. Doch wohin er auch kam, beim Thema »Tarifeinheit« blies ihm der Wind ins Gesicht. Bsirske reiste von Konferenz zu Konferenz, hörte zu und dachte um. »Die Mehrheit der ver.di-Funktionäre war überzeugt, dass eine gesetzliche Festschreibung der Tarifeinheit der falsche Weg ist«, sagte er später dem DGB-Infodienst »einblick«. Wer ihn nach diesen Debatten reden hörte, sah einen nachdenklichen Mann. Die Argumente der Kritiker hatten Spuren hinterlassen.

Es ist hierzulande für Führungskräfte eher untypisch, Fehler einzuräumen und Entscheidungen zu korrigieren. ver.di hat im Streit um die »Tarifeinheit« Standards innerorganisatorischer Demokratie gesetzt. Ihr Vorsitzender Bsirske hat menschliches und politisches Format bewiesen.

Blick zurück auf den ÖD-Abschluss 2019: Abgesehen vom bürgerlichen Lobbyverein Bund der Steuerzahler ist jedem Menschen, der die Grundrechenarten beherrscht, klar, dass acht Prozent auf drei Jahre gerechnet nicht der große Sprung nach vorn sind, mit dem der große Vorsitzende gern in die Geschichte eingehen wollte. Aber, dahingestellt, was viele Kolleginnen und Kollegen gewünscht hätten: Vielleicht waren die acht Prozent doch das Beste, was in der gegebenen Situation herauszuholen war. Und irgendwie gilt das in einem weiteren Sinn ja auch für die Lebensleistung von Frank Bsirske als Vorsitzendem der Vereinten Dienstleistungsgewerkschaft. Das mag nun in einem Buch, das ihn würdigt, vielleicht etwas arg bescheiden klingen. Schaut man aber genauer hin, ist Frank Bsirskes Bilanz als Gewerkschaftsführer in der Tat beachtlich – was übrigens besser ist als »spektakulär« – denn Beachtung und Achtung sind dem Spektakel sicher vorzuziehen.

2001 hatte Frank Bsirske den Vorsitz einer heterogenen Großorganisation übernommen, deren Zukunftsperspektiven von Anfang an eher pessimistisch beurteilt wurden. Die ver.di-Gründung war keine Fusion der Starken. Ganz im Gegenteil: ÖTV, HBV, DPG, IG Medien und DAG waren alle mehr schlecht als recht durch die 1990er Jahre gekommen. Nach Mauerfall und DDR-Beitritt triumphierten politischer Konservatismus und Neoliberalismus. Massenarbeitslosigkeit schwächte die Gewerkschaften. Frustration, dumpfer Rassismus und »Hauptsache Arbeit« markierten die real existierende Tristesse der späten Kohl-Ära. All das war Teil eines größeren, weltgeschichtlichen Trends. Der Sozialismus, in welcher Form auch immer, galt als besiegt, ein konservativer Politologe rief das »Ende der Geschichte« aus, und jeder konnte spüren, dass den Gewerkschaften weltweit und auf längere Sicht keine rosige Zukunft bevorstand.

Auch wenn es noch keine »Konkursmassen« waren, die 2001 zusammengelegt wurden – letztlich ging es ums Überleben. Das hier waren nicht die Beschäftigten in der ungebremst boomenden Exportindustrie. Die Kernbereiche der Gewerkschaften, die sich hier zusammenschlossen, sollten auf viele Jahre hinaus weiter schrumpfen oder zumindest unter empfindlichen wirtschaftlichen Druck kommen, der ihre Durchsetzungsmacht und Streikfähigkeit – die harte Währung der Gewerkschaften – empfindlich schwächen sollten. Privatisierungen ehemaliger großer Staatskonzerne wie Post mit Postbank und Telekom, im Gesundheits-, Wohnungs- und Transportwesen, Strukturwandel durch E-Commerce, Niedergang der großen Warenhäuser, Vormarsch von Niedriglohnjobs, Scheinselbstständigkeit und Subunternehmerstrukturen im privaten Dienstleistungssektor: All diese Trends nahmen um die Jahrtausendwende erst so richtig Fahrt auf.

Eigentlich keine Situation, in der man sich darum reißen würde, Vorsitzender einer Multibranchengroßgewerkschaft zu werden, die noch gar nicht wirklich existierte, sondern eher eine Art Dachverband einer Handvoll Branchenverbände ohne gemeinsame Identität war. Frank Bsirske hat es geschafft, diese Aufgabe anzupacken und im Großen und Ganzen erfolgreich zu lösen.

Das mag komisch klingen: Immerhin hat ver.di seit der Gründung fast ein Drittel der Mitglieder verloren. Die Finanzierung ist auf lange Sicht kritisch, die Tariflandschaft erodiert weiterhin. Doch all das hat mehr mit allgemeinem Gegenwind als politischen Führungsfehlern zu tun. Wer etwas anderes glaubt, lügt sich etwas in die Tasche oder hat schlichtweg nicht begriffen, was die welthistorische Zeitenwende am Ende des 20. Jahrhunderts bedeutet und wie tief die Krise der Arbeiterbewegung tatsächlich ist.

Als ver.di gegründet wurde, lief die Neuerfindung des Kapitalismus längst auf Hochtouren. Die neue Organisation bewegte sich von Anfang in einem politischen Feld, in dem die großen Richtungsentscheidungen auf eine nachhaltige Schwächung der Gewerkschaften hinauslaufen sollten. Dass sie in Deutschland von einer rot-grünen Bundesregierung vollzogen wurde, also von Parteien, die historisch und ideologisch eigentlich als Verbündete der Gewerkschaftsbewegung galten, machte die Lage nur noch vertrackter. Agenda 2010, Hartz-Reformen, Deregulierung von Leiharbeit, Minijobs und Kettenbefristungen unterminierten die Widerstandskraft und Durchsetzungsfähigkeit aller Beschäftigten. Innerhalb kürzester Zeit wurde so einer »der besten Niedriglohnsektoren aufgebaut, den es in Europa gibt«, wie sich der damalige Bundeskanzler Gerhard Schröder 2005 auf dem Weltwirtschaftsforum in Davos ausdrückte. ver.di machten darüber hinaus die Privatisierungen großer Staatsbetriebe wie Post und Telekom zu schaffen, aber auch der Verkauf vormals öffentlich betriebener Krankenhäuser, Wasserwerke, Häfen und Flughäfen, Wohnungen usw. an Finanzinvestoren aller Art. Es gab praktisch keinen Bereich von Gemeingütern und öffentlicher Daseinsvorsorge mehr, der vor dem Zugriff des frei um den Globus flottierenden Kapitals sicher war.

All das setzte Trends frei, die für die Gewerkschaftsbewegung womöglich »disruptiv« werden konnten, auch wenn der Begriff damals noch nicht in Mode war. ver.di fand sich in einer Lage – genauer: einer verwirrenden Vielfalt von Lagen – wieder, die in der bundesdeutschen Gewerkschaftsgeschichte beispiellos war. Spätestens seit Mitte der Nullerjahre stand die Organisation praktisch täglich an verschiedensten und ständig wechselnden Fronten im Arbeitskampf. Das war die unmittelbare Folge der Privatisierungen, der Erosion und Zersplitterung der Tariflandschaft, gegen die zunächst kein anderes Mittel zur Verfügung stand als der erbitterte Häuserkampf. Im eigenen Arsenal, im reichen Erfahrungsschatz der Ursprungsgewerkschaften, waren nicht viele Werkzeuge zu finden, die auf die neue Situation gepasst hätten.

Kluge Führung hat dazu beigetragen, dass ver.di heute in vielen Bereichen eine Kraft ist, die wieder Initiativen ergreifen kann und offensiv für gesellschaftlichen Fortschritt kämpft. So im Gesundheitswesen, wo es vor allem streikende Krankenschwestern und -pfleger waren, die die gesellschaftliche Debatte um die Wertschätzung von Care-Arbeit, Personalbemessung an Krankenhäusern und ganz grundsätzlich um die Frage, ob Gesundheit eine Ware sein soll, zu einem Politikum gemacht haben, an dem in der Bundesrepublik niemand mehr vorbeikommt. So im andauernden Arbeitskampf bei Amazon, wo ver.di zwar nach sechs Jahren immer noch keinen Tarifvertrag abschließen, aber als Stachel im Fleisch des Online-Riesen die Arbeitsbedingungen der Beschäftigten deutlich verbessern konnte. Oder beim Sicherheitspersonal an den Flughäfen oder bei Europas größter Billigfluglinie Ryanair.

Mit neuen Formen von Partizipation, neuen Arbeitskampfmethoden und Basisorganisationen zu experimentieren, liegt nicht in der DNA von Großorganisationen der Arbeiterbewegung. Als die ver.di-Betriebsgruppe der Krankenschwestern und -pfleger an der Berliner Charité 2012 beschloss, das Thema Mindestbesetzung auf den Stationen zur Tarifforderung zu machen, stießen sie in der Organisation nicht gerade auf ungeteilte Begeisterung. Als im hessischen Bad Hersfeld Anfang 2011 zwei Organizer daran gingen, in den beiden dortigen Amazon-Versandzentren einen kleinen Kreis von Aktiven zu sammeln, wurde das von nicht wenigen mit Kopfschütteln quittiert.

Jörn Boewe

Aber nach einem Jahr waren aus den nicht mal 80 Gewerkschaftsmitgliedern fast 500 geworden. Zwei Jahre später, am 9. April 2013, standen 1.000 Beschäftigte der Früh- und Spätschicht vor dem Tor, um einen Tarifvertrag zu fordern. Es war der erste Streik bei Amazon weltweit, er wurde zum Initialzünder einer weltweiten Kampagne, an der heute Gewerkschaften in Großbritannien, Spanien, Italien, Frankreich, Polen, den USA, Kanada und Lateinamerika beteiligt sind.

Man mag dagegenhalten, dass das weniger Bsirskes persönliches Verdienst als die Summe vieler Kraftanstrengungen von Basisaktivisten und Gewerkschaftssekretärinnen ist. Zumal viele dieser Ansätze gewerkschaftlicher Erneuerung in der Organisation nicht von Anfang an bejubelt wurden, sondern in zähen und jahrelangen Auseinandersetzungen ihre Praxistauglichkeit beweisen und Skepsis und Vorbehalte aus dem Weg räumen mussten. All das ist normal, wenn man neue Wege beschreitet. Frank Bsirskes Verdienst ist es aber, durch seine Führung in ver.di ein Klima mitgeschaffen zu haben, in dem es möglich war, diese neuen Wege zu gehen – auch gegen das Beharrungsvermögen jener, die es »noch nie so gemacht« hatten. Wie der australische Gewerkschaftsveteran Michael Crosby in seinem Buch »Power at Work« schreibt: Ohne Unterstützung der Führung können sich Organizer, Betriebsräte und Aktive an der Basis nur aufreiben. Erst wenn die Führung ihre Verantwortung übernimmt, kann sich daraus eine Dynamik entwickeln, die die Organisation insgesamt wieder in die Offensive bringt.

Ob ver.di schon so weit ist, steht auf einem anderen Blatt. Die Bilanz ist gemischt, wie könnte es anders sein. Aber: Unter ihrem Vorsitzenden Frank Bsirske hat sich ver.di gesellschaftspolitisch und in der öffentlichen Wahrnehmung deutlich links von den meisten anderen DGB-Gewerkschaften positioniert. Die Vereinte Dienstleistungsgewerkschaft ist heute eine der Hauptströmungen der gesellschaftlichen Linken in der Bundesrepublik.

Angesichts der Großwetterlage der letzten zwei Jahrzehnte ist das ein mutiger Kurs, aber auch genau der richtige. Angesteuert hat ihn der Sohn eines VW-Arbeiters und einer Krankenschwester, ehemaliger Bildungsreferent der Sozialistischen Jugend – die Falken, aus der SPD ausgeschlossen wegen tatsächlicher oder vermeintlicher Sympathien für die Kommunisten. Kein deutscher Gewerkschaftsführer seit Franz Steinkühler hat die politische Auseinandersetzung in der Bundesrepublik so geprägt wie Frank Bsirske. Der Tanker ver.di wird diesen Kurs vermutlich halten, schon weil niemand einen besseren weiß. Das ist es, was vom Navigator Bsirske bleiben wird.